Le magnétisme des solstices

*Du même auteur
aux Éditions J'ai lu*

LE SOUCI DES PLAISIRS
N° 9122

L'ORDRE LIBERTAIRE
N° 10232

MANIFESTE HÉDONISTE
N° 10280

Michel ONFRAY

Le magnétisme des solstices

RÉCIT

© Michel Onfray et Flammarion, 2013

« Un peu de santé par-ci par-là, c'est pour le malade le meilleur remède. »

Nietzsche,
Le Voyageur et son ombre, § 325.

1
L'antéchrist s'appelle Prosper

À l'amphithéâtre Tocqueville, que la présidente de l'université de Caen mettait alors à ma disposition chaque semaine pour les cours de l'Université populaire – contre l'avis, évidemment, de la poignée de professeurs qui peinent à écrire, publier, vivre, être et jouir –, j'avais commencé la deuxième année avec trois séances consacrées à la naissance du christianisme. Impossible d'éviter ce passage puisque l'année tout entière s'intitulait *La Résistance au christianisme*. Dès lors, il fallait bien savoir à quoi résistaient les héros et hérauts de mes vingt-deux rendez-vous avec le public.

Premier temps de chaque séance, un exposé ; second temps, son commentaire critique avec l'assemblée. J'ai proposé un cours sur l'inexistence historique de Jésus et son rôle de personnage conceptuel, de fiction littéraire ; un autre sur l'hystérie de Paul de Tarse et son désir de névroser le monde afin de pouvoir (mieux) vivre avec sa tare psychique ; enfin un dernier à propos de Constantin, empereur fin stratège comprenant bien vite quel parti politique il pouvait tirer de cette secte en se convertissant, puis en engageant l'Empire tout entier dans sa nouvelle croyance. Une fiction, une névrose, un coup d'État et leurs relations maudites.

Près de mille personnes dans la salle. Des frémissements, des étonnements, des murmures, de la réprobation, des sourires, de l'ébahissement. Quoi, Jésus, une histoire pour les enfants, un conte à dormir debout, un copain mythique du Père Noël ou de la Vouivre ? Impossible... Comment autant d'hommes depuis si longtemps, disséminés sur tant de pays, succomberaient-ils à pareille hallucination ? À quoi l'on pourrait répondre, en évitant l'argument pourtant fondé de l'hallucination collective, par le fait que des milliards d'hommes sur la planète n'ont jamais sacrifié à ces fariboles et n'y sacrifieront jamais – souvent d'ailleurs parce qu'ils croient à des sornettes et balivernes guère plus fondées.

Et puis, surgissant comme Zébulon de ce chaudron surexcité, un vieil homme pourtant sans âge, immense, dégingandé, osseux, visage parcheminé, creusé au burin mystique, déploie sa grande carcasse d'oiseau maigre. La tête grosse et dodelinante sur un corps diaphane, il lève les yeux au ciel, clignote compulsivement, puis ferme franchement les paupières et se lâche dans un délire verbal avec une voix sans sexe habitée par la colère froide et tremblotante d'un croyant ayant croisé le regard de Satan.

Mon exposé est ridicule, mes propos insensés, mes arguments complètement faux, ma méthode malhonnête, mes lectures malveillantes, ma culture insuffisante, ma démarche tricheuse, mes propos démagogiques, ma façon médiatique, ma bibliographie dépassée. Suivent deux ou trois autres occasions de démonstration d'amour du prochain !

Rires dans la salle, sourires. Le vieux monsieur hausse le ton, augmente le débit, ajoute du volume et souhaite un droit de réponse – probablement au nom de Dieu qui l'aura mandaté. Une dame à ses côtés vomit l'eau bénite en petits jets hystériques.

Très vite je reconnais ce fameux échalas en provenance des arrière-mondes : l'un de mes vieux professeurs à l'université de Caen ! Diable, pareil amphi contient tous les élèves de sa carrière rassemblés en un même lieu, et je fais de la provocation antichrétienne, et puis mes livres, et mes apparitions à la télévision, enfin cette démarche démocratique transformée par lui, plus tard, dans un courrier toujours aussi fielleux, en démarche « démagogique » : s'adresser au plus grand nombre et proposer de la philosophie en dehors de l'institution, quelle impudence ! Ce « public de singes », écrira-t-il, auquel, bien sûr, on ne peut faire que des grimaces…

Dans une autre lettre reçue la veille de Noël – ne soyons pas freudiens – le fou de Dieu me reprochait dans une longue tirade mes références bibliographiques, notamment Prosper Alfaric – trop vieux, dépassé, ringard. Je trouvais singulier qu'un individu puisse défendre des sornettes datant de deux mille ans et trouver caducs des travaux datant d'un peu plus d'une cinquantaine d'années. L'argument de l'âge d'un livre ne fait rien à l'affaire si une vérité s'y trouve. Sinon une erreur toute fraîche vaudrait mieux qu'une vérité ancienne. Drôle de raisonnement !

Que retenir de cette aventure ? D'abord la difficulté d'avancer en terrain universitaire, mais pas seulement, en revendiquant un franc et réel athéisme ; ensuite, la dose d'investissement affectif et la quantité de ressorts psychiques en jeu chez chacun, du quidam à l'agrégé, quand on propose une vision du monde radicalement débarrassée de transcendance et joyeusement immanente ; enfin, le déni de sérieux opposé par les instances officielles à toute proposition théorique, culturelle et bibliographique alternative. La police de la pensée interdit la traversée en dehors des passages cloutés de l'historiographie officielle. Une pensée athée ne peut pas être une pensée parce qu'elle est athée : elle passe pour militante, subjective, engagée – comme si ça n'était pas le cas de toute pensée, y compris, et surtout, celle qui dégouline du robinet universitaire.

Comment dès lors citer Prosper Alfaric et son travail critique, argumenté, érudit sur les textes chrétiens et l'histoire de cette religion ? Pour éviter d'aller au fait et de contredire avec des arguments valables les thèses exposées dans *Le Problème de Jésus*, mieux vaut évacuer la question pour éviter le débat et la confrontation qui, évidemment, tourneraient au désavantage des catholiques ! Ou bien décréter dépassées ces idées qu'on évite ainsi d'avoir à prendre au sérieux. La fuite et la mauvaise foi, la déconsidération et le mépris : voilà les armes des faibles que le ressentiment rend perfides.

Car Prosper Alfaric énonce clairement sa thèse : Jésus n'a jamais existé historiquement, il procède d'une forgerie humaine, très humaine, trop humaine. Et il en donne les détails : en dehors de ses thèses universitaires, son œuvre forte d'une douzaine de livres ne fait d'ailleurs que ça, détailler les mécanismes de cette affabulation, montrer par le menu la construction de cet édifice au destin incroyable sur des fondations de vent et de fumée...

Cet homme fut proche du *Sillon* de Marc Sangnier, ce courant chrétien social soucieux de la misère et de la pauvreté des gens du peuple qui fut, on ne s'en étonnera pas, combattu par Pie X. Homme de gauche, Prosper Alfaric ? Impossible à déduire de son travail. À moins d'extrapoler d'une définition de la religion donnée par lui en 1955 dans *De la foi à la raison* : elle est, nous dit-il, « une superstructure idéologique » – une expression empruntée à Marx.

Qui était Prosper Alfaric ? Il naît dans une famille de paysans de l'Aveyron, à Livinhac-le-Haut, le 21 mai 1876, l'année où l'on pose la première pierre de la basilique du Sacré-Cœur pour expier les forfaits des Communards ; il meurt le 28 mars 1955, l'année des *Aventures de la dialectique* de Merleau-Ponty ou d'*Histoire et Vérité* de Ricœur. Catholique de formation, engagé sur la voie de la vie religieuse, converti à la raison par la philosophie, athée, penseur honnête et scrupuleux, il illustre superbement la tradition d'une pensée critique française dans l'histoire des religions.

Scolarisé dès l'âge de six ans dans une école congrégationniste, il franchit toutes les étapes qui le conduisent à la prêtrise à l'âge de vingt-trois ans – une précocité qui exige une dispense à Rome : petit séminaire, grand séminaire de Rodez, professeur de philosophie au grand séminaire de Bordeaux, à celui de Bayeux, diaconat, prêtrise, noviciat, professeur de dogme au séminaire d'Albi. Il n'a pas trente ans et sa carrière semble très prometteuse dans l'Église catholique, apostolique et romaine.

Pendant ce trajet sans faute, il perd sa mère, zélée, qui, au mépris de la contamination, soigne une voisine atteinte de typhoïde. Dix-sept jours plus tard, le père meurt à son tour, laissant Prosper, l'aîné, seul avec quatre sœurs et deux frères âgés de dix mois à onze ans. L'Église ne veut pas perdre une recrue de qualité qui pourrait dans ces circonstances devenir chef de famille. Elle disperse les enfants dans des orphelinats et conserve l'objet de son investissement.

Précisons que, dans ses souvenirs, Prosper Alfaric ne jette jamais la pierre à l'institution chrétienne, aux prêtres et aux évêques rencontrés dans son périple ; qu'il ne manifeste à aucun moment de l'ironie, de l'amertume, de la haine, du mépris ou des sarcasmes ; et qu'il ne se départira jamais d'un ton de bienveillance apaisée à l'endroit du clergé dont il décrit pourtant bien les nombreux et permanents arrangements avec le ciel...

Qu'est-ce qui précipite l'effondrement de la foi chez Prosper Alfaric ? La philosophie. Descartes et ses idées claires et distinctes, ses preuves de l'existence de Dieu proposées sans trop de soumission au catholicisme, sa religion de la raison ; Spinoza, dont la scolastique affleurant partout dans *L'Éthique* ne lui convient guère, même s'il prise réellement le *Traité théologico-politique* ; Leibniz et sa conciliation de la philosophie et de la christianisation du monde ; Kant et sa rébarbative *Critique de la raison pure* ne l'emballe pas, en revanche, les promesses d'une nouvelle apologétique visibles dans la *Critique de la raison pratique* lui conviennent ; il lit Condillac, Maine de Biran, Auguste

Comte ; mais Herbert Spencer lui « donne une secousse décisive » avec *Les Premiers Principes,* un ouvrage qui propose une vision évolutionniste du monde, sépare radicalement la science et la foi, puis conclut à la relativité de toute connaissance. Armé de tous ces bagages philosophiques, Alfaric s'engage dans un chemin qui l'éloigne du catholicisme romain. Il confie ramasser en sa personne ce qui a lieu dans l'Occident : « De l'avènement du christianisme au rationalisme moderne ».

En 1907, le pape Pie X publie une encyclique dans laquelle il condamne le modernisme. Quelle définition en donner ? Trois points : une farouche envie de savoir et de connaître qui taraude les hommes ; l'insolent orgueil en vertu duquel il croient pouvoir tout savoir et réduire à jamais les mystères ; enfin l'ignorance de la véritable doctrine, en l'occurrence, le thomisme... Trop d'intelligence, trop de raison, trop de savoir, trop de culture, pas assez de soumission. La vieille antienne chrétienne...

Les livres dits modernistes sont interdits dans les bibliothèques des séminaires. La prohibition va loin puisqu'elle inclut... les Évangiles apocryphes ! À cette croisade Pie X ajoute une condamnation du Sillon, trop social... Il y a des limites à la charité ! Quant à la justice, son antidote, elle est trop humaine pour qu'on s'y arrête. Prosper Alfaric, sympathisant de la cause sociale dans l'Église, ne peut plus supporter ce monde si loin de son idéal. Crise en 1908 – il a trente-deux ans. L'année suivante, il décide de ne plus réciter le bréviaire, une « habitude contre raison ».

Bien vite, Prosper Alfaric conclut : il a perdu la foi, ne croit plus en Dieu. Il s'en ouvre au secrétaire de l'archevêque de Bayeux, le chanoine Rous, qui, patelin, lui conseille de continuer à enseigner les dogmes, même s'il n'y croit plus... Qu'il procède donc comme avec une science dont il ne partagerait pas les conclusions, mais qu'il la délivre à ses étudiants séminaristes sans montrer ses doutes ou ses certitudes athées. Refus.

Nouvelle proposition du chanoine : passons donc sur le mensonge, le double jeu, et envisageons la promotion. Devenir chanoine titulaire de la cathédrale, simuler une dépression nerveuse – on trouvera le médecin complaisant pour établir les certificats ad hoc, l'ecclésiastique s'y engage –, puis obtenir une dispense de prêche, de confession, voire de messe, on arguera d'un oratoire personnel au domicile du prêtre athée, voilà une autre solution... Nouveau refus.

Le mensonge ? Non. La promotion avec mensonge ? Non plus. L'Église ne baisse pas les bras et propose un nouveau stratagème pour sauver la face, fût-ce au détriment de la vérité, de l'honnêteté et de la probité : se faire discret, partir dans un pays étranger, éviter les vagues d'une apostasie publique – voilà une troisième possibilité. L'Église prendrait les frais à sa charge. L'exil, donc. Non, pas plus. Refus encore.

Prosper Alfaric trouve la solution seul : elle est honorable et ne compose pas avec les faux-semblants. Les philosophes ont ébranlé sa croyance, certes. Mais aussi Alfred Loisy et l'école d'exégèse critique biblique. L'athée fraîchement émoulu rend visite à Loisy – surnommé Loisy le sec pour les raisons qu'on imagine... Pas si sec que ça, l'homme se révèle d'excellent conseil : il l'invite à préparer une licence de philosophie, puis à intégrer l'Éducation nationale et à laisser tomber le froc. D'abord, il met Alfaric en contact avec Lévy-Bruhl, excellent homme lui aussi (il assurera les frais de la publication de la thèse d'Alfaric), qui l'invite à travailler la technique de la dissertation et, pour ce faire, le met en contact avec Léon Brunschvicg et Victor Delbos.

En attendant, pour préparer l'examen, Alfaric part à Genève et vit dans une étroite pension de famille, au secret, ou presque. Pour expliquer son départ, honnête, le prêtre en rupture de ban souhaitait s'adresser à ses élèves et leur expliquer son cheminement, sa conclusion et les raisons de sa décision. Interdiction formelle des apparatchiks de l'Église, qui défendent la thèse mensongère de la dépression nerveuse. Ses anciens élèves lui adressent une lettre et l'assurent qu'ils prient pour son rétablissement, non sans ajouter que les prêtres du séminaire recommandent Prosper Alfaric à leurs intentions de prières d'action de grâce pour qu'il recouvre la santé psychique… L'athéisme comme maladie mentale !

Bien sûr, il devient licencié en philosophie. Mais le diplôme ne suffit pas, les concours d'enseignement lui restent inaccessibles pour cause de limite d'âge. De nouveaux certificats, le doctorat par exemple, lui permettraient d'intégrer l'université. Qu'à cela ne tienne, il part en Allemagne quelque temps et fait avancer ce projet. Revenu à Paris pour travailler à la Bibliothèque nationale, il rédige ses deux thèses. La première sur *L'Évolution intellectuelle de saint Augustin*, la seconde sur *Les Écritures manichéennes*. On ne manquera pas de constater que le sujet de sa thèse principale examine les conditions du cheminement d'Augustin vers le christianisme au moment même où l'auteur effectue le trajet inverse...

En attendant le poste qui lui permettrait de vivre sereinement, il donne des leçons particulières. Au lycée Chaptal, on l'embauche avec le statut de maître auxiliaire intérimaire. Son statut de séminariste lui a permis d'échapper au service militaire à l'âge de vingt ans. Alors que la France mobilise toutes ses forces vives pour les envoyer au front, Prosper Alfaric échappe à la catastrophe. Sa vieille soutane lui épargne le costume de poilu. Le christianisme a au moins sauvé un homme.

En 1919, il obtient la chaire d'histoire des religions à l'université de Strasbourg. Non sans difficultés, et avec, entre autres, l'opposition officielle de Millerand. Sa petite voisine de palier employée à la poste devient sa femme, puis la mère de ses deux enfants. La guerre terminée, la prêtrise évitée, le travail assuré, il fait son œuvre et signe des livres érudits, clairs, argumentés, convaincants. En 1933, il publie *Le Problème de Jésus et les origines du christianisme*. La condamnation de l'Église ne se fait pas attendre : excommunication. Quelques semaines plus tard, on lui donne la Légion d'honneur – deux événements sans relation... Sur sa carte de visite, il précise la médaille et son autre titre : « *excommunicatus vitandus* », ce qui, de fait, interdit à tout chrétien d'entretenir des relations avec lui. Pendant les vingt-deux années qui lui restent à vivre, nombre de catholiques partageront avec lui des tables de séminaires, de colloques et de séances consacrées aux travaux d'exégèse biblique...

L'Union rationaliste édite ses livres, il en était l'un des piliers et devait présider aux destinées de l'association en 1955, l'année de la parution de son autobiographie intellectuelle, *De la foi à la raison*. Il meurt l'ouvrage sous presse. Un demi-siècle plus tard, ses livres ne se trouvent plus, n'ont jamais été réédités, son nom ne dit plus rien à personne, son travail semble n'avoir jamais existé... Enterrement discret d'une œuvre majeure.

Pourquoi ce silence ? On trouve toute la littérature chrétienne sans difficulté. Les ouvrages de gloses catholiques prolifèrent. Les Pères de l'Église disposent de leurs traductions et de leurs œuvres complètes établies sur le principe laborieux de l'Université avec force notes en bas de page et introductions illisibles. La littérature papale et vaticanesque parade dans la liste des livres les mieux vendus. Pendant ce temps, les ouvrages fondateurs de ce qu'ailleurs j'ai appelé une *athéologie* – empruntant le concept à Georges Bataille – se trouvent chez des bouquinistes telles des pépites qu'il faut longtemps chercher en clarifiant des tonnes de boue.

La perte paraît d'autant plus grande que l'exégèse biblique se pratique souvent côté croyant : dans ce petit monde clos, on cherche plus volontiers à approfondir sa foi qu'à motiver son athéisme. D'Ernest Renan à Alfred Loisy en passant par Prosper Alfaric, il existe une catégorie d'excellents critiques des textes bibliques qui commencent leur carrière au séminaire, formés par les curés. Puis perdent la foi, ou, du moins, elle s'amenuise jusqu'à devenir peu, puis presque rien...

La rareté d'une critique athée non polémique, mais érudite – dans ce monde fade et tiède, on prend souvent pour un pamphlet ce qui se contente d'être clairement exposé et radicalement soutenu... – oblige à considérer les écrits d'un Paul Louis Couchoud, d'un Charles Guignebert, en plus des noms cités ci-dessus, comme dignes de considération, même s'ils s'inscrivent dans le temps et que, parfois, telle ou telle recherche contemporaine invalide bien évidemment une hypothèse, met à mal une proposition ou contredit un rapprochement ancien : le décor peut être retouché, la pièce n'en est pas pour autant affectée.

L'historiographie dominante du courant exégétique, plutôt spiritualiste, quand il n'est pas clairement imprégné d'un christianisme franchement revendiqué, néglige le lignage dans lequel Prosper Alfaric s'inscrit. Car il n'invente pas la thèse de l'inexistence historique de Jésus. Préparée par les travaux de Lorenzo Valla au quattrocento (plutôt par ses propos que ses écrits, l'homme était prudent...), ou par les critiques qui font du Nazaréen non pas le fils de Dieu, mais un homme devenu mythe (voir le fameux *Testament* du curé Meslier, cet ecclésiastique athée, communiste et révolutionnaire dans les premières années du XVIIIe siècle, ou encore le baron d'Holbach dans son *Christianisme dévoilé* (1756)), la première affirmation de l'inexistence historique de Jésus date, sauf erreur de ma part, de Bruno Bauer, qui écrit en 1841 une *Critique des Évangiles synoptiques* dans laquelle Jésus passe pour ce qu'il est : une fiction littéraire produite par le christianisme, et non l'inverse. D'autres noms suivent, bien souvent restés dans l'oubli : Drews, William B Smith et son *Ecce Deus*, Schweitzer, Wrede, Robertson et sa *Courte Histoire*, Jensen, Kalthoff, Volney dans *Les Ruines*, Dupuis dans *L'Origine de tous les cultes*, et tant d'autres, jusqu'au très contemporain Raoul Vaneigem et son beau livre : *La Résistance au christianisme*.

Cette chape de plomb s'explique, car on ne s'attaque pas impunément aux mythes, on ne sort pas indemne d'une mise en cause des fondations du château de sable, on ne reste pas sans punition d'avoir pensé, écrit ou dit que le roi est nu et que les aberrations triomphent dans cette affaire chrétienne. Démontrer qu'une fiction sert de socle à une culture presque deux fois millénaire, voilà une information trop violente pour qui a été ondoyé physiquement et mentalement depuis le plus jeune âge. L'eau bénite est un alcool fort. La plupart préfèrent un mensonge qui apaise à une vérité qui dérange, ils optent plutôt pour le mythe sécurisant que pour la certitude troublante.

Si nous souhaitons sortir de la pensée magique dans laquelle nous nous trouvons encore, si nous voulons dépasser le stade théologique sévissant encore dans les consciences – à défaut d'églises pleines –, si nous aspirons à une ère philosophique où la raison tienne lieu de boussole et où la déraison mentale recule un peu, si nous envisageons un monde postchrétien, alors réhabilitons ces travailleurs de la lumière injustement maintenus dans l'ombre. D'où la nécessité d'un retour à ces textes afin d'en permettre de nouveaux, plus vifs, plus acérés, plus combattants, plus actuels, mais dans le même esprit et dans le même camp. Car connaître la généalogie d'une fiction permet d'y mettre fin ; savoir comment marche une erreur autorise la production de nouvelles certitudes. Leçons épistémologiques élémentaires.

2

Mme Poppée, bourgeoise de chez Tacite

Certes, et personne ne l'ignore, Claudio Monteverdi a du génie à revendre. Mais, bon sang, Giovanni Francesco Busenello, le librettiste, aussi. Car, avec des aventures extraites des *Histoires* de Tacite, il fabrique une histoire intempestive – au sens de Nietzsche : à l'époque de l'Empire romain, elle fonctionne, mais elle reste d'actualité après deux mille ans de christianisme, et pour à peu près autant de civilisation que ce qui lui reste à vivre.

Poppée a eu des noms divers dans l'histoire, elle fut récemment Emma Bovary, elle nomme actuellement un bon nombre de femmes sur la planète – nous en connaissons tous quelques-unes... – et elle servira encore longtemps à qualifier telle ou telle personne inqualifiable. Poppée, c'est en effet le tyran qui tient sa seule souveraineté de sa beauté et dont l'art en dictature déclasse celui des hommes, une fois de plus un cran en dessous, ainsi Néron, lui aussi prête-nom des impuissants qui soignent leurs maladies par une puissance déchaînée sur les autres. Les deux malades étaient faits pour se rencontrer. Sur scène, Busenello les présente à Monteverdi qui nous les rend tangibles.

Quelles leçons donnent le librettiste et le compositeur ? Une leçon de toujours, celle du Qôhélet de l'Ecclésiaste : *rien de nouveau sous le soleil*. Mais encore ? Que toujours il y a des prospérités au vice et des malheurs à la vertu. Y compris, et surtout, en matière d'amour. Avant que le XIXe siècle embrouille cette histoire avec les romantiques, l'amour et la guerre passent pour ce qu'ils sont : l'avers et le revers de la même médaille. Un recto pulsion de vie, un verso pulsion de mort. Et pas l'ombre d'un papier à cigarette entre les deux.

Le prologue du *Couronnement de Poppée* musique le chantier verbal entre Fortune, Amour et Vertu. D'entrée de jeu, Amour prévient : il va gagner. Or, la vilenie, la trahison, le mensonge, la perfidie gagnent. Effectivement, c'est l'amour qui l'emporte. La vertu ? N'en parlons pas : la fidélité ne paie pas, l'honneur compte pour rien, la parole donnée pèse autant que plume, la dignité gicle sous le cothurne. Chez Tacite, c'est vrai, chez Monteverdi ça reste le cas, sous François Hollande, ça persiste. Néron, pas mort...

L'amour, donc : si l'on soulève un peu le couvercle de la marmite romantique afin de voir ce qui mijote là-dedans, que voit-on ? Une libido furieuse dans le corps d'une femme belle et qui le sait, ici Poppée ; un narcissisme consubstantiel aux gens de pouvoir, l'Empereur de Rome, Néron, qui tombe sous le charme de cette femme décidée à monnayer ses atouts auprès du mieux-disant social. L'éthologie dirait : une femelle aguichante relève son postérieur à la vue du mâle dominant de la meute. Mais le tout-venant préfère l'illusion (romantique) aux vérités (éthologiques) qui blessent... Nous dirons donc : Néron tombe amoureux de Poppée, car la Beauté va naturellement au Pouvoir, comme la mouche à la viande.

Othon – le mari bientôt trompé – le sait et le dit : *quiconque veut être vertueux doit quitter la cour* (acte II, scène 14). Belle lucidité. Dommage qu'elle soit si tardive : pourquoi faut-il qu'elle se manifeste une fois caduques les faveurs de la cour ? Pour ma part, je préférerais : *quiconque veut être vertueux ne doit jamais mettre les pieds à la cour*. Tacite précise : Othon présente sa femme pour mieux affirmer sa complicité avec l'Empereur. À qui perd gagne, il perd.

Lucain le poète – Le Poète – et Sénèque le philosophe – Le Philosophe – jouent leur rôle de courtisan, comme souvent avec les intellectuels et autres gens de plume : les vertueux sont ceux à qui l'occasion de ne pas ou de ne plus l'être n'a pas encore été donnée. Le Stoïcien joue les moralistes de cour, il professe un stoïcisme d'opérette – c'est le cas de le dire... – et vante les mérites de la douleur qui permet toujours des étincelles de vertu ! Sacrés stoïciens, toujours en représentation... Quelques airs et récitatifs plus tard, le versificateur se réjouit du suicide commandité qui a conduit le philosophe à s'ouvrir les veines dans une baignoire.

Chacun joue donc son rôle sur cette scène où s'affrontent la Beauté, le Pouvoir et la Courtisanerie. L'Arménie se rebelle ? La Pannonie prend les armes ? Le peuple souffre ? Et alors ? Le Prince aime, donc tout doit disparaître derrière ce seul souci : le caprice amoureux et le jeu du moment. Elle est belle et croit donc à l'éternité de l'état dans lequel elle met son Néron. Mais elle ne sera pas toujours belle, et quand bien même. Lorsque l'Empereur désirera un autre jouet, elle perdra toute sa superbe pour n'être plus que ce qu'elle était déjà sans le savoir : une occasion.

La nourrice de Poppée lui déconseille la fréquentation des grands, elle sait, comme les soldats qui gardent la maison de l'Empereur, à quoi ressemble cette engeance. Quand l'époux d'Octavie congédie sa régulière pour mieux répéter les erreurs passées avec son nouveau gadget auquel il offre la couronne, la confidente se ravise : servante de pas grand-chose, voilà tout de même moins que servante d'une pas plus grand-chose, mais fardée des atours de princesse. Elle se réjouit d'un pareil trajet : naître servante et mourir maîtresse. Elle n'a pas lu Hegel, dommage, elle aurait su combien le maître est un esclave qui s'ignore.

Et dans ce monde dégoûtant, où y a-t-il un peu de propreté ? Chez Domitillia. Othon, mari trompé, mais qui l'a bien cherché en jouant avec le feu néronien – l'Empereur n'a pas le monopole de l'incendie –, retrouve le chemin de Domitillia, maîtresse jadis abandonnée. Le retour sur les pas d'une ancienne histoire signifie toujours une régression. Ou une bassesse éthique : on y sait le lit toujours ouvert et le triomphe facile dispense de mener le combat, on croit avoir gagné sans même le livrer. On imagine aimer à nouveau, on fait pitié de ne pas savoir qu'on veut une affection tout de suite à moindres frais. Othon vaut bien Poppée... Même avec les cornes d'un cimier monumental sur le chef.

Passons les détails, du moins allons vite : Octavie se la joue grand seigneur, elle parle sous le regard des dieux : elle ne se vengera pas. Promesse de Gascon faite à elle-même. Une fois assurée du silence du ciel, probablement, elle demande à Othon de l'aider : qu'il s'habille en femme, c'est plus facile pour commettre le forfait, et trucide Poppée. S'il refuse ? Elle dira à Néron qu'il a voulu abuser d'elle *avec une violence malhonnête* (II.9). Finalement, cette Octavie mérite bien le même casque cornu qu'Othon...

Domitillia, bonne fille, prête ses vêtements, assure de sa complicité, encourage le geste – même les vertueuses peuvent avoir un moment de faiblesse... *Amour* veille et guette, sur le champ de bataille, il empêche le crime. On reconnaît le criminel en fuite : ses habits le désignent. Quiproquos. On l'accuse ? Elle comprend. Elle accepte. Il comprend. Et n'accepte pas. Il s'accuse donc.

Néron tranche le nœud gordien : pour Octavie, c'est le bateau calfaté et les caprices de la mer – une répudiation aux petits oignons ; pour Othon, le dépouillement de ses titres et de sa fortune, puis le bannissement ; pour Domitillia, l'Empereur veut récompenser la fidélité et lui propose de choisir son destin. Cohérente, elle accompagne Othon, mari abandonné, criminel inachevé, traître deux fois par le mensonge qu'il lui inflige en revenant dans ses bras seulement pour consoler son petit ego blessé. Et, bien débarrassé, Néron épouse Poppée. D'où le fameux couronnement...

Il manque un acte quatre... Rêvons-le un peu : Othon et Domitillia se marient et ont beaucoup d'enfants. Et il leur arrive aussi un jour la même chose qu'à Néron et Poppée : l'Empereur fatigué par ce jouet vieilli, ayant beaucoup servi, et dont désormais il connaissait toutes les possibilités, l'Empereur, courtisé par le même genre de femme, mais avec vingt ans de moins, fit contre elle ce que jadis il avait fait pour elle. *Cosi fan tutte*, dit-on ailleurs... Et le monde continua, puisque c'est ainsi qu'il fonctionne.

3

Onaniste, pétomane et cannibale

Lorsque j'ai envoyé par la poste le manuscrit de ce qui deviendrait mon premier livre, il avait pour titre *Diogène cannibale*. J'ai toujours aimé le philosophe de Sinope – il fit d'ailleurs l'objet de mon deuxième livre –, et plus particulièrement ses vertus philosophiques. J'entrais en littérature avec une phrase tonitruante qui plut à mon éditeur : *Onaniste, pétomane et cannibale*, etc. Elle annonçait la couleur : je faisais du corps – ici, accessoirement des philosophes – mon sujet de prédilection. Une façon également de m'installer sur le territoire matérialiste épicurien, au sens antique du terme.

Le cannibalisme de Diogène m'intéressait – comme le Rousseau abstème, le Sartre furieux de charcuterie, le Kant éthylique, et autres… – parce qu'à leur insu les penseurs en confessent plus sur leur vision du monde en mangeant qu'en rédigeant de gros traités. À table, ils ne se cachent pas et se livrent ; sur le papier, ils se travestissent et se dissimulent. Diogène célébrant le cannibalisme dit tout : la précellence de la nature sur la culture, la nécessité de l'ensauvagement, la scénographie de la pensée, la facticité des conventions et autres joyeusetés philosophiques.

Jeune homme provincial pas encore au fait des us et coutumes de la province parisienne, je ne savais pas que l'auteur avait quelque droit sur son livre. Les contrats léonins mettent le droit du côté de ceux qui les ont déjà tous et laissent à l'écrivain quelques miettes utiles pour retrouver plus tard le chemin de la mangeoire. L'éditeur avait fait son travail dans son coin, probablement avec les lumières du directeur commercial, patron de droit divin dans toute maison d'édition qui se respecte.

Je découvris donc, le jour du service de presse, que mon *Diogène cannibale* avait rendu l'âme pour laisser place à un *Ventre des philosophes*. Le *Saturne dévorant un de ses enfants*, préalablement prévu pour la couverture, fut remplacé par une bien inoffensive nature morte d'un obscur peintre du XVIIe siècle, fort opportunément sorti, pour l'occasion, de son musée de Valenciennes... La quatrième de couverture qui n'était pas de ma plume annonçait un jeu de mots de potache et précisait l'importance de la relation *entre panse et pensée*... Je hais le mot *panse* – presque autant que celui de *ventre*.

Évidemment, Diogène au placard, le cannibale à la cave, Saturne dans la remise, le livre pouvait espérer une carrière lisse. Il l'eut. Pour mon plus grand malheur. Certes, toute la presse en fut, y compris la plus improbable gazette des notaires de province, et je devins bien vite le jeune philosophe spécialiste de la question gastronomique... Bernard Pivot, *Apostrophes*, un yquem en dégustation non loin de Noël, avec un plateau de spécialistes en boudins blancs, truffes, art de la table et vaisselle de luxe. Un enterrement de première classe.

Le petit monde parisien me présentait une chance, et je ne la saisissais pas : il me suffisait d'en remettre une couche – on me proposa bien vite d'écrire une biographie de Brillat-Savarin, ce que je ne fis pas –, et je devenais la personne ressource, comme on dit, celui auquel les journalistes téléphonent dès qu'il s'agit de faire le pitre dans les médias pour déblatérer sur son sujet monomaniaque. J'allais au-devant d'une surcharge pondérale définitive, d'une place d'inspecteur au *Guide Michelin*, d'une chronique dans la presse spécialisée, d'une sublime cave personnelle pour bons et loyaux services rendus à la profession. Et d'une impossibilité définitive de tout travail philosophique.

Une proposition obscène acheva de me décider : l'animation d'un séminaire sur le goût pendant deux jours pour une grande chaîne de distribution alimentaire avec une rémunération équivalant à la moitié de mon salaire annuel de professeur de philosophie. Je marquai un temps d'arrêt, stupéfait. La voix d'hôtesse de l'air, au téléphone, me dit que ça pouvait être payé plus cher. Je refusai, arguant que c'était déjà bien trop. Et me promis de ne plus jamais écrire sur ces sujets.

Si le livre s'était appelé *Diogène cannibale*, avec le même contenu, on n'aurait pas lu la même chose. De même, publié chez un autre éditeur – un spécialiste en philosophie sinistre, par exemple... –, il en aurait été un autre. Le cannibalisme ne fait pas recette chez les directeurs commerciaux, donc chez les ménagères de moins de cinquante ans. Je fis la diète sur le sujet gastrologique – dixit Fourier – pour éviter la permanence des malentendus. Je changeai de malentendu pour d'autres, car j'ai coutume de préciser qu'une réputation, c'est la somme des malentendus accumulés sur son compte...

Et je tiens toujours Diogène pour la plus haute figure de l'Antiquité grecque, bien au-delà de Platon, contre qui il disait qu'un philosophe qui n'a jamais gêné personne n'est pas vraiment un philosophe. Sa figure oubliée ne cesse de m'accompagner, au jour le jour, jusque sur les routes du Québec, où je m'entretenais un jour avec un ami de Montréal – je venais y faire une conférence sur... le cynisme dans l'art contemporain. En voiture il m'apprit qu'il s'était mis en quête, pour me faire plaisir, de retrouver ce Léonce Paquet à qui l'on doit la superbe anthologie de tout ce que l'on sait sur Diogène et les siens. Il l'a finalement débusqué dans un monastère québécois où il a pris sa retraite de dominicain. Les voies du cynisme sont décidément impénétrables...

4

Fixer des oxymores argentiques

Oxymore, drôle de mot, drôle de son. On entend presque *occis-mort*, ce qui, pour le coup, définit le pléonasme ou la redondance... Littré l'ignore. Étrange oubli, car la date de naissance du substantif – 1765 – rend possible sa présence dans la bible du vieux médecin positiviste. Cherchons, regardons dans son dictionnaire : rien. *Oxiopie*, oui, pour qualifier une vue plus perçante qu'habituellement, ou bien *oxyophrénie* pour une olfaction plus sensible qu'à l'ordinaire. Mais pas d'oxymore. Singulièrement, les deux bornes entre lesquelles ce mot devrait logiquement apparaître ne sont pas totalement étrangères au travail de Bettina Rheims : si l'on glisse d'un sens à l'autre, du nez à l'œil, de l'olfaction à la vision, les deux mots ci-dessus expriment assez bien ce qui définit le bon photographe : celui qui voit plus et mieux, plus loin, au-delà de l'organe du quidam.

Revenons donc à *oxymore*. Je formule cette hypothèse, et ce sera ma thèse : le travail de Bettina Rheims, toutes époques confondues, tous sujets ramassés, tous albums empilés, se résume assez bien sous l'augure faste de cette figure de style dont je vais préciser le contenu. Femmes fatales dans des hôtels glauques, Christ femelle ou black, nudités artificialisées, mammifères taxidermisés, Chinois postmodernes surannés, stars glamour en Vanités à leur corps défendant, cet univers se ramasse assez bien sous le principe oxymorique.

Oxymore, donc. Précisons : les hellénistes préfèrent *oxymoron*. Mais poussons l'afféterie jusqu'au bout, et prononçons *oxymoronne* et non *oxymoron*, comme ronron... Le terme se construit avec *oxu*, aigu, fin, spirituel, et *moros*, d'abord mou, inerte, puis sot, bêta, stupide, fou. Drôle d'attelage ! D'autant que, preuve de bonne volonté et signe de conscience professionnelle, ce couple fonctionne en oxymore, car il unit deux termes apparemment incompatibles a priori, parce que leurs sens semblent contradictoires, afin de produire avec cette collision un effet de sens nouveau. L'alliance inattendue génère une signification tierce. Exemples : une douce violence, un silence assourdissant, un soleil noir, une eau solide. De plus facétieux écriraient : un gendarme intelligent, un politicien honnête, un fonctionnaire courageux, un intellectuel clairvoyant, un journaliste intègre. Ou encore : un philosophe clair et limpide...

Oxumôros s'utilisait à Athènes comme adjectif pour qualifier une chose fine et spirituelle, certes, mais présentée sous une apparence de niaiserie ou d'obscurité. Sous l'*apparence* – le mot importe. Car il en va de cette figure de style comme d'une modalité stratégique et tactique, une arme polémologique qui suppose la ruse, la feinte, l'artifice. À la manière de l'ironiste ou du cynique grec, le créateur d'oxymore vise un effet rhétorique, il se propose une collision verbale – la méthode –, pour dévoiler une vérité ontologique – le but. Sous l'apparence d'une contradiction se cache un sens voulu et révélé par la mécanique de cet assemblage de signifiants faux ennemis, vrais amis. Habileté dialecticienne...

Cette technique du plus haut degré de l'art rhétorique s'apparente à la fusée des moralistes du Grand Siècle. En effet, l'aphorisme suppose la pyrotechnie d'une conversation portée à son degré d'incandescence. D'où la force du bon mot, généalogie de la sentence qui ramasse le contenu d'un long, pénible et ennuyeux traité dans la matière incandescente d'une phrase brève, taillée en diamant. Vivacité de La Rochefoucauld contre lourdeur et lenteur de Bourdaloue.

En tant que parent de l'ironie, l'oxymore ne se trouve jamais bien loin de la fameuse politesse du désespoir. Cet effet va vite, il aime la célérité de l'éclair et de la foudre, il ramasse l'habituellement éparpillé, il précipite, au sens chimique du terme, ce qui, sinon, floconne en suspension indéfinie. Cette chimère conceptuelle accouche de sens nouveaux, elle ouvre la voie à des issues qui échappent à la raison raisonnable et raisonnante. Loin du discours apodictique, le recours à l'oxymore témoigne d'un possible usage poétique de la raison.

Pour parvenir à ses fins, cette figure de style exige une mise en scène. Les mots se dirigent tels des comédiens sur les planches. D'où la nécessité de l'artifice – étymologiquement *artiste* en latin, *artifex* – qui se pose en s'opposant à la nature. Bettina Rheims ne photographie jamais la nature en tant que telle, jamais elle ne saisit un paysage, à moins qu'il soit urbain, et encore. Pas d'arbres, de ruisseaux et de rivières, de nuages ou de montagnes, pas de mer, de terre, de fruits ou de fleurs, pas d'animaux vivants. Son univers, jamais virgilien, suppose l'artifice des villes, des chambres d'hôtel, des terrains vagues, des friches industrielles, des garages, des studios de prise de vue, et autres preuves de l'existence de l'homme.

Dans des chambres closes et claires elle installe sa *camera obscura*. Elle arrange, déplace, dispose ; elle met en scène couleurs et sujets, objets et corps, tissus et textures ; elle scénographie les lumières, les vibrations chromatiques ; elle polit les chairs, huile les peaux, atténue les carnations ; elle poudre, maquille et redessine ; elle situe ; elle habille, déshabille, dénude ; elle plie les corps comme le bras coudé d'une lampe ; elle récuse la nature ; elle célèbre la culture. Puis déclenche l'obturateur et fixe enfin son oxymore anti-nature...

La dextérité dans l'artifice renvoie au métier, à la technique, à la première définition de l'artiste : l'artisan. Pareil à Dieu, du moins au démiurge qui organise les apparitions et les occasions d'épiphanie, l'artiste des âges anciens imite la nature, il la singe. Souvenons-nous de Zeuxis, l'emblématique peintre grec qui *rend* si bien les raisins peints sur un mur que les oiseaux s'y trompent et les picorent. L'artifice comme anti-nature, certes, mais comme parodie, contrefaçon, simulation. Se prendre pour Dieu.

En disciple de Zeuxis, Bettina Rheims construit des artifices : un Christ qui n'est pas Christ, une femme qui n'est pas une femme, la mort qui n'est pas la mort, tout en fixant sur le papier Christ, femme et mort... Comment réussit-elle ce prodige ? Justement, par la magie oxymorique : elle propose un Christ avec son attirail – crucifixion, couronnes d'épines, flagellations, blessures, etc. – et toutes ses propriétés sauf une : il n'est pas homme. Ou bien : il n'est pas blanc. D'où ces oxymores : un *Christ femme* ; ou encore : un *Christ noir* ; ou bien : un *Christ rasta* ; voire : un *Christ métis*. Autant de variations oxymoriques sur le seul personnage du Crucifié. Ailleurs : des animaux morts photographiés et présentés ainsi que des vivants, des *morts-vivants*, des *cadavres vifs*. Ici : des *beautés glauques* de femmes saisies comme par un Baudelaire converti à la photographie. Là : des Chinois dans une *modernité surannée*, enchâssés dans une postmodernité pleine de traces ancestrales, prisonniers de leur *éternel présent*, mais prenant date pour demain.

Le travail d'*INRI* a beaucoup fait parler de lui. Pour de mauvaises raisons. Des raisons dont Nietzsche dirait qu'elles sentent la *moraline* à plein nez. Le parfum de la moraline se confond en Occident à celui de l'eau bénite croupie dans un air vicié par l'encens. Car les Ligues de vertu, les chrétiens intégristes, les dames patronnesses, les curés formés à Saint-Nicolas-du-Chardonnet, plus leurs ouailles, ont jadis jeté l'anathème sur ce travail classique d'artiste s'emparant de la geste chrétienne, un capital débordant largement les sectateurs du Christ.

Entre un saccage de bloc chirurgical où se pratiquent les IVG et l'incendie d'un cinéma où l'on projette *La Dernière Tentation du Christ*, ces défenseurs de l'« amour du prochain », du « pardon des offenses » et de la douceur évangélique se déchaînent car Bettina Rheims traite esthétiquement ce qu'ils confisquent pour le profit de leur seule chapelle : presque deux millénaires d'iconographie historique – et pas forcément sainte, religieuse ou sacrée. Lire la Bible comme un livre d'Histoire pour adultes et non comme un livre d'histoires pour enfants, voilà son impardonnable péché, satanique arrogance, perfide suffisance...

Que signifie INRI ? C'est l'acronyme de *Iesus Nazarenus Rex Iudaeorum*, autrement dit : *Jésus de Nazareth, Roi des Juifs*. Chacun a vu un jour dans une église ces quatre lettres fichées au sommet de la croix, selon la volonté de Ponce Pilate. Ce *titulus* explique au passant le motif de la crucifixion : « Rendez-vous compte, cet homme, humain trop humain, se prend pour le roi des Juifs ! Voilà la raison de sa présence ici, face à vous. » *Ecce homo* – voici l'homme !

La représentation de la crucifixion a généré des millions de toiles en plus de mille cinq cents ans de figuration de ce fait divers mythologique. Or toutes ces peintures n'en font qu'une. En les superposant, en lissant leurs différences – lieux, époques, artistes, traitements, etc. –, on obtient une *vera icona*, une (autre) Véronique : un portrait-robot. À savoir : un homme de type européen, comme on dit dans les commissariats, d'une trentaine d'années, aux cheveux longs et clairs – entre blond et châtain –, qui porte une barbe taillée en pointe, le torse indemne de tout système pileux, la musculature taillée pour les cours d'anatomie des séances de dessin. Le corps d'un anticorps : le corps d'une incarnation. La chair d'un homme charnel sans chair, puisqu'il s'agit du fils de Dieu fait homme pour sauver tous les hommes.

Laissons de côté les invraisemblances d'un homme crucifié sur un appareillage en tau d'une hauteur improbable, car il s'agissait bien plutôt d'une croix de saint André juste assez haute pour éviter aux pieds de toucher terre ; oublions que, pour le motif invoqué, ce fameux Jésus n'aurait jamais eu à subir ce supplice, mais celui de la lapidation ; passons sous silence l'impossibilité anatomique de clous dans la paume des mains, le poids les arracherait – on liait plutôt, voire on fichait le clou entre radius et cubitus ; n'envisageons même pas la question de sa très probable inexistence historique, car Jésus fut seulement la cristallisation de l'hystérie millénariste et apocalyptique de l'époque dans un nom servant de fixateur à ces forces obscures. Évitons les histoires et retenons donc ce topos de la crucifixion. Que peut-on en dire ?

Convenons donc de l'incarnation, une prouesse technique tout de même. Mais dans quel corps ? Probablement dans celui, typé, de l'individu à qui le Messie veut s'adresser. Autant dire dans le corps probablement enrobé – la nourriture et l'âge... – d'un homme aux cheveux bruns, frisés, au teint hâlé, court sur pattes et assez velu, le nez probablement camus, et non pas grec.

Que prouve ce chromo du Christ en héros scandinave triomphant sur la totalité de la planète ? Que les hommes font Dieu à leur image sublimée, fantasmée, et non l'inverse. Que l'incarnation a beau sembler transhistorique, elle n'évite pas les déterminismes du lieu où elle se manifeste. Que la chair désincarnée bien qu'incarnée, que le corps en anticorps, que l'ici et maintenant céleste constituent des oxymores trop audacieux pour qu'un cerveau humain conçoive ces chimères selon leurs justes proportions... Et qu'il en va là d'une preuve de l'existence fantasmagorique de cette histoire chrétienne.

Quand Bettina Rheims s'empare de cette règle du jeu, elle respecte les codes : le Fils de Dieu s'incarne pour souffrir et vivre comme les hommes, connaître la Passion et, sur la croix, offrir sa mort en rédemption de l'humanité tout entière corrompue depuis l'écart du péché originel ? D'accord, allons-y et voyons ce que donne une incarnation ici et maintenant, un INRI hic et nunc. Suit donc cette proposition de quantité de scènes ressortissant de l'histoire sainte – de l'Annonciation à l'Ascension.

Donc, Jésus s'incarne. Bien. En homme. D'accord. Mieux : en homme blanc. Pourquoi en homme, et pas en femme ? Et blanc, plutôt que black, métis, jaune, eurasien ? Est-il saugrenu de se demander si l'incarnation n'aurait pas pu donner *aussi* une femme noire ? Que devient la portée universelle de ce signe si, déjà, à l'œil nu, dans l'iconographie, la moitié de l'humanité – les femmes – ne s'y retrouve pas, pendant que plusieurs milliards d'autres êtres humains non-blancs n'y trouvent pas non plus leur compte ? Voilà un universel bien singulier, une loi de l'humanité très locale !

Pour signifier iconiquement, plastiquement, esthétiquement, la vérité – la véracité ? la possibilité ? – de l'incarnation, Bettina Rheims parie sur l'universel, le vrai. Elle propose donc un Christ noir, un autre métis, un(e) femme, un avec *dreadlocks* de rasta, de quoi saisir dans la plurivocité des figures l'univocité d'un message : se faire homme, c'est épouser tout ce qui constitue l'humanité de l'homme, donc le féminin, la négritude, le métissage, l'altérité sous toutes ses formes.

Or les chrétiens ont du mal avec l'amour du prochain si ce dernier ne leur ressemble pas comme deux gouttes d'eau. Quand il n'est pas eux. Quand on ne leur donne pas la possibilité narcissique de se chérir eux-mêmes sous prétexte d'aimer Dieu. Le pari de l'incarnation oblige pourtant à cela : dépasser le mâle blanc occidental de type européen. L'instrument de ce dépassement, c'est l'oxymorique que scénographie Bettina Rheims. Comment ?

En effectuant des collisions dans le temps, dans l'espace et dans la géographie au profit d'un seul nouveau temps, d'un unique territoire : celui de la durée photographique et de la présence de l'image. Ni le désert de Judée Samarie, ni l'Église vaticane, mais là où se trouve le vivant contemporain de la photographe, dans son espace habituel, vêtu avec les fripes du jour, coiffé à la manière du temps, voilà la preuve de l'excellence du pari chrétien. Si vérité du Christ il y a, elle est dans l'ici et maintenant.

Comment des chrétiens peuvent-ils passer à côté de ce message esthétique, théologique, philosophique, existentiel, ontologique qui représente une chance pour eux ? Sinon parce qu'ils n'aiment pas ce qu'ils disent aimer, qu'ils ne veulent pas ce qu'ils disent vouloir. L'amour de l'humanité les motive moins que celui de leur propre identité fragile. Ils prétendent aimer leur prochain ? De fait, c'est eux qu'ils adorent – par procuration. Car le prochain, le vrai, c'est l'autre, le grand Autre. Celui qui ne me ressemble pas. Mieux, ou pire : celui qui se révèle l'inverse de ce que je suis, moi.

D'où une réécriture de la geste chrétienne dans le détail, avec une minutie appuyée sur les textes – lus, commentés et racontés avec précision par son complice Serge Bramly. Et ce dans cette fameuse logique oxymorique : une *Visitation* dans une serre de maraîcher ; une *Annonciation* scénographiée avec balançoire, bicyclette et Vierge en baskets ; une *Nativité* sur fond de mur tapissé de journaux ; une *Adoration* des bergers dans un garage avec camion ; une *Sainte famille* dans un canapé, sous la clarté d'une lampe de chevet ; une *Enfance de Jésus* dans un terrain vague ; *Jean* décidant, dans une rue aux murs tagués, de se retirer au désert ; *Joseph* avec béret, cravate et costume rayé ; *Hérode* arborant une lampe de gynécologue sur le front ; les *Premiers Disciples* sur une voie de chemin de fer électrifiée ; *Jésus et les Apôtres* dans une gare désaffectée ; la *Cène* avec un Messie en baskets ; la *Crucifixion* dans un terrain vague, une friche industrielle ; et passim...

Chaque fois, le décor dit à qui sait lire et entendre : le papier journal et la bonne nouvelle ; le camion et le trajet des rois mages ; la voie ferrée et la circulation des hommes, donc des idées ; la friche industrielle comme lieu emblématique de la misère contemporaine des pauvres et des humbles ; l'infrastructure ferroviaire en compagnon sinistre de la solution finale et de la punition des innocents ; et tant d'autres occasions de mesurer que le monde ne change pas dans le fond, car seule la forme se métamorphose. D'où, nouvelle occasion de Réforme pour les croyants, l'annonce de la permanence et de la validité d'un discours chrétien pour nos temps postmodernes.

De station en station, on retrouve la grammaire des objets chrétiens : le lis, la colombe, le crâne et l'enfant, les instruments de la Passion – échelle, clous, couronne d'épines, croix... La même chose que chez tous les artistes qui, depuis plus d'un millénaire, traitent ce sujet. Bettina Rheims s'installe dans la longue histoire des artistes qui subliment, donc interprètent, cette mythologie particulière, en la respectant, en la célébrant et en ne la dénigrant surtout pas. Elle donne de la vie à cette religion qui bien souvent jouit de la mort, voilà peut-être ce qu'on ne pouvait tolérer d'elle.

Animal paraît le plus existentiel des travaux de Bettina Rheims. Le lieu dans lequel elle exprime peut-être le maximum de ce qu'on peut entendre de son œuvre, ce qui le sous-tend, le soutient, ce que sont ses attendus. Sobre, en noir et blanc, dans une totale économie de mise en scène qui tranche avec la profusion chromatique ou la pléthore d'objets d'autres albums, tout se concentre sur le sujet. Le traitement esthétique lui aussi se trouve réduit a minima. A priori, choses sobres sobrement dites. Fond et forme en symbiose totale. Puissance de la concentration.

À première vue, ce travail montre des animaux, généralement en gros plan, en portraits. Chiens et chats, singes et loups, colombe et chouette, bébé éléphant et petit dromadaire, cacatoès et corbeau, phoque et coq. Rien que des bêtes sur fonds neutres. Un genre de ménagerie traditionnelle, une série de Photomaton placides avant l'embarquement pour l'arche de Noé. Le propos ? Magnifier leur présence sur le cliché, donc leur présence au regardeur, donc au monde.

Le chat tigré nous regarde ; le chien, posé de tout son long, semble jouer son rôle de modèle, un peu dans le genre cabot ; la chouette déploie ses ailes ; le chimpanzé tourne le dos, râleur, fâché ; le cacatoès également, non sans étaler son beau plumage blanc, dont le plumet de son casque ; le mandrill menace, gueule ouverte, crocs dehors, on entend presque son cri ; un cochon, bien que de profil, nous regarde avec un œil brillant, vif, malin, on croirait qu'il sourit ironiquement ; la colombe nous toise, sûre d'elle et dominatrice, tel un faucon ; l'ours se tient face à nous, un peu mélancolique, une patte sur le cœur, comme un président des États-Unis pétrifié par son hymne national ; l'éléphanteau brandit sa trompe en périscope ; le lapin donne l'impression de préparer un coup fourré ; le chien bicolore écoute la voix de son maître ; le caniche blanc, bien peigné, excellemment coiffé, le poil en ordre, comme probablement sa maîtresse, fixe l'objectif. Oui, mais voilà, souriants, poseurs, ironiques, apprêtés, arrogants, agressifs, mélancoliques, joueurs, attentifs, espiègles, ces animaux qui illustrent le spectre des sentiments *humains* sont morts et empaillés.

Comment s'en aperçoit-on ? Quel détail prouve que le faux vif est vraiment mort ? Que l'apparemment vivant est bel et bien cadavre ? Un infime détail : une tache suspecte sur le pelage, une peau défraîchie, une allure chétive et malingre, un poil raréfié, une bouche aux dents désordonnées. Le je-ne-sais-quoi, le presque rien qui dévoilent l'imperceptible incident autour duquel s'organise l'information qui modifie dès lors le regard.

On ne voit plus la même chose : les attitudes animales ont été deux fois figées, fixées : une fois par le taxidermiste, une autre par le photographe. Photographier comme on empaille... Arrêter le temps avec de la paille et des armatures en fer ou avec une pellicule argentique – même combat. Procéder d'une semblable manière pour produire l'illusion du temps stoppé entre deux moments de vie. Capter l'instant, l'immobilité gisant à l'épicentre de chaque mouvement – comme le silence habite le cœur de la musique. Jouer avec la mort qu'est toujours la durée contrainte, cette petite asphyxie qui prive de l'oxygène de la vie.

Quelques photos livrent le secret de la totalité du travail : celles du singe couturé du menton au sternum, de l'aisselle droite à la gauche, ou bien le pied du même animal lui aussi ouvert puis refermé, le travail du fil chirurgical témoigne. Pourquoi ces clichés-là, justement, au milieu de cette arche de Noé elle aussi oxymorique – car on n'embarque pas pour survivre ceux qui sont déjà morts. Et puis ce loup couché, étiqueté comme tout bon chrétien dans une morgue. Là on voit bien, on comprend mieux : du moins, on comprend enfin.

Ce travail va loin, très loin. Car il fournit le manifeste de tout photographe. Derrière son viseur, l'artiste partage le même dessein que le taxidermiste qui conjure la mort en tâchant fictivement de l'arrêter et en donnant l'illusion du vivant avec du cadavre. Mensonge apaisant, mystification qui calme les angoisses existentielles : le temps ne passe plus, l'entropie n'effectue plus son travail, on ne vieillit plus quand on est mort ou épinglé dans une durée qui passe sur une photographie qui traverse le temps. Dans la paix silencieuse de la durée suspendue, la jubilation atteint son paroxysme, certes, mais c'est au prix d'un mensonge, d'une duperie, d'une tricherie avec Cronos – qui, de toute façon, dévore ses enfants...

Extrapolons : et si Bettina Rheims donnait ici la clé de son mystère ? Pourquoi cette femme qui photographie les stars de la planète, les VIP, les gens célèbres, les princesses et les acteurs, les mannequins et les vedettes, les chanteurs et les comédiens se soucie-t-elle *aussi* de cochons empaillés, de singes naturalisés, de rats taxidermisés, sinon parce que le *Marabout déplumé de face* doit être impérativement mis en perspective avec le cliché officiel du président de la République Jacques Chirac – qu'elle signe aussi, mais pas dans le même livre... L'un permettant de comprendre l'autre ; les uns permettant de comprendre les autres.

Précisons, allons plus loin : que partagent donc un mannequin célèbre et le *Poney décoiffé de face* ? Le marabout et le président ? Tous brillent en surface, font illusion, séduisent par l'extérieur, l'allure. Ils sont des êtres *pour autrui*, jamais des essences *en soi* ou *pour soi*. Leur vérité s'arrête à leur épiderme sous lequel on ne trouve rien, sinon la mécanique du mensonge : la star et le cochon sont bourrés de paille, creux, pleins de vide, ils tiennent debout grâce à l'artifice d'armatures sans lesquelles on verrait le réel d'une peau avachie guère plus intéressante que la mue du serpent.

Le gratin mondain fait commerce des seules apparences – comme la bête déplumée, décoiffée, ne dispose plus que de la fausseté du plus superficiel en elle pour se vendre. Cherchez l'âme d'un orang-outang naturalisé, elle n'existe pas plus que celle de ces êtres réduits à leur fonction d'icône publique. Sous la star, rien ; sous le président, du vide ; sous la vedette, du vent. La consistance du courant d'air se donnant l'allure d'une chose importante. La vérité ? Le fin mot de l'affaire ? Nous finirons tous comme ce loup couché sur le flanc, une étiquette autour de la patte, avec deux ou trois mots griffonnés pour éviter la fausse direction post-mortem au cadavre que nous serons – bientôt. Car, au regard de l'éternité, la date de notre disparition, c'est aujourd'hui.

Faut-il dès lors viser le dehors au détriment du dedans ? Vouloir séduire par le reflet en payant le prix fort : le renoncement à une âme ? Ne faut-il pas plutôt plaindre ceux et celles qui sacrifient à cette religion du look et vivent pour le seul regard d'autrui, sans souci d'une construction de soi, d'une fabrication de leur intérieur comme d'une citadelle – la métaphore se trouve dans les *Pensées* de Marc-Aurèle. Ces châteaux en papier, ces forteresses de sable abritent des vents coulis. Visiter l'âme de ce petit monde d'importants s'apparente au trajet infernal du côtoiement du plus vil et du plus bas. *Memento mori* : « Tu es ce porc si seule ton apparence te préoccupe. »

En compagnie de ses cochons et de ses rats, Bettina Rheims fait fort. Elle propose une variation sur le genre pluriséculaire de la *Vanité* et délivre une réelle leçon de philosophie : l'extérieur, c'est l'apparence, seul l'intérieur compte ; l'excès de surface s'effectue au détriment de la profondeur ; la vie ne se réduit pas à l'apparence de la vie ; le regard d'autrui n'est pas la vérité de mon être ; donner l'impression d'être vivant ne suffit pas à prouver qu'on n'est pas déjà mort – même de son vivant. Après pareille leçon, quiconque connaît le sourire de Bettina Rheims devine ce qui peut s'y cacher.

Bettina Rheims a beaucoup photographié le corps des femmes. Anonymes, inconnues, mais aussi très connues, trop connues. Comment capter encore quelque chose d'un corps tellement *shooté* – comme on dit – pour magazines et journaux ? Car tant de secondes volées finissent par se trouver retranchées du capital ontologique imparti à la naissance. Poser constitue des durées qui nourrissent des temps hors du temps. Or ces paquets de secondes abîment l'âme, l'usent, la polissent jusqu'à parfois la faire disparaître.
Pourquoi ai-je écrit en tête de ce chapitre la *beauté glauque* ? Pourquoi *glauque* ? Ce terme souffre d'une étrange schizophrénie. Un double sens contradictoire en fait un terme à sa manière oxymorique. Car glauque procède du grec – clair et brillant –, puis du latin – vert ou bleu pâle ou gris. Chez Homère, Athéna la déesse a les yeux pers, autant dire *glauques* : couleur de la mer Méditerranée.
Comment dès lors expliquer que ce mot qui caractérise l'une des plus belles choses au monde – la couleur des flots navigués par Ulysse – signifie dans nos temps nihilistes – à partir de 1985, écrit Alain Rey – ce qui inspire un sentiment désagréable, un malaise à cause d'un aspect trouble ? L'ambiance glauque équivaut désormais à une ambiance lugubre, sinistre, sordide.

Métamorphose du glauque hellénique en glauque postmoderne...

La nouvelle acception rôde dans les parages de notre époque qui évolue entre *trash* et kitsch, autant de modalités du baroque transhistorique de tous les temps de rupture. Qu'est-ce qui est glauque dans les photographies de Bettina Rheims ? Les sujets, les objets, les agencements, le résultat ? L'apparence ? Le fond ou la forme ? Le cliché ou celui qui le regarde ? Bettina Rheims peut tout à la fois revendiquer le *trash* et le kitsch, le baroque et le rococo, le maniérisme et le glauque : son monde exubérant fait partie de ceux qu'on reconnaît.

Grammaire d'objets glauques : le bas filé – superbe jambe gainée de soie, mais griffée ; le sous-vêtement en résille déchirée – corps magnifié par le maillage noir dans lequel se trouve un trou comme une blessure ; coulures et taches de lait concentré sur la chair – dégoulinures de sperme ; une bouche salie de sauce rouge – sang du cannibale, de l'omophage, de l'anthropophage ; maquillages dilués dans la sueur ou les larmes – métaphores d'ecchymoses, mémoires de violences et de coups. Chaque fois un incident, l'épiphanie d'un événement qui déraille, sort du chemin tracé de l'attendu. Accidents dans l'érotisme, accidents de l'érotisme.

Glauques également un certain nombre de collisions qui rappellent les épousailles surréalistes, jadis, entre machine à coudre et table de dissection : une femme empoigne un couteau de boucher avec, derrière elle, le carnage visible de plumes éparpillées sur un tapis persan ; une religieuse au sein nu débordant d'un soutien-gorge en latex et saignant un lait rouge ; une femme superbe tient dans la main une improbable patte de poule ; une autre avec un rasoir et du sang, puis un sourire. Ces collisions produisent leur effet oxymorique : habituellement on n'égorge pas une volaille dans un appartement chic ; on ne dévêt pas la nonne aux stigmates inédits ; nue, une femme exhibe rarement les griffes et les écailles préhistoriques d'un gallinacé ; la blessure au rasoir déclenche plus le rictus de douleur que le sourire, etc.

Glauques, des lieux aussi : recyclage de la fameuse table de dissection des amis d'André Breton pour un corps à corps sensuel ; un salon de coiffure de petite boutique figée dans son décor depuis des décennies ; la vitrine saturée de sang d'une boucherie ; les innombrables salles de bain avec leur mobilier : bidet, cuvette de w.-c., balayette, carrelages fatigués ; les couloirs sales, gras, avec patines de crasse, peintures écaillées ou papiers surchargés et déchirés ; les hôtels borgnes, louches, les chambres de passage qui abritèrent plaisirs solitaires ou tarifés ; un fauteuil en skaï éventré, exhibant sa tripe de mousse jaune ; un matelas crasseux à même le sol ; un lit de fer rouillé ; une cuisine de ferme où hommes et bêtes semblent avoir longtemps cohabité. Etc.

Glauque de luxe aussi : car les hôtels chics, haut de gamme, les lieux où descendent les VIP suintent une même misère, mais dorée, en stuc et paillettes, avec rideaux lourds, tapisseries chargées, meubles anciens, moquettes dans lesquelles s'enfonce le pas des gens importants. Au mur, des reproductions de tableaux anciens avec des cadres dorés : on vit dans un théâtre, on se croit autre que ce qu'on est, on bovaryse plein pot. Toujours l'illusion...

Le luxe cache souvent la misère existentielle. Ils se croient uniques, essentiels, incontournables, le *vulgum pecus* se retourne sur leur passage, leur pouvoir d'achat témoigne, ils *sont* beaucoup puisqu'ils *ont* beaucoup, mais ils l'oublient : ce sont des cochons empaillés ou des singes naturalisés. Le mobilier des toilettes les rappelle à la raison : balayettes et bidets restaurent toujours l'égalité ontologique. Déféquer dans le sanitaire de tout le monde, même si tout le monde c'est le monde mondain, ça reste tout le monde... Le *Raphaël* ressemble au claque, mensonge en plus.

Glauques encore et encore : les cheveux teints, la perruque blonde ou en Nylon orange ; les plumes d'autruche – empaillée, peut-être, à ce jour ; la nuisette à bordures de fourrure blanche – lointaines virginités ; le vernis à ongles pailleté – esthétique de collégienne ; les murs tapissés en peau de zèbre, les moquettes murales – prune éteinte – des salles d'attente de médecins au lointain Serment d'Hippocrate ; le cercueil Louis Vuitton, quintessence snob inaugurée par le fameux suaire de chez Dior chanté par Boris Vian.

Le corps de ces femmes se trouve donc souvent, beaucoup, dans cette atmosphère glauque. Mais sublimée. Comment ? Par le jeu oxymorique du maquillage et, plus largement, de l'artifice. Le décor kitsch est une boîte à bijoux. Les femmes de Bettina Rheims incarnent la féminité racontée amoureusement par Baudelaire. Elles sont baudelairiennes. C'est-à-dire ? Magnifiques et magnétiques, divines et enchanteresses, naturelles et stupides, énigmatiques et érotiques, terribles et incommunicables, bel animal et dangereux prédateur, divinité satanique et incarnation du péché originel – dixit le poète.

Baudelaire aime ce qui, chez la femme, permet de contrecarrer la radicalité naturelle de son destin hormonal. Il vénère la femme dans la femme, pas la mère ni l'épouse. Donc, il magnifie la force érotique contre la force génésique. Le maquillage, voilà ce qui, contre nature absolue, signifie le plus haut degré de la culture. Dans l'écrin glauque brille donc la pierre précieuse taillée à la perfection : un féminin exacerbé, exhibé, sublimé.

Le fétiche fait reculer la nature ; le fétichisme exprime la culture. Pas d'érotisme chez le cochon vivant, le singe vif, le bouc excité. En revanche, spécificité de l'*Homo sapiens*, des objets d'art permettent de sculpter la libido pour en faire une œuvre d'art. Bas et jarretelles, dentelles et cuir, fourrures et gants, résilles et visons, soie noire et sous-vêtements en latex, guêpières et talons aiguilles, lunettes noires et tulle, piercing et tatouages, rouge à lèvres et poudres, avec ces artifices inutiles à la mère, incongrus pour l'épouse, le féminin peut mettre le monde à ses pieds. Peu importe, dès lors, le décor glauque, puisque le sublime triomphe.

Et puis la Chine, avec *Shanghai*. La page maoïste française et parisienne tournée, et fort heureusement, que reste-t-il désormais de la Chine dans l'imaginaire français ? À l'heure où les anciens maos courtisent les bourgeois que jadis ils auraient envoyés dans des camps de rééducation, quand l'un d'entre eux, après avoir écrit que le président Mao était le plus grand poète vivant, dépose aujourd'hui ses œuvres aux pieds du pape, puis appelle au grand projet révolutionnaire d'une Europe libérale, peut-on envisager un discours non fantasmagorique sur la Chine ?

La Chine est un sujet pour Bettina Rheims, car ce pays incarne géographiquement l'oxymore : une *Chine postmoderne*, qu'est-ce que cela signifie pour cette civilisation plusieurs fois millénaire dont les codes anciens persistent, malgré évolutions et révolutions ? Ce continent mental se joue de la dialectique et résout sans barguigner les contradictions les plus radicales. Il pulvérise les antinomies comme un char sur la place Tien An Men...

Aujourd'hui, la Chine est communiste et capitaliste, maoïste et libérale. Elle lit d'une main *Le Capital* pendant que l'autre tient le combiné téléphonique en contact avec les places boursières de la planète marchande. Comment peut-on donner naissance à ce monstre d'une *droite marxiste* ? La Chine est carcérale, panoptique et, simultanément, via ses opérations commerciales et financières, ouverte sur le monde. Le marxisme-léninisme persiste dans sa forme bolchevique et militaire : les Chinois inventent le *rouge kaki*.

Dans ce monstre coexistent au moins trois mondes imbriqués, coextensifs et saisis dans de mêmes images par Bettina Rheims : la Chine ancienne, traditionnelle, ancestrale ; la Chine maoïste ; la Chine postmoderne. Le mahjong, la faucille et le marteau, l'ordinateur. Ou bien : le Tao, le Parti, la Télévision. Ou encore : Confucius, Mao, Bill Gates. Premier monde : la joueuse de pipa, instrument traditionnel ; l'hommage funéraire taoïste ; le lit à opium ; l'Opéra de Pékin ; les vieux quartiers en cours de destruction massive et programmée ; la tradition des acrobates et des danseuses, le spectacle vivant et populaire ; les arts martiaux ; le culte des esprits ; le mahjong, donc. Deuxième monde : le Grand Timonier et son ombre ; ses photographes officiels ; les gardes rouges ; les emblèmes communistes réitérés jusqu'à plus soif ; les fêtes du parti ; les femmes soldats ; les cuisines communautaires ; les séances de gymnastique organisées par le comité de quartier ; les apparatchiks satisfaits, contents d'eux-mêmes, les répugnants premiers rouages de la mécanique fasciste. Troisième monde : Miss Chine ; la productrice de cinéma ; la présentatrice vedette de télévision ; l'acteur, cette inévitable vraie fausse valeur planétaire ; la chanteuse de karaoké ; l'esthéticienne qui produit des reines d'un jour ; la fête d'Halloween ; le couple jean/baskets ; l'institut de chirurgie et ses bibelots scientistes ; le défilé de mode ; l'architecture et l'urbanisme de style international.

Et puis, ce qui relie tout ça, logique de l'éternel retour : les usines, les chaînes de production, les dortoirs ouvriers, ces chambres communautaires carcérales ; les prostituées ; l'armée et la police. Le travail, le sexe, l'ordre, ces idoles majuscules auxquelles toutes les politiques sacrifient sans exception : produire des richesses, gérer l'économie libidinale par l'organisation de dépenses en pure perte, soumettre les âmes et les corps. Le prix de l'être et de la durée de toute civilisation mortelle. Confucius, pas mort...

La coexistence de ces trois mondes, la plasticité chinoise, l'habileté dialectique redoutable, leur génie retors du clonage technologique, tout cela génère une force considérable. Voilà désormais tapie une puissance insoupçonnée. L'Empire américain peut prier pour que dure le communisme chinois, car une fois momifié le dernier apparatchik maoïste, le libéralisme deviendra réellement planétaire, et ce sans le garde-fou d'une raison occidentale devant laquelle rit le peuple qui, il y a plus de vingt-cinq siècles dans la Chine des Royaumes Combattants, produit Sun Tsu, l'auteur d'un fameux *Art de la guerre* – drôle d'oxymore, là encore... Ce premier traité du genre au monde ne défend pas la guerre totale, la violence brutale théorisée bien plus tard par Clausewitz, mais le subtil art de *soumettre l'ennemi sans combat*. *Shanghai* est un livre de photographies qui fournit les plans de l'adversaire. Un réel traité de polémologie chinoise, donc. Il faudra en reparler...

5
Des tableaux pour des aveugles

Un demi-siècle de voyages, d'amitié, d'écriture, d'images, de songes, de rêves, voilà la proposition d'Alain Jouffroy dans son recueil de poésies *C'est aujourd'hui toujours*. La couverture annonce 1947-1998 ; les poèmes précisent : décembre 1947 pour le premier, janvier 1999 pour le dernier : *Da capo*. Joli clin d'œil, ce titre, pour la date ultime... L'exergue en ouverture – car il faut parler avec le vocabulaire de la musique – sonne comme un bruit mat et clair venu d'Orient, un bruit de gong, ailleurs en écho dans l'œuvre : Dôgen, un poète qui écrit, pense, rédige et conçoit en philosophe – à moins qu'il ne s'agisse de l'inverse.

Une anthologie ? Disons plutôt une rétrospective, car le seul langage des synesthésies et des correspondances permet d'approcher un peu ce monde de corps et de foudre, de vents et de chair, de sons, de lumières et de fulgurances. Cette rétrospective propose des toiles aux aveugles. Des toiles surréalistes, bien sûr, au sens étymologique : sur le réel, par-delà le réel, en le dépassant tout en le conservant. Mais aussi au sens que l'on sait, car André Breton erre, évidemment, entre tous les poèmes, et pas seulement dans cette superbe *Antichambre de la nature* où Alain Jouffroy raconte sa première rencontre avec le poète généalogique sous les auspices du Huelgoat de Segalen...

Donc, des tableaux pour des aveugles. Comment ça ? Pourquoi donc ? Parce que des mots chantent, soufflent et sifflent, des phrases sonnent et tempêtent, des sons s'insinuent et dansent, l'ensemble finissant, comme les sphères pythagoriciennes, par produire une étrange musique colorée tel un poème symphonique de Scriabine. Pas d'impressionnisme debussyste, pas de minimalisme webernien, non, mais une musique charnue et charnelle, qui aime le monde, donc les corps – corps des femmes, corps du réel, corps des songes, corps des âmes, corps des mots, etc.

Les techniques d'écriture sont des techniques de voix, ou bien des tessitures, ou encore des registres sonores : sensualité de cordes frottées au crin, primitivisme des peaux percutées, clartés lumineuses des cuivres embouchés, autant de choses notées. De quelle manière ? Avec le calligramme, la phrase descendue du haut comme le long d'une corde, ou croisée selon le principe cruciforme ; avec des figures géométriques – rectangle, cercle, carré ; avec des ponctuations qui hachent le temps ou le lissent, l'allongent ou le broient, le raccourcissent ou l'élongent : points, traits, parenthèses, slash ; avec des artifices typographiques : gras et maigre, capitales et minuscules, inversions de lettres – palindromes visuels et sonores ; avec des mises en page : blanc, espacement, exposant de concentration des mots.

Calligrammes et figures géométriques, ponctuations et typographies ludiques, mises en page dans le corps du poème, mais aussi dans la page elle-même : voilà les matériaux de base pour une grammaire et une syntaxe mises au service de ce monde sonore. Jongleries et agencements, mises en perspective et assemblages, mouvements de puzzle et dialectique du jeu, tout contribue à instiller du vivant et de la vitalité dans le texte. Les mots vivent la transe, les phrases s'animent telles des tarentelles, le poème bouge – comme un corps de femme sous la main du poète, la cime d'un arbre dans le vent normand ou l'âme dans la perspective d'un satori.

Rythmes et cadences génèrent parfois des collisions. De ces étincelles de masses lancées à vive allure naissent des images. Leurs liaisons fluides et en perpétuel devenir produisent des anamorphoses baroques. Le chant d'Alain Jouffroy procède des musiques du monde. Collisions de verbes et de mots, de langages et de métaphores, d'images et d'impressions, d'émotions et d'histoires, de lieux et de gens. Ici la geste révolutionnaire : Saint-Just et Babeuf, Hébert et Topino-Lebrun, David et Buonarroti ; là, la geste surréaliste : André Breton bien sûr, mais aussi Aragon et Cravan ; ailleurs la grande geste poétique : Rimbaud, évidemment Rimbaud, ou bien Michaux, Celan et Bernard Noël ; ailleurs la constellation d'amis : Sollers et Masson, Lam et Pommereulle, Matta ; ou encore les comètes traçant seules : Gracq, Paz, Godard, Borer...

Cosmopolite du verbe et des images, les lieux du poète procèdent de la ville monstrueuse de New York ou de l'humidité de la Normandie – les Hauts Vents –, de Venise en l'air et de Tokyo sur les failles, du Sénégal calciné et de Moscou jadis la gâteuse, de l'Irlande gorgée de vert ou de l'enfer d'Aden, de Kingston et autres géographies magiques. Divers lieux, terres diverses, territoires multiples pour une seule et même âme qui dompte ses images ici, là ou ailleurs avec une même force musiquée.

Ici, la prose est poétique ; la poésie se livre en prose. Pas d'étiquettes ni de convenances. Un verbe libre. De l'aphorisme, coupant comme de l'acier, mais agencé comme des centaines de lames rangées dans un meuble étrange : phrases coupantes, tranchantes, vives, brèves, mais aussi nombreuses que les jours d'une année – *365 exils du lac Corrib* ; ou bien : suites lyriques, tableaux d'une exposition, pavanes, gigues, courantes et autres modalités utiles pour restituer la parole de ces tableaux sans châssis auxquels on a ôté la toile. Reste l'air vibrant encore du poème lu pour soi ou donné à haute voix : une lumière de mots qui prend date sur le jour et l'heure où les yeux se ferment définitivement.

6

Les mauvaises odeurs du scatophile (Lettre à Jean Clair après la parution de son petit livre *De immundo*)

Je suis d'accord avec vous sur la critique que vous faites du stercoraire, du scatologique, du nihilisme, du masochisme, de la haine du corps dans la production contemporaine. Que cette partie-là de l'art contemporain soit détestable, je vous l'accorde, j'y consens absolument. Mais je ne vous suis pas quand vous laissez croire que cette partie vaut pour le tout et que la totalité de l'art contemporain s'y trouve réduite, ramassée ou limitée. Dès votre prière d'insérer, vous parlez de l'« œuvre contemporaine », de l'« art » et très vite dans le livre de l'immonde « comme la catégorie privilégiée de l'art d'aujourd'hui ». Par vous, certes, et dans ce livre, oui, mais sinon ? Vous le savez bien, on ne saurait sans danger extraire une poignée d'artistes, minoritaires, et les présenter comme les seuls, ou comme résumant bien ce qui fait de l'art d'aujourd'hui… de la merde. Déduire une passion pédophilique – au sens étymologique – emblématique de l'art contemporain à partir des seuls travaux de Balthus, d'Otto Meyer-Amden ou de Wilhelm Von Gloeden ne serait pas plus méthodologiquement convenable. J'ai consacré un livre – *Archéologie du présent* – à montrer que l'art contemporain est archipélique (une évidence...) et qu'on peut aimer et récuser des îles de cet archipel (celle du scatologique, par exemple...) sans devoir pour autant sacrifier sa totalité. Réduire la musique contemporaine au néo-sérialisme de Boulez ou au néoclassicisme de Philippe Hersant rend mal compte de la richesse, de la diversité et de la pluralité du continent musical d'aujourd'hui. Et empêche de penser véritablement, ce qui me semble plus dommageable.

Par ailleurs, j'ai relevé dans le corps de votre texte un certain nombre d'erreurs factuelles. Permettez que je vous les signale. Vous dites que les poils poussent après la mort : à l'évidence, après la mort, plus rien ne pousse ! C'est le propre de la mort d'arrêter tout processus vital. L'illusion que les poils poussent est due au fait que la déshydratation consécutive à la mort tend la peau donc donne l'impression que poils et ongles continuent de croître, de vivre, alors que seule la rétraction des tissus libère une plus grande longueur folliculaire. Louis Vincent Thomas explique tout ça très bien dans *Le Cadavre*.

Vous parlez des « déchets de cuisine des restaurants lyonnais » ingérés par la machine de Wim Delvoye. En fait, ce ne sont pas des déchets, mais des plats commandés aux meilleurs restaurants des villes de la planète où *Cloaca*, cette « machine à cloner du caca », comme l'artiste la nomme lui-même, est exposée. On en pense ce que l'on veut (elle est, pour ma part, un superbe monument esthétique et ironique pour penser les défis de l'homme faustien à venir), mais la machine n'ingère pas des déchets, elle en produit. Et avec ce qui passe malheureusement et souvent pour le meilleur d'une civilisation aujourd'hui : la gastronomie haut de gamme. La dimension politique n'est pas étrangère à ce choix effectué par l'artiste. De même quand vous dites que « l'œuvre ne dégage (...) pas d'odeur » : si ! Au point qu'aux États-Unis – et chez eux seulement ! – on connaît leur passion hygiéniste... –, l'œuvre n'a été exposée qu'après l'installation d'une ventilation et d'un extracteur d'odeurs.

Sur l'Actionnisme viennois : vous parlez de mutilations : « blessures et automutilations ». Dans toute l'histoire de ce courant que vous citez si souvent pour illustrer vos thèses, il n'y en a jamais eu. Des simulations, oui. De la théâtralisation avec le sang, oui. Mais jamais de coupures au rasoir ou de lacérations comme chez Gina Pane, par exemple. Schwartzkogler a joué de ce jeu plus que les autres, certes, mais sa mort par défenestration n'est pas consécutive à une autocastration, comme on l'a beaucoup dit et écrit, c'est un geste banalement suicidaire – et nullement revendiqué comme un geste esthétique.

Par ailleurs, vous confondez Otto Muehl et Hermann Nitsch : Muehl habitait une communauté, pas un château – les bâtiments ont été construits dans les années soixante-dix, je crois. C'est Nitsch qui habite un château à Prinzendorf. Je connais les deux lieux, où je suis allé. Sur les « viols de mineurs commis en secret du château » (ah ! l'ombre de Sade) : la sexualité était libre dans cette communauté – pas le château... En faire partie relevait d'un contrat librement passé avec Muehl. Les parents des jeunes filles – quinze et seize ans – vivaient librement leur sexualité avec Muehl. Les adolescentes ont eu des rapports sexuels avec lui au vu et au su de toute la communauté, y compris les parents, eux-mêmes partenaires de Muehl. Ce sont eux qui ont saisi le prétexte d'un viol (les autorités autrichiennes n'attendaient que ça) pour gérer des problèmes personnels avec Muehl une fois fâchés avec lui. J'ajoute, pour l'avoir rencontré plusieurs fois, y compris en prison à Vienne, à la communauté en Autriche et au Portugal quand il y vivait, que son tempérament caractériel, autoritaire, tyrannique, que l'aspect sectaire de cette communauté, que la fragilité mentale, psychique et intellectuelle extrême de ses membres posent effectivement des problèmes, mais que le viol ne me semble pas qualifié comme on l'a dit et comme vous le répétez.

Vous confondez également Muehl et Nitsch sur un autre sujet : c'est Hermann Nitsch qui est « affublé d'une chasuble » et asperge de sang les participants. Pas Muehl. Et c'est dans son château cette fois-ci. De même, « le Théâtre des Orgies et du Mystère » est l'affaire de Nitsch, pas celle de Muehl…

Par ailleurs, lorsque vous écrivez : « C'est ici que l'on pourrait utilement reprendre l'expression de Giorgio Agamben d'une biopolitique » et que vous renvoyez en note à *Homo sacer* (1997), vous passez sous silence l'origine véritable de cette expression : elle date de 1978, on la doit à Michel Foucault, qui en est l'inventeur et dont c'était le sujet de cours au Collège de France cette année-là : « Naissance de la biopolitique. »

De même, en passant, Beuys n'utilisait pas des « peaux de lapin », mais un cadavre de lièvre entier... Je ne vous entreprendrai pas sur l'antisémitisme du surréalisme. Là encore, telle ou telle position (indéfendable) prise par l'un des surréalistes ne fait pas le surréalisme tout entier.

Pour finir, votre rapprochement des pratiques (nulles, je suis d'accord) de ces artistes qui scénographient poils, cheveux, ongles, etc. avec le nazisme illustre encore et toujours votre façon de procéder : vous amalgamez et prenez la partie pour le tout, et vous faites de l'art contemporain un art, disons merdique dans sa totalité. Comment, dès lors, envisager un échange serein avec ceux que l'on critique ?

Laisser planer l'idée que l'art contemporain, le nazisme et le merdique entretiennent une relation plus qu'intime, quasi viscérale, c'est empêcher un réel travail sur ce continent de l'art d'aujourd'hui que vous jetez à la poubelle de l'histoire, sans plus aucun égard. Il me semble qu'on ne peut être ni pour ni contre en bloc sans encourir le risque de procéder avec de gros sabots. Il faut bien plutôt défendre en nominaliste, et non en platonicien (l'Art !), ce qui paraît défendable et déplorer ce qui semble nul, au cas par cas. De la médiocrité d'une grande partie de l'art contemporain on ne doit pas inférer la nullité de la totalité de l'art contemporain. Le travail de l'historien, du philosophe, du penseur ne consiste pas à donner soit dans le culte (conservateur ou réactionnaire) du passé, soit dans la religion du contemporain (soyons indistinctement moderne en tout), mais à fournir les arguments utiles pour mener un travail critique qui permette un réel droit d'inventaire – afin de tordre le cou à un certain nombre de faiseurs qui encombrent le milieu. (...).

7

Contente-toi du monde donné

L'Université française n'intègre jamais dans son cursus un cours d'historiographie de la discipline. On la comprend, il s'agit de ne pas ébruiter les secrets de fabrication d'une philosophie à pâte lisse, sans aspérités, destinée à l'intelligence désireuse de nourriture spirituelle. Dans les arrière-cuisines universitaires se concoctent des soupes avec lesquelles se sustente sans broncher le gros de la troupe philosophique.

Une historiographie bien faite montrerait pourtant le détail d'écriture d'une philosophie idéaliste promue comme seule et unique. Dans l'archipel des pensées planétaires, on effectue des diagrammes. Ils finissent par créer des unités factices. D'où une perspective linéaire – la flèche chrétienne du temps qui passe – et la greffe de blocs de sens accrochés sur cette ligne droite. Dans le cas de la logique dominante, la cartographie se fait sur un territoire délimité et dans un temps précis, l'ensemble justifiant les hypothèses idéologiques intéressées du départ. Le lieu ? La Grèce. Le temps ? Le VIIe siècle avant l'ère commune. Le premier bloc de sens ? Les présocratiques.

Voilà la généalogie coutumière. Un miracle hellène ! Une bénédiction de l'Olympe... La philosophie naît d'elle-même, sans passé, sans sources, sans sol ni racines : elle descend du ciel, sur le mode des divinités qui consentent à parler aux humains. Elle ne saurait monter d'une terre ni procéder d'un humus immanent. Trop trivial, pas assez de pensée magique.

Dans le détail – et pour limiter mon analyse à l'Antiquité –, les Grecs inaugurent donc la discipline dans les années moins 600. Mais avant ? Rien. Que faire, donc, des livres de sagesse égyptienne trois mille ans avant la naissance du Christ ? Et la Chine ? Et l'Inde ? Quid de ces fameux gymnosophistes, un terme général et générique cachant la richesse de la pensée indienne sous la pauvreté d'un vocable sans contenu précis ? Ce bloc est traversé par un messie philosophique : Platon. Avant lui ? Rien, pas grand-chose, un magma, un champ de ruines, nulle pensée méritant qu'on s'y arrête vraiment. Des noms, des morceaux, des tessons conceptuels, des débris philosophiques, de la menue monnaie. Pour éviter le détail, on invente la notion de présocratique utilisée pour rejeter dans l'ombre tout ce qui gêne l'historiographie idéaliste. Démocrite l'atomiste ? Parménide le métaphysicien ? Leucippe le matérialiste ? Héraclite le dialecticien ? Et des centaines d'autres ? Dans le même sac...

Peut-on faire remarquer que Démocrite, par exemple, passe pour un présocratique alors qu'il pense et écrit en contemporain de Socrate – qu'il est donc censé précéder – et auquel il survit au moins quarante années ! De quoi définir... un postsocratique ! Doit-on passer sous silence cette anecdote, essentielle, rapportée par Diogène Laërce, d'un Platon souhaitant jeter au feu la totalité des œuvres de Démocrite ? Deux pythagoriciens (!) l'en dissuadent – plus pour des raisons cyniques d'impossibilité matérielle que de morale corporatiste. Platon, l'antimatérialiste ; le matérialisme, l'antiplatonisme par excellence. Ajoutons que Platon, lutteur et auteur de théâtre de formation – importance de la biographie –, pense en catcheur et rédige en dramaturge. Ce qui suppose des personnages fabriqués sur mesure et construits petits (les sophistes, par exemple) pour pouvoir en triompher plus facilement, ou campés bien grands (Socrate) afin de disposer d'un porte-parole plus et mieux entendu. Mais les figures historiques de Protagoras, Gorgias ou Socrate sont platonisées, déformées, loin de leur réalité à restaurer. Car les sophistes enseignent un véritable contenu nominaliste, relativiste – donc aux antipodes de Platon –, et Socrate, quant à lui, semble une figure bien plus proche de Diogène et d'Aristippe que de l'Élysée platonicien.

Cessons avec cet exemple de philosophie antique. Avec quelques grandes lignes, il montre qu'on organise le capharnaüm en fonction d'intérêts propres : déconsidérer ce qui déborde le principe organisateur – Platon –, puis négliger, mépriser ce qui nie, embarrasse ou met à mal la doctrine dominante. Et qu'est-ce qui met le mieux en difficulté l'idéalisme ? Le matérialisme. Quelle figure agit en meilleur contrepoison de Platon ? Démocrite.

D'où l'intérêt pour l'historiographie dominante – fondée par le christianisme accédant au pouvoir avec Constantin – de partir en guerre et de mener une répression impitoyable contre la pensée matérialiste. Rien n'est interdit, pas même les coups bas, surtout pas les coups bas. Épicure témoigne de son vivant et l'épicurisme plusieurs siècles après lui. Le fondateur du Jardin ? Un grossier personnage, un luxurieux, un voleur concupiscent, buveur, bâfreur. Sa doctrine ? Une justification de la bestialité – ainsi le fameux pourceau. L'idéaliste sait se salir les mains pour la bonne cause ! La destruction du matérialisme, voilà son idéal le plus constant. Une historiographie alternative de l'Antiquité montrerait tout ceci dans le détail. Elle pourrait agir de même avec la suite des aventures de l'idéalisme dans l'histoire : après le platonisme, le christianisme – ensuite de quoi, l'idéalisme allemand. Nietzsche l'a superbement dit : le christianisme est un platonisme pour les pauvres. À quoi l'on pourrait ajouter : l'idéalisme allemand est, lui aussi, quelques siècles plus tard, un christianisme pour les pauvres, les mêmes...

Dans ces trois gros blocs de sens – Platon, le Christ, Kant et consorts –, le matérialisme travaille chaque fois en machine de guerre philosophique : Démocrite et Leucippe, Épicure et Lucrèce contre Platon et les siens ; mais aussi l'épicurisme chrétien de Lorenzo Valla, Érasme, Montaigne, contre la patrologie, la scolastique et le néoplatonisme de la Renaissance ; le libertinage érudit d'un Gassendi contre l'idéalisme cartésien ; le matérialisme français – superbes La Mettrie, Helvetius, Diderot et d'Holbach ! – contre les apologistes chrétiens oubliés de l'antiphilosophie.

Ma contre-histoire de la philosophie – matérialiste – tient tête à sa version officielle et institutionnelle. Sa richesse étonne, sa densité stupéfie.

Or cette terre est à l'abandon : pas d'histoire de la philosophie matérialiste, pas d'encyclopédie sur ce sujet, pas de rééditions, de traductions, de travaux de recherche, d'enseignement, pas de bibliographies, pas de livres, ou si peu : un léger bruissement, deux ou trois noms, mais, malgré eux, presque un silence...

D'où l'intérêt du livre d'Albert Lange (1828-1875) *Histoire du matérialisme et critique de son importance à notre Époque* (1866). Pareille entreprise n'a pas, me semble-t-il, de précédent. Elle n'a pas non plus généré de vocations. Un monument, donc, qui émerge dans l'historiographie platonicienne et dans l'Écriture idéaliste dominante de la discipline. La première partie porte comme sous-titre « Histoire du matérialisme jusqu'à Kant », la seconde « Histoire du matérialisme depuis Kant ». Le volume inaugural se présente effectivement comme une histoire du matérialisme de Démocrite et Leucippe à d'Holbach, en passant par les classiques Épicure et Lucrèce, Gassendi et Hobbes, sans oublier de plus négligés ou inattendus : Aristippe de Cyrène et certains sophistes, mais aussi l'averroïsme padouan, Pomponazzi, d'Autrécourt, Valla, ou encore Priestley ou Cabanis.

Cinq années après avoir mis le point final à cette œuvre sans double, le second temps semble à son auteur un peu dépassé. Il a raison. Ses analyses sur les sciences de la nature, les sciences physiques, l'anthropologie, la physiologie, la psychologie, mais aussi l'éthique, l'économie politique et la religion souffrent d'une trop grande proximité avec les enjeux du moment. Près d'un siècle et demi après, cette critique demeure. Un nombre considérable de noms ne signifie plus rien à personne sauf aux spécialistes d'épistémologie allemande de la deuxième moitié du XIXe siècle.

Mais cette partie conserve tout de même un réel intérêt : le matérialiste, dont l'impératif catégorique est *Contente-toi du monde donné* – superbe phrase aux conséquences considérables ! –, ne peut penser sans connaître un minimum de ce qu'enseigne le scientifique. Extrapolons : un philosophe matérialiste, aujourd'hui, ne peut penser sans connaître un tant soit peu les neurosciences, la biologie moléculaire, la cristallographie, la physique nucléaire, la théorie des particules, celle des cordes et autres occasions d'une cartographie du réel comme il est.

Lange voulait lutter contre les histoires racontées aux adultes toujours prêts à s'abandonner aux pensées magiques des enfants. En héritier des Lumières, il avait raison. En précurseur à de nouvelles Lumières, il a toujours raison. Son *Histoire du matérialisme* propose une machine de guerre contre l'idéalisme qui compagnonne toujours avec les fables religieuses et les mythes politiques. Ce livre en partie daté est donc toujours d'actualité, parce que d'une immense utilité pour se prémunir contre les miasmes de l'historiographie dominante qui persiste – voire reprend du poil de la bête !

8
La chair des langues d'esclaves

Certains poètes contemporains donnent l'impression de n'être que des cerveaux, de purs produits de matière grise tarabiscotée. Quelques mots sur une page, des collisions verbales aléatoires, un vague tropisme mallarméen, un culte du mot seul, une religion de la phrase pour elle-même, une manie du blanc et de l'espace, de quoi générer un autisme de bon aloi, et s'assurer qu'on ne sera pas lu, aimé, compris. De quoi aussi, bien sûr, certifier qu'on a affaire au grand poète. Car ils aiment l'ineffable, scénographient l'indicible, se pâment en dévots de la théologie négative. Pas besoin de donner des noms : ils incarnent le bon goût du moment...

D'autres, en revanche, croient que le mot ne constitue pas une fin mais un moyen. Le poème ? Sûrement pas un artifice de pure forme, un artefact de technicien de l'écriture, mais une prose revendiquant sa matérialité, sa musicalité, le rythme et la cadence des vocalises primitives d'*Homo sapiens*. D'une part, des encéphales désincarnés, de l'autre, des corps de chair épanouie doués de l'hyperesthésie des fauves les plus accomplis.

René Depestre évolue entre le loa de la poésie, l'archi-volute de la plante tropicale et l'œil du félin embusqué dans la nuit : il est une nature au-delà de la nature parce que affranchi de ses lois et de ses logiques. Il écrit en familier des rythmes de la planète, des mouvements du cosmos, des soubresauts de l'Histoire aussi, en connaisseur des épices de Jacmel ou des ceps de Corbières, des odeurs musquées de femmes abandonnées et des couleurs des Caraïbes. Attentive aux solstices et aux éclipses, aux intempéries et aux fournaises, sa poésie fournit le langage de ces forces intempestives.

À l'évidence, cette poésie défrise le mondain. Trop de vie, de sève, de sperme, trop de matière, trop d'énergie, de pulsions, trop de vitalité, trop de mots voluptueux et sensuels, pas assez de cervelle tartinée sur la maigre couche de cellulose. René Depestre n'ignore rien du sang qui gorge l'essentiel et prend le parti des choses, du réel, du monde et des gens. Et ces gens hantent son monde autant qu'un arbre tropical, un insecte haïtien, un poisson caribéen.

Des nègres libérateurs, des nègres chanteurs, des nègres poètes, des poètes pas nègres, de précoces mathématiciens morts précocement : Toussaint Louverture, Bob Marley, Léopold Sedar Senghor, Pablo Neruda, Évariste Galois et autres héros du panthéon disons depestrien : le père Lebrun aux pneus enflammés autour du cou, l'ombre invisible mais bien présente d'Erzulie Frida ou de Baron Samedi en compagnie d'autres loas inédits, ceux du poète. Ou encore Gaston Miron, F.J. Temple et autres hommes de cette farandole hédoniste et solaire.

L'écriture de René Depestre, comme celle de tant d'autres auteurs des Caraïbes, porte à bout de bras le génie de la langue française. Outre-Atlantique, c'est-à-dire en France, mieux, ou pire plutôt, à Paris, la langue éditée, publiée, demeure entre les mains de ceux qui, nés avec une cuiller en argent dans la bouche, ou venus des caniveaux qu'ils oublient bien vite – même gibier... –, la violentent, la maltraitent, la punissent, l'humilient, l'outragent comme l'enfant brise son jouet pour le pur plaisir de jouir en détruisant.

Avec les poèmes de René Depestre surgit une langue de résistance qui arrache cet instrument aux mains des usagers de la rhétorique qui enfument, asservissent, justifient l'oppression politique, intellectuelle – la langue des maîtres – pour lui donner la dignité d'une langue d'esclaves décidés à se rebeller. On ne peut faire de plus beau cadeau à la langue française et à la révolte, à la poésie. Sans nul doute René Depestre est en Corbières un zombie possédé par le loa de la poésie. Écoutons-le, lisons-le : ses transes panthéistes, ses danses dionysiaques nous invitent à mettre dans nos existences un peu de la folie créatrice haïtienne. Car nous, Français de la métropole, avons des leçons à prendre de ce génie toujours tenu à distance par les Blancs épuisés.

9
De part et d'autre de la barricade

Diogène n'aimait pas Platon, et l'auteur de *La République* le lui rendait bien. Entre ces deux-là, ce fut la haine leur vie durant. Normal, ils campent chacun aux deux extrémités idéologiques, métaphysiques, philosophiques. L'homme au Chien aime la vie, la joie, le réel, le rire, la liberté, l'indépendance, l'individu ; l'homme aux Idées chérit exactement l'inverse : la mort – voir la thanatophilie du *Phédon* ! –, l'ascétisme, les arrière-mondes, la servitude, la dilution des subjectivités dans la communauté. Au-delà des siècles, Diogène et Platon incarnent deux façons d'appréhender le pouvoir, de le considérer et d'en user. Deux anecdotes ramassent leurs conceptions. L'une, célèbre, participe de l'iconographie philosophique classique et met en présence un Diogène qui bronze au Cranéion, une colline de Corinthe couverte de cyprès, et Alexandre, le Prince aux pouvoirs absolus. Alexandre s'adresse à Diogène et lui demande un souhait afin de jouir de l'exaucer. Réponse célèbre de Diogène : « Ôte-toi de mon soleil » – ce qui, dans une traduction moins faite pour le marbre de la postérité, donne : « Tire-toi, tu me fais de l'ombre. »

Car Diogène moque le faux pouvoir du Prince sur les hommes : pouvoir d'opérette et de fiction, pouvoir d'enfant ! Commander, obtenir l'obéissance à cause de la crainte, dominer par la force, imposer sa puissance avec la contrainte ? Voilà de quoi contenter un esclave, pas un philosophe... Le maître, le seul maître sait où est le vrai pouvoir. Le gouvernement de l'Empire ? Allons donc. Seul compte l'empire sur soi, bien plus grand, exigeant d'ailleurs une tâche autrement plus exaltante. D'où le mot célèbre du philosophe renvoyant l'Empereur dans les cordes.

L'autre anecdote – emblématique elle aussi – concerne Platon à la cour de Denys de Syracuse. Que fait en Sicile ce VRP des Idées pures ? Il vend le fameux concept de *Philosophe Roi* ou de *Roi Philosophe*. En deux mots : seul est légitime pour exercer le pouvoir l'individu formé à la sagesse des philosophes, sinon, à défaut, un Roi de fait initié ensuite à la philosophie. Suivez mon regard. Denys et Platon discutent sur le pouvoir, le second défend le mensonge en politique pour le Bien public, pas pour le confort du Tyran. Denys prend mal la chose et l'insulte, Platon répond. Le Syracusain veut d'abord mettre à mort l'Athénien, puis se résout à le vendre comme esclave. Annicéris de Cyrène le rachète et lui rend la liberté...

Leçons : un Roi qui philosophe ? Impossible. S'il philosophe vraiment, il sait que gouverner salit les mains et l'âme, donc il refuse ou démissionne. Un philosophe qui prend les rênes et se réjouit de l'exercice des responsabilités agit en pragmatique, englué dans la compromission du réel, du quotidien et des affaires louches. De fait, il cesse d'être philosophe. L'attelage conceptuel platonicien est une impossibilité dans les termes : le philosophe se garde du pouvoir sur les autres ; l'homme de pouvoir évolue aux antipodes de la philosophie.

Une troisième anecdote met les deux protagonistes en scène. Platon s'adresse à Diogène : « Si tu flattais Denys, tu ne laverais pas des légumes. » Réponse du Chien : « Et toi, si tu lavais des légumes, tu ne flatterais pas Denys. » Soit la frugalité, la pauvreté, l'austérité, mais la liberté du sage sans besoin de quémander sa pitance ; soit le luxe, l'abondance, mais la servitude du courtisan obligé de payer son écot. Antique version du loup et du chien reprise par La Fontaine à Ésope et Phèdre.

Cette alternative travaille l'histoire de la philosophie. La ligne de partage ne tremble pas et sépare ceux qui, de près ou de loin, offrent leurs services au pouvoir en place ou à venir. On n'en finirait pas d'établir la liste des amis de Platon : acteurs politiques directs (le stoïcien Cicéron), fournisseurs de concepts au pouvoir en place (Augustin et nombre de Pères de l'Église, mais aussi une flopée de scolastiques au Moyen Âge), auxiliaires secrets et discrets de la diplomatie active (Machiavel/Soderini ; Montaigne/Henri de Navarre, Leibniz/le Prince Électeur de Mayence), conseillers du despote éclairé (Voltaire/Frédéric II ; Diderot/Catherine de Russie), précepteur des grands (Descartes/Christine de Suède ; Fénelon/le Dauphin), collaborateur des envahisseurs (Hegel/Napoléon), complices ouverts du dictateur (Heidegger titulaire d'une carte au Parti nazi de 1933 à 1944, Carl Schmitt, conseiller juridique du NSDAP), informateurs du tyran (Kojève appointé par le KGB), compagnons de route de régimes totalitaires (Sartre/Beauvoir et l'URSS, la Chine de Mao, le Cuba de Castro, les pays de l'Est...), ceux qu'on a pu appeler les idiots utiles (Althusser et le Parti communiste) parmi tant d'autres. On n'en finirait pas. Aujourd'hui encore, dans les traces d'un feu Jean-Marie Benoist, jadis Nouveau Philosophe (candidat UDF aux législatives en 1978, membre du Conseil national du RPR en 1985), on trouve un Régis Debray (du Che à Chirac, via Mitterrand), un Christian Delacampagne (conseiller d'un ministre des Affaires étrangères sous Giscard), un Vincent Peillon (spécialiste de Merleau-Ponty, mais aussi de Jaurès, et simultanément cadre du Parti socialiste puis ministre du président Hollande), un Luc Ferry (kantien chez Raffarin) qui tâtent de la politique politicienne sans qu'on remarque dans leur exercice du pouvoir ce qui les distingue d'un non-philosophe, voire d'un anti-philosophe.

De l'autre côté des barricades se trouvent les philosophes alternatifs, les penseurs avertis que les politiciens professionnels méprisent les penseurs – car une de leurs jouissances consiste à faire manger leur chapeau philosophique à ces benêts venus proposer leur matière grise. Qui sont ces libertaires ? Ces alternatifs ? Ces fils, petits-fils et autres descendants de Diogène ? Tout philosophe qui sait illusoire, destructeur, massacreur et corrupteur le pouvoir d'État et d'institution, tout penseur qui opte bien plutôt pour la puissance de son travail critique. En tragique, il ne s'illusionne pas et n'imagine pas le bien dans un camp, le mal dans l'autre : aux commandes, il n'ignore pas qu'il serait aussi détestable que ceux qui s'y trouvent et qu'il combat sans aspirer à les remplacer. Son magistère politique se situe par-delà la politique politicienne : dans la construction de soi comme une singularité souveraine à même d'agir dans la cité, dans la société pour produire des effets au contact du réel, dans la rue, sur place, dans la logique individualiste ou contractuelle, au quotidien. Il croit la politique moins affaire de palais gouvernementaux que logique de réseaux et relations intersubjectives. Le pouvoir n'est pas là où il se voit, montre ou cache, il est partout. Partout, donc, il faut résister à la manière de Diogène : voilà l'esprit libertaire.

Qui donc, après Diogène, campe du côté de sa barricade ? En même temps que lui, les socratiques. En effet, ils croient que le plus grand des biens consiste à régner sur soi, à disposer d'un Empire, certes, mais sur ses passions, sa vie et son quotidien. Pendant que les stoïciens s'impliquent dans la vie de la Cité impériale, les épicuriens s'engagent dans la construction d'existences magnifiques et de relations extraordinaires. Ainsi l'épicurisme campanien et ce Jardin romain dans la baie de Naples, chez Philodème de Gadara, deux siècles après l'original d'Athènes. Pouvoir sur soi, construction de vies philosophiques, communautés d'amis : ces desseins se jouent loin des compromissions avec Pison, César et autres fantômes d'Alexandre... La vie épicurienne dure six siècles : d'Épicure à Diogène d'Oenanda dans l'Anatolie du IIIe siècle de l'ère chrétienne. Loin des mirages de la cour se produisent les miracles de conversions individuelles. Le christianisme devient officiel avec Constantin, qui légalise la chasse à tout ce qui résiste à sa secte : persécutions, exécutions, exils, destructions de bâtiments, incendies de bibliothèques, interdictions d'enseigner. Sale temps pour les philosophes, particulièrement les disciples d'Épicure. Pendant ce temps, les Pères de l'Église fournissent le pouvoir central en thèses et arguments de combat.

Paradoxalement, la résistance au christianisme est... chrétienne. Contre la confusion du spirituel et du temporel, des chrétiens hétérodoxes proposent une autre façon de se réclamer de Jésus. Le monachisme cénobitique et anachorétique propose en effet de poursuivre à leur manière la pratique épicurienne : édification de soi, construction de sa subjectivité dans le détail de sa vie, seconde après seconde, pratique d'exercices spirituels, usages thérapeutiques de la lecture et de la méditation, cohérence entre sa vie et ses idées dans le plus total mépris des pouvoirs en place.

Le moine du désert et celui de la microcommunauté aspirent au pouvoir sur leur âme et leur corps, l'accès à l'un se faisant d'ailleurs par l'autre, et vice versa. De la pratique d'Épicure dans son Jardin athénien à celle d'Antoine, l'inventeur du monachisme occidental – en 305 – dans sa laure au bord du Nil, on voit peu la différence : sobriété et austérité existentielles, tension mentale et psychique, amitié réalisée en communauté, permanence de la spiritualité, méditation exacerbée, édification ontologique, ce qui unit tient plus de place que ce qui sépare. Tous veulent une vie réussie, un salut véritable, une harmonie avec eux, les autres et le cosmos. Le tout sans aucun souci du pouvoir temporel.

Cette société idéale, cette communauté libertaire d'égaux, cette *association d'Égoïstes* – expression de Stirner – produit un courant ignoré de l'historiographie officielle malgré mille ans d'existence : le gnosticisme. Des communautés gnostiques licencieuses de mangeurs de sperme, de menstrues, de fœtus, aux béguinages libertins néerlandais du Moyen Âge, ce ne sont que fraternités conventuelles où le corps n'est pas nié, méprisé, oublié, mais utilisé pour accéder au sacré : Dieu est dans tout ? Partout ? Tout est voulu par Lui ? La nécessité révèle son seul vouloir ? Alors consumons le désir, libérons nos fantasmes, fabriquons du plaisir, et du même coup réalisons le dessein de Dieu !

Ces communautés gnostiques licencieuses constituent l'avers de la médaille Benoît, Pacôme, Macaire et autres : une voie dans la dépense, une autre dans l'ascèse pour un même projet de salut individuel indépendamment de tout souci social. En asociaux même, Simon le Magicien, Basilide, Valentin, Carpocrate, Épiphane, mais aussi Willem Cornelisz d'Anvers, Bentivenga da Gubbio, Walter de Hollande, Jean de Brno, Éloi de Pruystinck et tant d'autres gnostiques ou Frères et Sœurs du Libre Esprit, créent des communautés singulières au sein de leurs pays respectifs. Le pouvoir politique ne les intéresse pas, seul compte le pouvoir sur soi.

Du IIe siècle de l'ère commune au XVIe siècle, ce courant inconnu, oublié, négligé, occulté avec ses pensées panthéistes et libertaires, résiste aux pouvoirs en place, sans s'opposer aux puissants du moment. De l'Égypte à l'Europe, via la Bosnie – la géographie de cette liaison –, la liberté règne, les lois de l'extérieur comptent pour zéro. Seules importent celles qui, contractuelles, sont passées entre les membres de ces communautés ludiques, joyeuses, hédonistes. On s'en doute, les pouvoirs successifs ne les aiment pas, les traquent, les pourchassent, les exterminent si possible. Faut-il s'étonner que ces courants convergent vers Thélème, l'abbaye de Rabelais où l'impératif catégorique nie tout impératif catégorique : Fais ce que voudras ?

Thélème fournit la matrice de la pensée libertaire, version communautaire, pendant qu'au même siècle, aux mêmes années, le *Discours de la servitude volontaire* de La Boétie propose une recette pour se purifier du pouvoir. Thélème ? Une anti-abbaye chrétienne pour le fond, le contenu, mais une copie conforme pour la forme : belle bâtisse, avec cloître, statues, jardins, fontaine, etc. Mais là où le chrétien est emmuré, contraint, assujetti aux horaires, séparé de l'autre sexe, soumis par des vœux à pauvreté, chasteté et obéissance, quand il s'habille de bure, obéit à des lois, statuts et règles contraignants, le thélémite, lui, vit dans un lieu ouvert, mixte, sans pendule, sur le mode contractuel, volontaire. Il peut être marié, riche, libre, habillé de soie et de brocarts, il ne connaît qu'une règle : son bon vouloir.

De son côté, l'ami de Montaigne analyse le pouvoir en généalogiste jamais contredit depuis quatre siècles : il s'étonne faussement que le pouvoir existe, avec tyrans, abuseurs, exploiteurs, mais donne la recette pour en finir : le pouvoir n'existe qu'avec le consentement de ceux sur lesquels il s'exerce. Il suffit de ne plus servir pour être libre... Manuel libertaire – soyez résolus de ne servir plus, et vous voilà libres –, la leçon vaut aussi bien pour l'individu que pour un groupe, une classe, une société désireuse de recouvrer sa liberté.

La pensée anarchiste s'inspire souvent de ces deux temps : une Thélème communautaire doublée d'une invite à ne plus servir individuellement. Où l'on retrouve la partition entre monachisme cénobitique et anachorétique. D'un côté, la société sans classes, sans exploitation, sans misère, sans aliénation, sans pouvoir autoritaire ; de l'autre, la réappropriation possible par soi de l'Unique et de ses potentialités. Soit le couple Bakounine/Stirner : *L'Empire knouto-germanique* et *L'Unique et sa propriété*. La réalisation d'une société pacifiée et/ou la construction d'une subjectivité souveraine, voici les deux temps libertaires, le premier permettant le second – l'inverse n'étant pas vrai.

Et aujourd'hui ? Quid de la tradition libertaire ? Elle existe encore, parfois fossilisée, chez les gardiens du temple anarchiste qui pensent la société d'après Auschwitz, Hiroshima, la Kolyma, le Vietnam, la chute du mur de Berlin, le Rwanda – notre présent, donc... – comme contemporaine des analyses de Proudhon, Sébastien Faure ou Jean Grave ! Pas très dialectiques, statiques, comme tout tenant d'un catéchisme, ces grognards de l'anarchie laissent de plus en plus place – voir le ton du *Monde libertaire* aujourd'hui – à une jeune garde soucieuse d'une pensée libertaire active pour un monde soumis au virtuel, au planétaire, au péril écologique, aux luttes archipéliques, à la mondialisation, à l'ultralibéralisme, au colonialisme américain, etc.

D'où une lecture de philosophes qui, sans être anarchistes à proprement parler, permettent d'activer une pensée libertaire : je songe à Gilles Deleuze, Michel Foucault, Pierre Bourdieu ou, aujourd'hui, Toni Negri, Noam Chomsky, Raoul Vaneigem, parmi d'autres. Gilles Deleuze ? Le philosophe du nomadisme, des machines désirantes, du pouvoir, des microfascismes et microrésistances, mais aussi de la cause homosexuelle ou des prisonniers, des « Indiens de Palestine », de la première guerre du Golfe. Michel Foucault ? Celui des dispositifs d'enfermement, de la folie, de la gouvernementalité, du biopouvoir, de la construction des subjectivités, le militant au Front homosexuel d'action révolutionnaire et l'opposant des Quartiers de haute sécurité. Pierre Bourdieu ? Le penseur de la production de l'idéologie dominante, de la nécessité d'un intellectuel collectif, de la lutte nécessaire contre la xénophobie d'État, du libéralisme comme forme de révolution conservatrice, de la gauche de droite, de la misère des médias, de la construction d'un mouvement social européen.

Ces idées sont reprises, développées et complétées par le travail de Toni Negri sur l'Empire et la mondialisation, l'actualité de résistances à l'aide des multitudes, la pertinence d'un projet émancipateur ; idem avec Noam Chomsky réfléchissant sur la généalogie du terrorisme repérable dans la violence de l'Amérique ultralibérale et les conséquences sur la géopolitique internationale ; voir également Raoul Vaneigem proposant une écologie débranchée du capitalisme, des résistances moléculaires alternatives et une fidélité sans faille à un situationnisme dialectique.

Pas morte, donc, la figure de Diogène ! Ni celle de Platon... La même barricade traverse le monde des philosophes contemporains : les uns reçoivent la Légion d'honneur – eux, physiquement, certes, mais leur œuvre tout entière la mérite, les autres pas. Ces derniers, pour n'être pas libertaires stricto sensu, permettent ici et maintenant la permanence d'une résistance fidèle à l'esprit libertaire.

10
Le sourire oriental du libertin

Si l'on en croit René Pintard, le très ancien défunt pape des études libertines du XVIIe, François La Mothe Le Vayer est une anguille : preste à onduler pour échapper au jugement, insaisissable à cause de trop nombreuses zones d'ombre ou d'apparentes contradictions, il ne se laisse prendre par rien ni par personne. Dans son œuvre même, où il ne parle pas à la première personne, contrairement à Montaigne (dont il hérite de la bibliothèque via Marie de Gournay, *fille d'alliance* du Bordelais, certes, mais aussi son amie très proche), La Mothe avoue bien plutôt, dans son *Dialogue sur les ruses et les éminentes qualités des ânes de ce temps* – joli titre –, une parenté avec la seiche, le bœuf et l'âne.

Certes, il en va d'un peu de provocation, sourire aux lèvres, de la part du philosophe sceptique, car choisir pour bestiaire les animaux de la crèche ne va pas sans clin d'œil appuyé. Le bœuf, pour le jugement tardif, dans lequel il excelle – *épochè* et suspension sceptique obligent – et l'âne pour la candeur – l'ignorance pyrrhonienne. Enfin, la seiche, comme Gracian, pour le nuage d'encre qui permet de se dissimuler dans la fuite. Je tiendrai bien plutôt pour le chat : prudent, discret, sur ses gardes, solitaire et aristocrate...

Restons chez Balthasar Gracian : La Mothe correspond trait pour trait au *discret* portraituré dans *Le Héros* : il sait attendre son heure, manifeste une grandeur d'âme sans ostentation, excelle dans l'équanimité, se prête sans se donner, il est pénétrant mais impénétrable ; réservé, il sait ne pas se prodiguer ; poli, il connaît l'art de la bonne distance et il manifeste dans son style un je-ne-sais-quoi qui emporte l'assentiment.

Étrangement, ce chrétien passe pour un athée, ce qu'il n'est pas ; sceptique, on le prend pour un dogmatique, option à laquelle il répugne ; auteur mineur, penseur moyen selon certains, d'autres le tiennent pour le *Plutarque français*... En fait, ce contemporain de Rembrandt, La Tour et Caravage scintille en homme du clair-obscur. La clarté exige l'ombre, la nuit révèle mieux la lumière. L'assemblage de ces deux puissances contradictoires génère un oxymore – la figure de style baroque qui lui correspond le mieux.

François de La Mothe Le Vayer naît au Mans en août 1588. Études de droit, avocat au Parlement, substitut au procureur général à l'âge de dix-huit ans, il renonce à la charge qui lui revient après la mort de son père, à trente-sept ans, pour devenir précepteur du duc d'Anjou, futur duc d'Orléans. Le courtisan écrit pour plaire à Richelieu des textes qui dénoncent les visées impérialistes espagnoles, il défend les alliances avec les protestants en France et attaque les jansénistes dans *De la vertu des païens*. En tant que précepteur, il rédige des livres sur les sujets utiles à la formation de son illustre élève : physique, géographie, logique, rhétorique, économie, politique, etc. Au plus fort de la Fronde, grâce à ses relations avec Mazarin et Anne d'Autriche, il enseigne également au futur Louis XIV.

Ce même homme qui est aussi académicien – il défend contre Vaugelas une langue qui bouge, change, évolue – prend position anonymement pour *Tartuffe* (1664). La Mothe passe pour être le modèle d'Alceste, mais il est surtout le père d'un fils brillant qui, devenu abbé, intime de Boileau et Molière, meurt à trente-cinq ans à cause de l'impéritie des médecins. Le comédien s'en souviendra en créant Diafoirus, puis en écrivant *Le Malade imaginaire*...

Sous le pseudonyme de Tubertus Ocella, il publie l'*Hexameron rustique* (1670), qui passe pour un ouvrage licencieux et pornographique ! Il faut avoir l'esprit bien mal placé pour voir dans cette pochade autre chose qu'un brillant exercice de style sur l'allégorie – une figure baroque majeure. L'auteur envisage le retour d'Ulysse dans l'antre des Nymphes d'une manière drolatique et inattendue : si le héros de *l'Odyssée* retourne à Ithaque, c'est pour retrouver non pas la patrie rocheuse et géologique – la lettre du texte –, mais le dessous des jupes de Pénélope – l'esprit du texte... Ce livre fit beaucoup pour la (mauvaise) réputation de son auteur !

À trente-trois ans, il contracte un mariage de convenance avec la veuve d'un professeur d'éloquence grecque. Pendant trente-trois années, il vit une existence calme et tranquille près de sa femme qui le laisse veuf à soixante-sept ans. À soixante-seize, il se remarie avec une quadragénaire, ce qui fit beaucoup jaser, surtout de la part d'un auteur qui moque les joies du mariage dans l'un de ses *Dialogues faits à l'imitation des anciens* !

Âgé de quatre-vingt-quatre ans, il meurt le 9 mai 1672. François Bernier, l'auteur d'un *Abrégé de la philosophie de Gassendi* en sept (!) volumes se tient à ses côtés. Cet ami du chanoine de Digne fut aussi un grand voyageur et le médecin du roi à la cour d'Aurangzeb. La Mothe Le Vayer se penche à l'oreille de Bernier, lui demande des nouvelles du Grand Mogol – et meurt.

Après son trépas, La Mothe devient le parangon de l'athée. On le prend pour un mécréant qui écrit de manière codée, pratique le double langage, porte sans cesse un masque et agit en fieffé opportuniste. Les Antiphilosophes – les ennemis des Lumières – en font le maître à penser de ce nouveau courant qui nomme le XVIIIe siècle tout entier.

En fait, La Mothe n'est pas athée, mais chrétien. Pas comme les orthodoxes le souhaitent, certes, pas comme l'Église catholique, apostolique et romaine le veut, bien sûr, mais il demeure chrétien tout de même, en pyrrhonien baroque (comme Henri Estienne, le traducteur des *Hypotyposes* de Pyrrhon) qui associe Pyrrhon et Jésus dans un joyeux binôme philosophique. En disciple de Montaigne, La Mothe pense à partir de son moi. Il confie ses traits de caractère dominants : l'indécision, l'indétermination, l'instabilité d'esprit. Puis il transforme ce scepticisme naturel en une décision volontaire et s'affirme culturellement pyrrhonien.

En tant que sceptique, il affirme l'inexistence du vrai, seul le vraisemblable existe, il faut s'en contenter puis obéir aux lois et coutumes de son pays. À quoi il ajoute : le corps et les sens seuls permettent la connaissance ; la raison fonctionne en instrument limité et imparfait ; la géographie et l'histoire nous enseignent la relativité des opinions. Dans le fouillis des avis divers et des idées contradictoires, devant la multiplicité des points de vue, La Mothe livre la technique du bonheur et de la joie véritable : suspendre son jugement.

Comme chrétien, il professe un fidéisme dans les règles : la foi, mystérieuse, est don de Dieu ; le christianisme vit de *lumières hyperphysiques* ; il existe des *vérités révélées*, des *grâces surnaturelles du ciel* et un *au-delà de l'esprit humain*. Un homme qui écrit sous pseudonyme pourrait bien ne pas s'encombrer de pareilles thèses. S'il les défend, ça n'est pas pour masquer un athéisme honteux, mais parce qu'il croit, comme la plupart des libertins baroques du XVIIe siècle, que la foi ne se démontre pas, que la raison n'en rend pas compte et qu'il faut, en matière de religion, se contenter de celle de son pays pour sa puissance de cohésion sociale. N'oublions pas que les guerres de Religion ont saigné la France à blanc et que la relation des catholiques et des protestants reste tendue.

Malin, il évite d'aborder la question du pape, de l'Église, de Dieu, de sa nature et de ses noms, des miracles ou des sacrements. En revanche, il s'en donne à cœur joie avec les dieux des peuplades primitives, le clergé polynésien, les fables grecques et romaines, les religions amérindiennes. On sent que l'athéisme pointe son nez dans ce Grand Siècle, mais il n'est pas encore là. Le scepticisme de La Mothe active une propédeutique à la négation de Dieu, mais le philosophe ne délivre pas le certificat de décès. La mort est annoncée, mais pas pour tout de suite.

Car La Mothe Le Vayer fait l'éloge du christianisme. Sa lecture de Paul de Tarse lui permet d'en appeler à la Première Épître aux Corinthiens, dans laquelle Paul critique la science et déconseille radicalement toute recherche intellectuelle. Armé de cette idée, il conclut : la vérité chrétienne, c'est le scepticisme ; la vérité sceptique, le christianisme. Car les deux écoles coïncident. Le pyrrhonisme est une préparation évangélique.

Une lecture militante des Évangiles permet au philosophe de détourner un peu des informations données dans le Nouveau Testament : ainsi, lorsque Pilate parle à Jésus (soit dit en passant, Pilate le Romain parle à Jésus l'Araméen sans interprète, alors que l'un ne pratique pas la langue de l'autre), Jésus se tait. La Mothe voit dans ce silence l'aphasie pyrrhonienne. (Remarque : une lecture de Matthieu, Marc, Luc et Jean permet de constater que, dans le texte, il n'y a pas de silence de Jésus.)

Jésus disciple de Pyrrhon, la chose mérite le détour ! Mais ne manque pas d'intérêt. Les libertins baroques tâchent de sauver le christianisme. L'Église, sourde à toute promesse d'intelligence, n'entend rien, évidemment. Il y avait pourtant dans les tentatives de régénérer le catholicisme avec l'épicurisme – Ficin, Valla, Érasme, Charron, Montaigne, Gassendi –, le stoïcisme – Juste Lipse, Guillaume du Vair – ou le pyrrhonisme – La Mothe Le Vayer, Henri Estienne –, une incroyable potentialité intellectuelle à même de produire de réels effets historiques.

On aurait pu rétorquer à La Mothe que son scepticisme contient d'indépassables contradictions : ainsi, comment peut-on tenir pour assurée une critique de la raison effectuée justement avec l'instrument dont on déplore l'inefficacité ? Qu'est-ce qui permet de séparer aussi péremptoirement le vrai du vraisemblable, sinon que l'on dispose en amont d'une théorie du vrai ? Par quel tour de passe-passe peut-on critiquer le dogmatisme et lui préférer une suspension du jugement, puisque la critique dudit dogmatisme suppose justement qu'on n'a pas suspendu son jugement ? Enfin, comment justifier un usage généralisé du doute quand on le pratique de manière sélective ? Car, par exemple, nulle part le sceptique ne doute de l'utilité du doute...

À ces remarques d'un dogmatique dont le jugement court et galope, ne se suspend jamais, devant ces questions d'un râleur – moi, en l'occurrence – qui croit le scepticisme moins position philosophique tenable qu'effet de tempérament, La Mothe Le Vayer aurait probablement opposé non pas un rire franc et massif, mais un léger sourire. Celui de l'hédoniste sceptique ignorant qu'en ayant lu Pyrrhon il a lu aussi, entre les lignes, les leçons des gymnosophistes d'Inde rapportées par le philosophe grec quand il accompagnait Alexandre dans ses campagnes d'Orient. La Mothe Le Vayer, un genre de bouddhiste au Grand Siècle ? Pourquoi pas ?

11
Le roman de la petite santé

À quoi ressemble le monde de Michel Houellebecq ? De roman en roman on finit par pouvoir avancer une réponse. Globalement, depuis *Extension du domaine de la lutte*, Michel Houellebecq, l'auteur qu'on dit culte, illustre un nouveau genre : le roman de la petite santé. L'affectation qu'il met à citer régulièrement des philosophes, et bien souvent Nietzsche, permet l'usage des concepts du penseur allemand pour poser ce diagnostic. Allons-y également avec Spinoza, que son héros commente parfois entre une page d'Auguste Comte et un volume de Teilhard de Chardin : Houellebecq jouit minutieusement des *passions tristes*.

Que sont ces passions tristes ? La haine, moteur essentiel du romancier. Haine de soi, d'abord, et bien vite haine de tout le reste : haine des autres, des femmes, du monde, du plaisir, de la joie, de la vie, de l'existence, haine du corps. Or on ne hait pas sans raison. Houellebecq ne se supporte pas parce que l'entropie le ravage : le temps passe, les corps vieillissent, la chair se défait, les agencements ne durent pas, et l'évidence brutale de ces banalités le terrasse. Dès lors, il se complaît dans les variations sur l'inconvénient d'être né, scie musicale de toute pensée prépubère.

Certes, Houellebecq recourt à la fiction. Dès lors, Madame Bovary ça n'est pas lui. On connaît la chanson. Alors épargnons l'auteur et contentons-nous du héros de cette *Possibilité d'une île*. Lisons : physique ordinaire, tempérament introverti, volonté affichée de revanche sociale, compensation d'une disgrâce naturelle par le succès médiatique et mondain, résidence espagnole de nouveau riche, jubilation à distiller la méchanceté à plein alambic, fixation monomaniaque sur son compte en banque, sexualité minable. Effectivement, rien à voir avec Michel Houellebecq. Ce héros est bel et bien un personnage de composition !

Le cador houllebecquien aime le café soluble, tiède et chauffé au micro-ondes ; il baise sans capotes – à quoi servent les trithérapies sinon ? ; il fréquente les partouzes échangistes avec ligne de coke, ecstasy, beuveries, vomi ; il excelle dans l'onanisme – la sexualité de ceux qui n'en ont pas ; il dispose d'un registre très étendu pour décrire ses relations sexuelles – bite, pine, cul, chatte, pipe, couilles, touffe, vulve, mais aussi branlette, bien entendu ; il a du mal avec les femmes (à propos, on admirera la saillie : « Comment nomme-t-on le gras autour du vagin ? » Réponse : « la femme »), régulièrement nommées « salopes », ou « pétasses », probablement pour éviter les répétitions.

Ajoutons quelques idées supplémentaires pour parfaire le portrait : humoriste de profession (*double protection : c'est du roman, et on est là pour rire*), auteur de scénarios, le héros est également un grand athéologue qui, via « poux circoncis », « vermine d'Allah » et « morpions du con de Marie », déconstruit, bien sûr, les monothéismes juif, chrétien et musulman dans l'esprit du cynique Diogène dont il est aussi un fameux spécialiste. Mais la route est longue de Dieudonné à Sinope et le héros s'arrête dès le premier pas. Effet de la fameuse petite santé.

De même, entre rafales d'attaques ad hominem, le valeureux éructe bave et fiel contre le racisme antiblanc de la gauche, les écologistes, les surréalistes, l'art contemporain, la poésie d'aujourd'hui (l'antidote des poèmes entrelardés dans le corps du roman, entre délires SF sur le clonage de néohumains et scènes de cul indigentes, mérite le détour), les droits de l'homme et la faim dans le monde – des « conneries » –, les pauvres, les SDF. Notre homme pourrait sans problème adhérer au Front national. Où l'on voit définitivement qu'il ne peut s'agir de Houellebecq lui-même qui fut du comité de soutien de Jean-Pierre Chevènement à une ancienne présidentielle – aux côtés de Pierre Poujade.

Qu'aime donc cet homme qui hait tant ? Je parle du héros, bien sûr. Baiser, mais c'est déjà dit. Seul ou avec d'autres, mais, même avec d'autres, notre ami semble toujours seul. Il aime les collégiennes, les putes, les appareils photo numériques, les voitures de luxe, l'argent, les hôtels de parvenus. L'alcool, évidemment. Déjà dit. Et la ribambelle des anxiolytiques, antidépresseurs et autres somnifères : Xanax, Mépronizine, Tranxène et Rohypnol, les vrais héros du roman. Mention spéciale à ses addictions : bien que (ou parce que) compagnon de route de Schopenhauer, le Monsieur à la petite santé défend évidemment l'économie de marché – avec cette démonstration irréprochable qu'on n'a pas mieux trouvé pour produire des richesses. Probablement une idée de Diogène.

Mais en matière de dilection, rien ne surpasse l'amour que le héros a pour Fox, un petit chien qui lui arrache des torrents de larmes chaque fois qu'il trépasse – mais rassurez-vous, on le clone beaucoup et il meurt souvent avant de périr une bonne fois pour toutes dans un monde de néohumains post-apocalypse où le héros ne peut se résoudre à copuler avec une femme dont le sexe sent le « poisson pourri » et la « merde ». Une ancienne maîtresse peut bien se suicider, le dévot de Spinoza garde l'œil sec ; mais Fox calanche et le monde s'effondre. Diogène, vous dis-je, Diogène...

Houellebecq disculpé d'être ce minable complaisamment portraituré, l'hypothèse de l'autoportrait sublimé écartée, que faire de ce héros et du roman qui va avec ? Le style ne suffit pas à sauver la mise. Ne parlons pas de la construction du roman, elle rappelle la colonne vertébrale des mollusques. Dans cette affaire, la forme et le fond ne déparent pas. Le tout ressemble effectivement à du café lyophilisé sortant tiède du micro-ondes. On dirait du Céline – le style en moins. C'est dire.

Sauvons tout de même la chose, mais pour des raisons sociologiques : ce livre est un symptôme du nihilisme complaisamment étalé de notre époque. On y aime tout ce qui entretient les travers masochistes, on y chérit les passions tristes, on y vénère les variations sur la pulsion de mort, on y a le goût du dégoût, l'amour de la haine – la haine de l'amour, aussi ; on organise de grandes fêtes d'épuisés ; on porte l'immoralité en sautoir, c'est chic et sans danger ; on joue le dandy mondain, blasé, proférant au Lutétia, un verre de whisky à la main, les mêmes propos que ce peuple sur lequel on crache à glaires rabattues, la différence réside dans le pastis et le nom du bistrot ; on fustige l'époque tout en n'étant *que* cette époque, miroir fidèle, pas même déformant, chromo du jour.

Autre signe du nihilisme de cette entreprise : le lancement du livre comme Parmentier produit ses pommes de terre. Chacun le sait, les tubercules ne connurent pas le succès tant qu'ils furent légumes parmi d'autres. Génie du marketing, l'ingénieur agronome – la formation de notre auteur, non ? – fit garder ses patates par des pandores. Succès immédiat ! En créant le désir, en fabriquant l'attente, en suscitant l'envie, on prépare le consommateur – ne parlons plus de lecteur – à se précipiter sur le produit le jour dit.

La gent journalistique, privée de service de presse et d'épreuves, fut mise au piquet, sauf les collaborateurs dociles du régime, remerciés pour leurs bons et loyaux services par la grâce d'une copie remise avec le secret qui entoure habituellement les opérations de Défense nationale. On fit même signer à certains des lettres pour s'assurer qu'ils ne transmettraient pas de copie à l'ennemi. Parmentier, vous dis-je ! Flattés, mais obtempérant, bien sûr, les receleurs firent le jeu de la direction commerciale. À l'heure de l'ouverture du magasin, les cabas regorgeront de pommes de terre.

Drôle d'affaire ! Le Grand Auteur se place sous les auspices du cynisme philosophique de Diogène. En fait, il illustre et incarne le cynique vulgaire du moment ; il prend la maladie pour un remède, de facto, il empoisonne. Et nombreuses sont les petites santés qui s'extasient. Dans le couple du chien et de Diogène, récurrent chez Houellebecq, le philosophe montre le sage, l'imbécile regarde le chien.

12
Le grand-père de Frankenstein

Même par ouï-dire, chacun connaît Frankenstein. Mais qui peut donner le nom de son grand-père ? Marie Shelley pour la mère, Marie épouse Percy Shelley, le poète, mais le père de cette mère, comment se nomme-t-il ? La plupart l'ignorent. Y compris les philosophes. Pourtant, les gens de la caste philosophante devraient moins que d'autres sécher sur le patronyme, car l'ancêtre de notre emblématique monstre planétaire appartient à leur corporation.

Quelques mots pour les aider : notre homme n'est pas canon : petit, laid, gras, chauve avec une grosse tête, grand nez mais voix faible, l'air toujours endormi, pas toujours vêtu très proprement... Voilà pour le physique. Le moral ? Guère plus réjouissant : pasteur défroqué – si je puis dire –, fils et petit-fils de pasteur, très tôt formaté à lire, écrire et penser afin de mieux tourner le dos aux sentiments, à l'affectivité et à l'émotion, puni par son père pour avoir pris un chat dans ses bras le jour du Seigneur (péché hédoniste !), singeant malgré tout dès son plus jeune âge les sermons paternels auxquels il s'exerce dans la cuisine.

À quarante ans passés, il semble avoir connu autant de partenaires que la Vierge Marie le jour de l'Annonciation.

Résumons : un esprit malsain dans un corps pas beaucoup plus sain. Alors ? Son Nom ? Aucune idée ? Pas bien dans sa peau, descendant d'une famille de béni-oui-oui, encombré par son corps, réduit à son encéphale, fasciné par le théâtre en chaire, je le reconnais, le jeu paraît faussé tant les prétendants au titre d'aïeul de l'horreur faite homme surgissent dans la liste des professionnels de la philosophie... Et puis, pour ajouter à la devinette, dans le microcosme philosophant on n'a guère retenu le patronyme, l'œuvre, les frasques de notre individu...

Le grand-père de Frankenstein, si les Encyclopédies en conservaient le souvenir, apparaîtrait dans la rubrique : philosophe anglais né en 1756 – le 3 mars à Wisbech, pour être précis – mort le 7 avril 1836, auteur d'un certain nombre d'ouvrages de littérature, de théâtre, de circonstance, de commande, de polémique, mais aussi de publications pour les enfants, sans oublier les *Recherches concernant la justice politique et son influence sur le bonheur de l'espèce humaine*, parues en deux volumes en 1793. Ce texte fit beaucoup pour son immense notoriété, suivie de la haine tenace de son peuple, jusques et y compris après sa mort, nonobstant le cadavre, dans des articles nécrologiques pas très amènes...

De cet ouvrage, d'aucuns disent qu'il constitue le premier livre théorisant *l'anarchisme* ; certains parlent bien plutôt de *socialisme* ; on pourrait tout aussi bien montrer son rôle outre-Manche d'introducteur de la pensée *utilitariste* inventée et for-

mulée en France par Maupertuis et Claude Adrien Helvétius dans *De l'esprit* et *De l'homme* en 1758 et 1772 ; je tiendrais pour ma part pour un *utilitarisme libertaire*. Car un anarchiste peut être socialiste et utilitariste, non ? Quoi qu'il en fût, dans un cas comme dans les quatre, ça n'est pas rien. Alors, son nom ?
William Godwin.

Mais, me direz-vous, comment donc peut-il être le grand-père de Frankenstein ? Deux mots d'explication : sa fille prénommée Mary fut la maîtresse d'un Percy Shelley marié – elle avait dix-sept ans, le poète vingt-quatre –, puis la femme d'un Shelley veuf trois ans plus tard grâce à la bonne idée de son épouse qui le libère de ses obligations conjugales en se jetant d'un pont. En 1818, Marie Shelley, épouse du poète, fille du philosophe, écrit *Frankenstein*. Le livre enthousiasme son père. Quelque temps plus tard, Marie et Percy partent en Italie. Shelley se noie accidentellement – en romantique : son bateau disparaît dans une tempête. La mer rejeta le noyé, Byron brûla le corps de son ami sur la plage. Marie rentre en Angleterre avec la fille que lui donna l'auteur du *Masque de l'anarchie* – qui tenait l'œuvre de Godwin en très haute estime.

Revenons à notre philosophe et à *De la justice*. Que dit ce texte foisonnant ? Pas grand-chose d'original – mais qui peut se prévaloir d'originalité ? Le succès de l'ouvrage tient bien plutôt, comme souvent, à l'habile synthèse d'idées flottant dans l'air du temps. Godwin a lu Helvétius, un enchantement, mais aussi Rousseau, le *Système de la nature* du baron d'Holbach (l'occasion d'une conversion athée), et, comme beaucoup dans ce siècle, Mably, Locke, Beccaria, Fénelon, Montesquieu.

Le livre procède du choc de la nouvelle de la Révolution française. Godwin travaille, lit, compulse, prend des notes, construit son ouvrage et le publie en 1793. On y trouve plusieurs thèses majeures du Siècle dit des Lumières. La *première* : les hommes naissent égaux : aucune idée innée, rien dans l'âme ou le cerveau, aucun héritage, une matière neutre, une cire vierge. Dès lors, *deuxième* idée, chacun est ce qu'il est en fonction des circonstances, des occasions et d'un jeu complexe d'influences – car le libre arbitre n'existe pas. *Troisième* idée : en agissant sur ces déterminismes sociaux par l'éducation, on obtient de l'homme sa bonté, son excellence, son édification. *Quatrième* thèse : la Raison offre les moyens de cette révolution métaphysique donc politique. Peu ou prou, on retrouve là les thèses majeures d'Helvétius, auquel Godwin avoue devoir l'inflexion généalogique de sa pensée, mais peu importe.

Donc, si l'histoire générale (des peuples et des nations) génère l'histoire particulière (des hommes), changeons la première pour infléchir la seconde et produire des effets considérables. William Godwin passe en revue tout ce qui entrave le libre et plein développement de la Raison. Autant dire qu'après l'analyse de *La Justice politique* plus grand-chose ne reste debout. Voyons dans ce travail de la négativité l'une des raisons qui fascinent les anarchistes. Jugeons-en :

Abolition du *gouvernement* indépendamment de ses formes, monarchie et aristocratie, certes, mais également démocratie représentative ; destruction de la *religion*, des Églises, du christianisme ; suppression des *lois*, car elles entravent le libre épanouissement de l'individualité ; anéantissement de la *propriété privée*, facteur d'inégalité, de paupérisation, de misère ; disparition de la *famille*, du *mariage* et des logiques tribales associées ; dépassement de la *morale* du sentiment : fin de la pitié, négation de la gratitude, critique de l'amour familial, abrogation de la promesse qui entrave la liberté du futur. Quel cochon anarchiste n'y retrouverait pas ses petits ?

Cet immoralisme constitue-t-il pour autant un amoralisme ? Sûrement pas. En bon lecteur d'Helvétius – à qui on a également reproché de n'avoir pas été original, tout simplement parce qu'il part du réel et ne glose pas sur le devoir-être –, Godwin fait de l'intérêt le fin mot de toute morale. Contre l'éthique transcendante chrétienne, le philosophe anglais propose une éthique immanente : composer avec les hommes tels qu'ils sont, et non tels qu'ils devraient être. Chacun cherche son intérêt et rien d'autre ? Les hommes sont mus par un double mais même mouvement : rechercher le plaisir et fuir le déplaisir ? Composons avec ces données psychologiques et anthropologiques pour construire une morale raisonnable et rationnelle. On ne fait pas plus raison pure que cette raison impure.

En casuiste – comme souvent avec les utilitaristes –, Godwin propose d'examiner un cas de figure : imaginons Fénelon, l'immortel auteur du *Télémaque*, et une femme de chambre prisonniers d'un incendie dans un château. Lequel de ces deux personnages doit-on sauver en priorité ? « Fénelon », répond le philosophe sans barguigner : car il est bien plus utile à la société par son génie irremplaçable que la dame préposée aux lits, facilement remplaçable. Imparable argument utilitariste. Convient-il à la belle âme anarchiste ?

Aux yeux de l'anarchiste que je tâche d'être, le corpus des grands anciens mérite un dépoussiérage. Soyons fidèles, mais critiques. À quoi ressemblerait un anarchiste dévot des textes de sa secte ? Certes, il est tentant d'arrimer de grands anciens à son bateau libertaire. Le fantasme de l'arbre généalogique prestigieux n'épargne pas les amateurs de drapeaux noirs. On crie « Ni dieu ni maître », mais l'on veut bien diviniser quelque vieux maître s'il a pignon sur rue ou s'affiche dans les Manuels, les Histoires et les Encyclopédies en face. Ainsi La Boétie, embrigadé pour son génial *Discours de la servitude volontaire* ou Meslier, sublime auteur d'un *Mémoire* écrit avec son sang. À quoi on ajoute parfois Diogène, pour ses insolences à l'endroit d'Alexandre, ou David Thoreau, auteur d'un increvable *De la désobéissance civile*. Anarchistes, ces quatre-là ? Voire...

Stirner l'est-il, avec *L'Unique et sa propriété* tant prisé par Lénine... et Mussolini ? Proudhon, qui sans conteste mérite l'épithète, signe des pages d'une misogynie sans nom, en appelle à l'extermination physique des juifs, développe des passages dans lesquels il vante les bienfaits de la guerre – et sert dans le Cercle animé par Valois de boîte à idées pour le régime de... Vichy. Anarchiste et, en même temps, ennemi des femmes, haineux des juifs, amateur de champs de bataille ?

Le corpus de la pensée anarchiste attend son généalogiste. Quoi de commun entre l'individualisme libertaire d'un Émile Armand défenseur de la liberté sexuelle et la pruderie d'un Proudhon, sinon d'un Sébastien Faure ? Entre le pacifisme du prince Kropotkine et le goût pour la violence d'un Michel Bakounine ? L'autisme éthique chez un Stirner et la philanthropie d'Han Ryner ? Il manque une historiographie *philosophique* – et non bêlante et militante – de la pensée libertaire.

Quelle place occupe William Godwin dans cet archipel anarchiste ? Avant de nous prononcer, examinons le dossier : on trouve dans *De la justice politique* – abrégeons le titre – un éloge du travail aux champs pour tous : on connaît le passé de cette thèse. Même s'il fantasme une journée de travail manuel n'excédant pas trois heures, il reste qu'envoyer tout le monde planter des choux fait plus songer aux chantiers de jeunesse de Pétain et aux camps de rééducation de Mao qu'aux principes anarchistes. Dans la société godwinienne, chacun devient le contrôleur de l'autre : on vit sous le regard d'autrui qui épie le défaut de morale, guette le faux pas et entreprend la rééducation du fautif. Dans le même ordre d'idée, le philosophe défend l'usage de la délation. Travaux forcés pour tous et police de chacun pour chacun : voilà un monde pas très anarchiste, ni même libertaire.

Godwin ne connaît que l'individu et sa raison transformée en dieu souverain. Sans cesse il fustige la communauté, le groupe, le mutuellisme. Le travail en commun, pense-t-il, entrave et limite l'intelligence. S'il aime 1789, il peste contre le peuple, qui n'a pas réussi, faute d'éducation et de savoir-faire, à réaliser pleinement le projet de la Révolution française. Il le rend responsable de la Terreur et l'associe à une violence toujours réprouvée. Défiance du groupe, méfiance du peuple, refus de la violence révolutionnaire, on cherche encore l'anarchiste... D'autant que, défenseur de l'Individu en idole majuscule, Godwin n'a pas mesuré ses éloges de... Napoléon.

Passons sur sa volonté délibérée de fixer le prix de son livre à un taux exorbitant pour éviter d'être lu par tout le monde ; laissons de côté son éternel parasitisme d'emprunteur ne remboursant jamais ses amis donateurs, son gendre Shelley en particulier, ou sollicitant ses relations pour obtenir des souscriptions lui permettant de vivre sans travailler ; oublions l'activation de ses relations pour obtenir *in fine* un poste de gardien-huissier. Nul n'est tenu d'être un saint. Mais quand même...

Alors, anarchiste ? Disons plutôt *proto-anarchiste*. Avec ce que cela suppose de chantiers, de travaux en cours, de pistes et d'impasses, de directions indiquées pour les générations suivantes. Et puis l'anarchisme suppose l'exubérance vitale. Dès lors, il souffrirait d'une taxinomie qui fige et immobilise. Car il ne sort pas armé d'un seul coup de la cuisse des ateliers et des usines. Le proto-anarchiste taille à la machette dans une jungle vierge. À lui seul il ne peut créer l'autoroute dans la forêt. Sa négativité suppose une positivité : elle fournit les arguments de l'anarchisme constructeur.

Détruire le gouvernement ? Oui, pour permettre une intersubjectivité d'individus guidés par la raison, conduits par le désir du bien public et mus par l'envie de l'utilité sociale. Supprimer la religion ? Oui, afin de remettre la raison au centre de l'homme pour en finir avec l'obéissance et la soumission aux dogmes. Abolir la propriété ? Oui, la production répartie grâce au travail de tous, la mécanisation induisant progressivement la réduction du temps de travail, l'échange remplaçant le commerce, la distribution selon les besoins de chacun en lieu et place de la répartition des richesses selon les principes de la propriété privée, tout cela s'ensuivra. Détruire la famille, le mariage ? Oui, au profit de relations sexuelles librement consenties sans que jalousie, sentiment de propriété ou égoïsme fassent la loi. Dépasser la morale bourgeoisie ? Oui, dans le dessein de soumettre l'action à l'utilité sociale. L'individu doit disparaître pour réaliser le collectif harmonieux. Leçon de Rousseau – pas vraiment libertaire.

Pas très anarchiste non plus – d'un point de vue orthodoxe –, sa critique des droits de l'homme. Donner des droits entretient l'égoïsme des hommes. Exigeons bien plutôt des devoirs. En l'occurrence les obligations utiles à la réalisation du bonheur d'autrui. Renoncer à soi pour l'autre – en espérant qu'autrui agira de même pour que mon bonheur advienne –, voilà le pari de William Godwin.

Sans jamais avoir lu Bentham – il aurait pu –, Godwin affirme qu'il faut viser le plus grand bonheur possible du plus grand nombre en même temps que l'utilité sociale et la réalisation du bien public. Son contrat social fait de l'individu un moyen de cette fin et non une fin en soi. La préférence de Fénelon et le sacrifice de la femme de ménage dans l'incendie casuiste ont beaucoup fait pour la mécompréhension de son travail et sa mauvaise réputation d'homme et de philosophe... Encore aujourd'hui, l'utilitarisme a mauvaise presse du côté français de la Manche – et de l'Atlantique. Dommage, car il en allait – et il en va encore – d'une réelle possibilité alternative au kantisme et à l'idéalisme allemand.

Trente années suffisent pour réaliser le rêve de cette société guidée par les principes utilitaristes, dixit Godwin. Liberté d'écrire et de publier ; disparition des guerres, régression, puis fin des maladies ; suppression des crimes ; éradication de toute misère ; abolition de toute contrainte. Mais également : pleins pouvoirs à l'éducation, chacun jouant pour l'autre le rôle d'un professeur de vertu ; libération de la sexualité bien vite devenue une affaire superflue, tout juste utile pour la reproduction de l'espèce (!) ; fin du commerce, avènement du règne de la satisfaction des besoins de chacun, la cité godwinienne rappelle plus Sparte qu'Athènes. Libertaire, là encore ?

Quatre décennies séparent la publication de l'ouvrage majeur de Godwin et sa mort. Plus que le temps nécessaire à sa révolution. Qu'a-t-il fait, lui, pendant ces années ? Il accumule les reniements. D'abord théoriques : il affirme finalement que les hommes ne naissent pas égaux et intellectuellement vierges à la naissance ; à quoi il ajoute : ils ne vivent pas que de raison, mais aussi de sentiments. Bien que cette dénégation concerne deux piliers majeurs de son édifice, Godwin précise, flegmatique, que ce changement radical de cap ne remet aucunement en question le restant (!) de son livre, ses conclusions et ses invites révolutionnaires. Prémisses changées, conclusions identiques ! Drôle de logique... Car, tout de même, ces revirements s'effectuent à cent quatre-vingts degrés.

Les reniements existent également dans sa vie privée : le pourfendeur du mariage et de la famille épouse Mary Wollstonecraft à quarante ans passés ; elle lui donne donc cet enfant, Mary, l'auteur de *Frankenstein*, et meurt des suites de l'accouchement ; en bon veuf, il écrit les *Mémoires de Mary Wollstonecraft* et fait l'éloge de cette féministe auteur de deux beaux livres, *Défense de la révolution* (1790) et *Défense des droits de la femme* (1792) ; mais, huit mois après le décès de l'épouse avec laquelle il ne cohabitait pas, il entreprend une autre femme qu'il accable de lettres dans lesquelles il célèbre le mariage et dénigre le célibat – elle refuse, et en épouse un autre l'année suivante ; il revient à la charge avec une jeune veuve : jeune, car elle a vingt-huit ans, mais aussi parce qu'elle a perdu son mari depuis trois semaines seulement : elle souhaite un délai de convenance, il s'offusque et s'esclaffe, moque les convenances – et rate le mariage ; deux ans plus tard, il succombe aux flatteries d'une veuve ayant deux enfants à charge, il ajoute les deux siens, lui donne un autre rejeton, puis découvre une femme acariâtre, agressive, méchante avec sa propre descendance. Godwin aurait dû mieux lire Godwin pour éviter pareilles misères...

Oublions tout ça. *Les Recherches concernant la justice politique et son influence sur le bonheur de l'espèce humaine* témoignent de cette idée-force : dans l'esprit de la Révolution française se trouvent des idées utiles pour construire aujourd'hui la pensée anarchiste. Des idées et des apories, des ouvertures et des impasses, des aurores et des crépuscules, des vieilles choses et des potentialités encore inédites. La pensée anarchiste gagne à lire ou relire ses textes canoniques ou ceux de ses compagnons de route. Non pas en cénobites de monastères, pour le plaisir de la lecture des évangiles anarchistes, pour la lettre, mais pour en saisir l'esprit – toujours et plus que jamais utile pour allumer les incandescences nécessaires.

13
Un gai savoir ibérique

On a tort de ne pas plus et mieux lire la Bible, ce livre qui – l'étymologie témoigne – se veut tous les livres en les ramassant tous. À l'évidence, et sur ce seul sujet, le pari semble réussi, car pour contenir Tout, il faut bien que, paradoxalement, il contienne aussi le contraire de Tout ! Car un Tout sans le contraire de Tout n'est plus vraiment Tout... On trouve donc tout et le contraire de tout dans cette Samaritaine en papier (bible).

Donc, prenez un livre, le Deutéronome, par exemple. Chacun connaît ce morceau d'anthologie que sont les Dix Commandements. Mais, de chic, qui sait en aligner réellement plus de trois ou quatre ? Le plus politiquement correct : « Tu ne tueras point » ? Le plus familial : « Tu honoreras ton père et ta mère » ? – même en cas d'inceste... Le plus tordant : « Tu ne convoiteras pas la femme de ton voisin » ? Le plus improbable : « Tu ne commettras pas d'adultère » ? Le plus impraticable : « Tu ne mentiras pas » ?

Les moins présents à l'esprit concernent le règlement intérieur monothéiste : « Tu adoreras un seul Dieu », « Tu n'invoqueras pas son nom en vain », « Tu sanctifieras le jour du Seigneur ». À savoir : verrouillage monothéiste, crainte d'un Dieu colérique et obligation d'agenouillements – sans lesquels il n'y a point de religion. Autrement dit : le paganisme polythéiste, c'est terminé ; Dieu agit, pense et commande en adjudant-chef ; à genoux, on renonce mieux à la bipédie si chèrement acquise. Rompez les rangs...

Je compte, il en manque deux. Je relis mes notes, les voici : « Tu ne convoiteras pas les biens d'autrui » et « Tu ne voleras pas ». À savoir : pas d'envie de ce que possède mon voisin, pas de remise en question de la propriété. De quoi faire de bons petits sujets dociles qui travaillent sans rechigner ni récriminer, sans jamais remettre en question l'ordre des choses voulu, bien sûr, par Dieu. Si le riche possède et le pauvre non, il en va des voies du Seigneur qui, comme chacun sait, sont impénétrables.

Eh bien, dira-t-on, « Que trouvez-vous à redire à ces maximes ? Elles constituent une règle du jeu excellente pour rendre possible et agréable la vie en communauté, non ?

— Si l'on veut, oui... Si l'on n'y regarde pas de plus près. »

Car le même Deutéronome, puisqu'on y trouve donc tout et son contraire, comme dans le restant de l'ouvrage, enseigne également l'inverse de tout cela. Pas sur la question de Dieu, bien évidemment, car c'est le minimum nécessaire pour que l'édifice tienne le coup. Non, mais sur les sept autres commandements...

Des preuves ? En voici : Dieu interdit le *meurtre* ici mais l'autorise là, quelques pages plus loin, dans le fameux Livre saint : ainsi (20. 12-13) l'invite faite au croyant de passer par le fil de l'épée tous les ennemis d'une ville réduite à sa merci. Dans la foulée, on accorde aux pillards les butins et le bénéfice des dépouilles de l'ennemi. À quoi on ajoute la libre disposition des enfants, des femmes et du bétail. « Tu ne laisseras rien vivre de ce qui a souffle de vie », enseigne le même Deutéronome (22.1). Ailleurs, on justifie la mort du fils rebelle (21.21) ou de l'adultère (21.24) par lapidation. Rappel, pour info : « Tu ne tueras point » constitue bien, pourtant, le cinquième commandement...

Le même Dieu de bonté et d'amour prohibe le *vol* dans un verset, mais y invite dans un autre (23.25) : dans la vigne du prochain, on peut ingurgiter autant de grappes qu'on veut – se « rassasier », dit le texte – ou, dans son champ de blé, cueillir autant d'épis qu'on le souhaite. Comment, dès lors, qualifier le vol avec une définition divine aussi floue ?

Sa Seigneurie l'affirme avec clarté et véhémence, Elle interdit formellement la convoitise de la *femme du voisin*, – neuvième commandement. Toutefois, arrangements avec le ciel, Elle trouve normal que dans le cheptel des prisonniers le vainqueur choisisse une « femme bien faite » et la fasse sienne selon son caprice.

Que signifient ces commandements élastiques ? Les bien-pensants présentent habituellement le Décalogue comme une formidable prescription morale universelle. Les amateurs de monothéisme nous serineront qu'il en va là de la première morale destinée à tous les hommes de la planète. Or, que voit-on ? À première vue, des contradictions. Puis, à mieux y regarder, on découvre finalement une logique plus fine, plus difficile à saisir parce que inattendue – et politiquement incorrecte. À savoir ?

Le Deutéronome n'a pas vocation universelle mais tribale, locale et particulière. Les Dix Commandements ne valent pas pour tous les hommes – femmes comprises… –, blancs et noirs, chrétiens ou non, mais pour les seuls juifs auxquels Dieu s'adresse, à l'exclusion de *tous* les autres peuples – les Cananéens en première ligne. Conclure à l'élasticité du Décalogue suppose l'erreur de lecture : cessons de croire que ce texte prononce un genre de Déclaration des droits de l'homme avant l'heure. Il propose une règle du jeu à destination du Même sans aucun souci de l'Autre. Le contraire de l'éthique, une antimorale, en quelque sorte.

Quand il s'agit de morale, évitons de faire confiance à Dieu, juge et partie, colérique, donc de mauvais conseil, jaloux, vindicatif, vengeur et porteur de toutes les tares du délinquant plutôt que nimbé des qualités du sage. De nouveaux commandements sont à écrire. Quittons le Sinaï, laissons de côté Moïse – qui inaugure sa carrière en commettant un homicide, ne l'oublions pas… –, arrêtons de regarder le Ciel pour y chercher désespérément l'inspiration pour notre règle du jeu et demandons au philosophe athée qu'il tienne le burin, puis grave les nouvelles Tables de la Loi.

D'où l'intérêt du livre *Les Dix Commandements au XXIe siècle* de Fernando Savater, dont on commence, enfin, à traduire les œuvres de ce côté des Pyrénées. J'attendais depuis longtemps qu'on mette à disposition du public français le travail de ce philosophe qui ne se prend pas au sérieux tout en effectuant une réelle révolution douce dans la philosophie européenne. Dans les jardins de Grenade, on ne respire pas le même air que sur les rives du Rhin : le tropisme espagnol offre une réelle alternative à la pesante religion du concept de l'idéalisme allemand – qui contamine si souvent la philosophie française.

On lui doit l'introduction de Cioran en Espagne, mais aussi le passage de Foucault dans la langue d'Unamuno, des livres sur l'héroïsme et le tragique, les films d'horreur et le western, et beaucoup d'autres sujets sur lesquels il exerce son talent philosophique : en nietzschéen qui ne s'affiche pas tel, il sait que les objets philosophiques n'existent pas, mais seulement le traitement philosophique de n'importe quel objet. D'où l'impression, en le lisant, d'une conversation émanant d'un habitué du salon d'Helvétius avec le maître de maison. Son goût pour la figure du *Philosophe* français du XVIIIe siècle fait probablement de Fernando Savater le plus français des philosophes espagnols.

Cette révolution douce suppose donc la fin des sujets calibrés par l'institution philosophique, mais également le dépassement ludique et drôle de la passion jargonnante qui colle aux basques de la caste philosophante. Tournant le dos sans ostentation aux logorrhées des institutionnels (y compris en revers de la médaille aux maudits institutionnels) qui s'avancent nimbés dans l'épais nuage d'encens phénoménologique, il passe son chemin et écrit dans une politesse de grand seigneur une langue compréhensible par tous. Péché mortel dans le Landerneau philosophique.

Des sujets ouverts, une langue claire, Fernando Savater aggrave son cas en affichant un athéisme sans réserve. Dans cet ouvrage, il incarne le fameux *athéisme tranquille* cher à Gilles Deleuze. Pas de guerre ouverte contre les cléricaux, mais une position sereine et tranchée motivée par sa biographie : il a connu, vécu, expérimenté la collusion de l'Église catholique et du pouvoir fasciste de Franco. Vacciné, il tient le cap d'un monde sans Dieu, sans même un ersatz de Dieu, en sujet indemne des produits théologiquement allégés très en vogue en ces temps de contre-révolution philosophique et morale.

Et puis, on le sait un peu, ce philosophe vit sous protection policière depuis des années pour avoir clairement et souvent écrit contre la politique barbare de l'ETA militaire. J'ai souvenir d'un dîner avec lui à Madrid – au magnifique restaurant Zalacain, avec mon ami Denis Mollat –, où il avait obtenu sa tranquillité en passant par la fenêtre de son hôtel afin de tromper la vigilance des gardiens en faction dans le couloir pour assurer sa protection. Là non plus, il ne joue pas le héros – qu'il est pourtant – en n'arborant pas ostensiblement la panoplie d'un Voltaire dont la tête est mise à prix par les terroristes basques.

Fernando Savater aime la bonne table et les vins magiques, les films d'horreur et les courses de chevaux, le western et le roman policier, le commissaire Maigret et les havanes, Voltaire et Casanova, autant de recommandations honorables pour se décider à lire ce philosophe peu suspect d'intégrer un jour l'asile où psalmodient les gyrovagues de la profession. Sa vision du monde sans Dieu travaille pour les hommes. Dans la perspective d'un au-delà du Décalogue en caoutchouc, Fernando Savater propose livre après livre les Tables de la Loi d'un gai savoir ibérique.

14
Vitraux in vitro et in vivo

Quand il ne définit pas un faiseur, un mondain engagé dans un filon, un rouage du système marchand, un artiste se caractérise par un style. Banalité de base. Un style, loin des ficelles de métier, des gimmicks de mode ou des points de repère pour consciences embrouillées, s'incarne dans deux ou trois ritournelles. Banalité première. Une ritournelle, au contraire des rengaines filant la métaphore d'une indigence ayant trouvé l'occasion d'un marché, prend chair dans une petite musique reconnaissable à la première mesure, même pour l'oreille distraite ou l'intelligence moyennement attentive. Banalité finale.

Faisons le ménage : dans le (petit) monde de l'art contemporain, on trouve beaucoup de rengaines, des scies à l'envi, du métier roublard, des marchandises clonées, des citations légitimantes, pas vraiment de grand ton, de parole forte, de puissance incontestable. Pour cacher l'absence de style de ceux qui, dans une brève carrière, en affichent plusieurs, l'historiographie parle de *périodes*... Rien de plus rare qu'un artiste qui, le temps passant, tournant le dos aux ruptures des périodes, effectue des variations sur un même thème et affirme son style. Wim Delvoye est l'un de ceux-là.

À quoi ressemble son style ? Et sa ritournelle ? Quelle petite musique ? En un mot, Wim Delvoye pratique *l'oxymore*.

Quid, donc, de la pensée oxymorique de Wim Delvoye ? Voyons d'abord la série des objets de chantier représentés à l'échelle un, mais dans un matériau qui contredit la solidité, la rusticité, l'efficacité pratique du modèle de base : du bois ouvragé, sculpté à la manière des moucharabiehs orientaux, ou peint avec des couleurs inusitées sur une zone de travaux. Autrement dit : une bétonneuse violet et or – comme un prélat catholique –, un camion toupie à béton en bois précieux, etc. De l'utile inutilisable, du costaud fragile, du solide délicat, du travail improductif.

Dans quel but ? Voir et regarder autrement, modifier sa perception des choses, faire de l'art une occasion de transfigurer l'objet dans le musée, certes, mais aussi, dehors, d'opérer une nouvelle transvaluation en vertu de quoi on appréhende autrement un chantier, de manière plus ludique, le sourire aux lèvres – celui qu'on a eu dans la salle d'exposition.

Autre exemple : la série des animaux tatoués. Certes, on tatoue des bêtes, mais avec des numéros pour l'élevage, en vue de l'abattage (les nazis ne s'y sont pas trompés qui réservaient ce traitement aux humains envoyés à l'abattoir), pour permettre à son propriétaire de retrouver son animal de compagnie perdu, ou afin de signifier la race de haute volée du bichon de concours.

De même on peut, même relevant théoriquement de la catégorie *Homo sapiens sapiens,* se faire tatouer le motif que l'on voudra sur le corps : un cœur, une ancre de marine, des initiales, un poignard et tout le toutim. La catégorie des motards propriétaires de Harley Davidson affectionne particulièrement le tatouage des signes de la tribu : *Hells Angel's*, logo commercial dudit bicycle, accessoires associés (casque en bol, lunettes chromées...), etc.

Que fait donc Wim Delvoye quand il tatoue sur la peau d'un cochon vivant les signes communautaires des motards américanophiles ? Il les traite de porcs ? Ou considère les truies comme des happy few de la marque incriminée ? À moins qu'il n'invite à réfléchir sur la bête humaine, l'humanité de la bête, les rites de la horde motarde. Ou, plus largement, sur les techniques de marquage du corps identifiable, sur l'écriture du logo commercial dans la chair, l'encre de la marchandise dans la peau... L'humanité comme porcherie, l'individu grégaire, cochonnerie de l'*american way of life* ?

Autres oxymores ? Les variations sur le thème charcutier : les mosaïques en jambon, salami, saucisson... Personne n'ignore l'interdit musulman de figurer le Prophète, certes, mais également toute forme humaine. D'où un art de motifs, d'arabesques, d'entrelacs, d'où la calligraphie, d'où un talent pour l'ornementation. Chacun sait aussi le tabou musulman du porc.

Dès lors, on mesure la charge violente et puissante qu'il y a à composer des mosaïques en charcuterie. Faux sols, véritables illusions, pur cochon. Charcuterie islamique, cochon musulman, sourates (en)saucissonnées, cochonnailles mahométanes, ces derniers temps pareille rôtisserie conceptuelle sent la poudre ! Mais pourquoi penser tragiquement les choses sérieuses ? Iconophilie, iconoclastie, iconographie, iconophagie, iconologie – variations diogéniennes.

Encore un exemple ? *Cloaca*. Avec cette sublime machine, quintessence de l'artifice, Wim Delvoye concentre toute la technologie possible et imaginable, recourt à la biochimie de pointe et produit, à partir de l'ingestion d'aliments dans un broyeur, un étron dûment calibré, coloré et parfumé aux essences... disons naturelles. Où est l'oxymore ? L'homme-machine, la machine humaine, l'artifice naturel, la valeur du déchet, une défécation sans intestins, des matières fécales culturelles, pour le dire dans une formulation triviale, l'art de chier – sinon chier de l'art.

Dernier exemple avant les vitraux : la série des radiographies. Habituellement, les rayons X servent à prévenir la maladie, constater ses dégâts, mesurer les effets d'un traitement, constater la disparition d'une tumeur, d'un cancer, d'une protubérance. On ne passe pas le cœur léger dans la cage où le radiologue prend le cliché. Ensuite, chacun attend son déchiffrage au négatoscope avec crainte et inquiétude. Radiographie et travail de la mort fonctionnent donc de conserve. Dès lors, quand Wim Delvoye détourne le procédé pour célébrer la pulsion de vie, notamment dans sa forme sexuelle, l'oxymore ne fait plus aucun doute.

Finies les taches de nodules, d'excroissances, de kystes, Wim Delvoye transforme le radiologue en artiste qui saisit en noir et blanc l'intérieur d'un baiser, la matière d'une fellation, l'intromission d'une sodomisation, les ombres d'une masturbation, les volutes charnelles de caresses et autres jeux amoureux. Ainsi, oxymorique à souhait, l'artiste donne à voir en transparence des radios de vie – de vits aussi –, des rayons X classés X, des humeurs bénignes au lieu des habituelles tumeurs malignes.

Et puis, les vitraux. Cette séquence nouvelle permet donc les ritournelles oxymoriques, évidemment. Autocitations : des corps encore, des chairs toujours, mais, cette fois-ci, inversion de *Cloaca*, qui présentait de la matière fécale sans intestins, des intestins sans matière fécale ; des mosaïques de viande photographiée, autrement dit, étymologiquement *écrites avec la lumière* ; là encore des radiographies détournées, comme par un situationniste postmoderne, de leur habituel usage médical au profit d'une proposition esthétique, donc éthique, donc politique. Le tout agencé dans une composition de vitraux.

Oxymore, bien sûr, le vitrail païen ; mieux, athée, car cette forme esthétique n'existe pendant des siècles que dans le cadre de l'art sacré, religieux. Art de la lumière – photographie là encore, écriture à la lumière, suaire de Véronique, la véritable icône –, le vitrail obéit à des lois symboliques : on sollicite la lumière comme fait physique à des fins métaphysiques. Lumière platonicienne et néoplatonicienne : rayonnement de l'Un Bien, radiations émises par les essences, radioactivité des Idées pures, la métaphore du divin associé à la lumière passe dans le christianisme qui, à son tour, transforme le Messie en occasion de renouveau, de retour de la clarté dans un monde de ténèbres. La fête du solstice, de *sol invictus* – soleil invaincu –, deviendra bien vite celle de la nativité du Christ.

Le dualisme platonicien recyclé par le christianisme donne une série d'oppositions fondatrices en Occident : d'un côté, le ciel, l'âme, le haut, la clarté, la lumière, les idées (le vrai, le beau, le bien, le juste), le paradis, l'ascension, la transcendance, les anges ; de l'autre, la terre, le corps, la chair, le bas, l'obscurité, les ténèbres, la matière, l'erreur, les ombres, l'enfer, la chute, le sol, le sous-sol, les démons, la mort. Dieu ou le monde.

La lumière descend, elle tombe, elle vient de plus haut qu'elle, au-delà d'elle. Le vitrail la filtre, la sculpte, taille dans les prismes de verre colorés des éthers chromatiques fugaces, mobiles, changeants en fonction des variations d'intensité de la lumière. Venue du ciel, la clarté enseigne de manière métaphorique la nature de l'arrière-monde. Tombée dans la nef, inondant les travées, enveloppant les piliers, chatoyante comme un vif-argent de couleurs, elle est médiatisée par le vitrail. Sa fonction ? Matérialiser l'immatériel, signifier l'indicible, montrer l'invisible. Voilà pour l'oxymorique du support, du matériau.

Le message ? Comme presque toujours dans l'art, il s'agit de célébrer la puissance : la religion, le pouvoir politique, plus tard sa formule économique, tardivement la nature – avant les récents continents de l'art moderne. Le vitrail pallie l'illettrisme des fidèles : il montre des scènes de la légende dorée du christianisme. Images pieuses et édifiantes, chromos à usage existentiel. Annonciation, Nativité, Passion, Crucifixion, Ascension, Résurrection, etc. Le peuple ne sait pas lire, on lui présente des images, le vitrail sert à cela. Faire tomber la lumière divine et la mettre à hauteur d'homme.

On imagine le trajet de Wim Delvoye pour subvertir le vitrail sacré et le soumettre à sa dialectique oxymorique. Il garde le principe du vitrail : fenêtre avec arcature gothique, panneaux de matériaux transparents (noir, gris, blanc, certains colorés), *barlotières* (tringles qui, de loin en loin, soutiennent les plaques), *vergettes* (les réseaux de plomb), et *nilles* (pitons carrés recevant les clavettes courbes servant à fixer les panneaux de vitraux), tout cela subsiste chez l'artiste.

En revanche, si la technique reste la même, la chose dite, on s'en doute, diffère un peu ! La thématique des radiographies retrouve droit de cité : sexe et mort, baisers et ossements, autant dire variations postmodernes sur la vanité classique avec son cortège de crânes et de fémurs, de squelettes et de danses macabres. On y entend presque le cliquetis silencieux de morts en goguette habillés d'une chair que le cliché transforme en ombres blanches.

La vie de la mort, la danse des os, l'intérieur de la chair, la transparence de la matière, le sexe lumineux, la guirlande intestinale fabrique des efflorescences, des boutons de fleurs aux parfums qu'on imagine suaves, le mou des chirurgiens se transforme en concrétions de lumières, le tout en réseaux, agencements géométriques et compositions qui recourent à la symétrie, aux renvois en miroir, aux mises en abyme et à tout ce qui permet la combinaison d'un vitrail *apparemment* classique...

L'oxymorique de Wim Delvoye fait de lui un artiste cynique – au sens de Diogène. Pour faire pièce au cynisme vulgaire de notre époque – vulgaire parce que libéral, marchand, consumériste, nihiliste, acéphale… –, le cynisme philosophique propose un antidote. Réfléchir sur la différence de degré, et non de nature, entre l'homme et l'animal ; penser la question de l'interdit dans la religion musulmane ; aborder la question des potentialités magnifiques des biotechnologies ; repenser à nouveaux frais l'interrogation spinoziste : *que peut le corps ?* ; donner à la sexualité un réel ancrage du côté de la pulsion de vie ; le tout dans une ambiance de grand rire nietzschéen : voilà matière à réjouissances essentielles !

15
Les mirages conceptuels du désert

Donc Tombouctou. La ville passe pour mystérieuse, magique. Le syndicat d'initiative tombouctien, qui, bien sûr, n'existe pas, sinon sous forme de paroles volantes d'âme en âme, de noir en blanc, et vice versa, entretient fort opportunément la réputation. Mystère, magie, arcanes, demi-mots et charges fortes en secrets non dits mais entendus, comme à l'africaine. Tombouctou, c'est Zanzibar, Trifouillis-les-Oies ou Sauternes, une ville qui signifie plus qu'elle-même par la seule grâce de son signifié chargé.

Pour quelle raison Tombouctou-*la-mystérieuse* ? Qui le dit ? Depuis quand ? À qui ? Avec quel dessein, avoué ou non ? Pour qui s'y rend, probablement, le mystère joue ; mais pour qui s'y trouve ou en revient ? Ville de terre dans un océan de sable gris, elle est également cité de la fournaise, village d'un feu ardent qui cuit le corps et l'âme, les sentiments et la mémoire, elle concentre les cuissons et les coctions qui diluent le passé et rendent le futur improbable, l'ensemble générant un pur présent dans lequel le corps chauffe. Donc l'âme aussi.

Une ville du désert, voilà également une formule intéressante pour ce qu'elle révèle du désert. Le désert n'est pas le lieu du rien, du manque, du vide, mais celui du trop : trop d'espace, trop de sable, trop de temps, trop de soleil, trop de cosmos, trop de ciel, trop d'histoire, trop de sol et de sous-sol, trop de géologie, trop de géographie, trop d'histoire aussi, trop de trop. Trop de mythe également, et voilà probablement par où l'on entre dans Tombouctou. Par le mythe.

En venant du nord par la piste, on sort du désert, il en reste un peu, on va vers la fin du trop métaphysique pour aller à la rencontre du trop physique : trop de gens, trop de monde, trop de bruit, etc. Arrivant du sud, on laisse derrière soi cette autre modalité du trop. Tombouctou se trouve à la charnière, entre l'être du néant au nord et le néant de l'être au sud, entre le sable sec, géologie pulmonique, et la brousse humide aux parfums d'humus primitifs. À mi-chemin des chemins, à la croisée, donc, des chemins. Passage des sédentaires qui nomadisent et des nomades qui se sédentarisent.

Autant dire que, sur la route des itinéraires qui se croisent, au point de jonction des fonctions humaines essentielles – le flux et la racine, le fleuve d'Héraclite et la sphère de Parménide, le berger Caïn et Abel le paysan, la caravane touarègue et la case du sorcier vaudou, le philosophe nomade en chambre et le marcheur sédentaire sur piste –, le mythe ne peut pas ne pas régner. Et avec lui, la pensée magique, la fable, le fantastique. Donc le merveilleux.

Comment se manifeste-t-il ? En renvoyant à un passé fabuleux – mais mythique si l'on s'en tient aux règles élémentaires de la raison et du bon sens, si l'on fait confiance à la déduction et à la démonstration. On dit donc – et en Afrique règne le performatif : dire, c'est faire... ou plutôt : dire, c'est faire être –, que Tombouctou fut au Moyen Âge la ville aux cent mille habitants et aux vingt-cinq mille étudiants.

Cité radieuse de l'intelligence, capitale du savoir, lieu de la raison africaine. Dans l'une de mes conférences à Bamako, un professeur de philosophie, lui-même formateur d'enseignants dans sa discipline, parle de Tombouctou comme d'une Athènes et d'une Rome africaines... Oh là ! Prenons le Tacite malien au mot : où sont les Platon noirs et les Aristote blacks ? Les Diogène et Aristippe sahariens ? Et le Parthénon, même en pisé ? Ou l'Acropole ? Serait-ce le haut plateau du pays Dogon ? Quel Sophocle ? Ou Homère ? Quid des poètes tels Lucrèce ou Virgile ? Car une cité qui peut conserver une mosquée en la reconstruisant indéfiniment depuis presque un millénaire aurait pu sans conteste conserver sur le même principe ses amphithéâtres, ses aqueducs, ses temples, ses bibliothèques et les volumes qu'elle aurait contenus.

Justement, ces fameuses bibliothèques du désert. Dans un précédent voyage en Mauritanie, j'ai pu en voir quelques-unes à Chinguetti et Ouadane. Des manuscrits anciens, certes, dont les plus vieux datent du XIIe siècle de l'ère commune, soit – et j'ai vu les mêmes dans deux bibliothèques tombouctiennes –, mais en dehors du papier émouvant, de la calligraphie et des illustrations magnifiques, quel *contenu* ?

Des biographies du prophète Mahomet, des copies en nombre du Coran, des recueils de hadiths, des textes de droit coranique, des traités de science musulmane – utiles pour calculer la direction de La Mecque à l'aide des étoiles ou se rendre sans coup férir dans la ville sainte. Un genre de bibliothèque de curé de campagne dans les provinces françaises au temps de Saint Louis. Rien qui compte aussi lourd, même dans un genre inédit, *africain*, que le *Parménide* de Platon ou la *Métaphysique* d'Aristote, *l'Œdipe roi* de Sophocle ou l'*Andromaque* d'Euripide...

Ce qui, au demeurant, n'est pas grave. La valeur d'un peuple et d'une civilisation ne se trouve pas dans ses œuvres d'art mais dans ses vertus, ses valeurs. Le désir de se mesurer à l'aune des civilisations occidentales trahit un reliquat des habitus coloniaux. L'Afrique n'a pas produit son Mozart ou son Vinci, son Einstein ou son Freud, et alors ? En est-elle moins grande pour autant ? Nullement.

Revenons aux mythes racontés par les Maliens et repris en chœur par les fonctionnaires de l'Unesco ou les officiels de l'Afrique du Sud soucieux de créer une mythologie de guerre pour combattre les Occidentaux. Cent mille habitants, vingt-cinq mille étudiants. Et aucune trace archéologique, historique, aucune archive pour le montrer ou le démontrer ? La parole suffit : on le dit depuis des siècles, la bureaucratie administrative, politique et culturelle des pouvoirs noirs l'affirme en boucle, voilà qui vaut preuve.

Faisons fonctionner une pure et simple raison raisonnable et raisonnante : autant de gens dans une cité médiévale africaine, voilà un fait bien improbable. À la même époque, on estime la population de Paris à cinquante mille habitants.

Vers 1300, on pense qu'elle se situe entre cent cinquante et deux cent mille âmes. Or il existe pour cette période historique occidentale des témoignages écrits, des archives irréfutables, des chroniques, des fondations de monuments, des objets de la vie courante, des monnaies et autres traces de la vie d'un nombre considérable de personnes. Mais, bon. Admettons le chiffre habituellement donné.

Dans cette part d'extrapolation démographique, il faudrait donc prélever vingt-cinq mille étudiants. Soit un quart de la totalité des habitants ! Laissons de côté les parents, trop mobilisés par la vie, la survie et le travail au quotidien, écartons également les anciens, trop vieux pour vraiment étudier, j'ai peine à croire que dans cette zone musulmane on laisse aux femmes la possibilité de se joindre au mouvement, la proportion d'étudiants paraît bien exagérée... À moins que...

À moins qu'il faille entendre étudiant d'une autre manière et qu'on regroupe sous ce signifié quiconque subit la férule du maître enseignant les sourates du Coran et les préceptes de la vie musulmane. Ainsi, dans les rues de Tombouctou, je suis tombé sur un groupe d'enfants qui, à l'ombre d'un mur, psalmodiait des versets coraniques, flanqué, d'une part, de trois adultes embarqués dans le même bateau, et d'un groupe de jeunes filles, évidemment à l'écart. On m'assura que j'avais sous les yeux une école coranique, une *université* donc, et... ses *étudiants*. Effacement progressif du mystère.

La légende dorée du désert tombouctien rapporte également une autre belle histoire qui renforce la mythologie. Elle concerne Kankan

Moussa, qui distribua tant d'or sur son trajet vers La Mecque qu'il fit chuter les cours au Caire et mit en péril l'économie pendant une dizaine d'années... Diantre ! Voilà des fortunes nègres à faire pâlir les richesses blanches, y compris les plus postmodernes ! Que Bill Gates se le tienne pour dit...

Cent mille habitants, vingt-cinq mille étudiants, trois cent trente-trois saints, des tonnes d'or évaporées dans le désert, Tombouctou a du mal avec les chiffres. Sauf si l'on cesse de mobiliser Descartes pour comprendre le fonctionnement d'une pensée africaine, voire d'une vision du monde issue du désert. Dès lors, une fois mis à la poubelle le *Discours de la méthode*, on peut envisager une autre raison que la *raison pure* occidentale. Notamment la *raison magique*, autrement dit *raison poétique*, *raison fabuleuse*, *raison mythologique*. Car la raison ne fut pas toujours rationnelle. Tant s'en faut.

Sur la terrasse d'un Touareg, la nuit, sidéré par la voûte étoilée qui nous couvre comme un dieu païen, Shindouk raconte une vache qui mange par ses deux orifices, un lapin percé par des flèches, trois puits dont l'eau s'échange par les airs, un chien qui parle, un éléphant se plaignant d'une écharde dans sa patte, un vieux lion époilé (sic), une haridelle douée de parole, un enfant vieux et un vieillard jeune, et autres fragments de raison magique. Il consent à ce que cet étrange bestiaire relève de la fable et du mythe. Mais récuse les pleins pouvoirs de cette même raison magique dans les sourates du Coran... On a la raison pure qu'on peut ! Et j'aime la raison impure, pourvu qu'elle ne prétende pas à la puissance de la raison pure.

De la collision entre raison pure occidentale et raison magique africaine naît un étourdissement, un vertige mental, un enivrement parent des fièvres qu'on prête aux pays lointains soudainement nimbés de mystère. Quand René Caillé quitte sa Bretagne natale, il a dans son bagage une raison occidentale : il va vers Tombouctou, ville interdite aux Blancs, aux Occidentaux, aux chrétiens, aux infidèles, on ne dit pas encore aux touristes... Il apprend l'arabe, se met au Coran, se fait rusé renard pour le désert musulman, joue avec sa vie, flirte avec la mort, simule, ment, trompe, feint et parvient dans Tombouctou la mystérieuse. Son *Journal de voyage* raconte l'aventure et... la déception. Tombouctou n'a rien de mystérieux. La chose est dite en 1830.

Dès lors, comment expliquer la raison de ce mirage conceptuel dès que le mot Tombouctou apparaît ? Cristallisation des mythes et des fables, quintessence de l'esprit du désert, pétrification d'une légende repeinte aux couleurs de la fournaise africaine, incarnation du désir *occidental* parfumé au sable, au pisé, aux épices, mais aussi aux eaux usées, aux latrines, aux égouts, ou encore aux mythologies du Touareg, du marcheur dans le désert, de l'exil maximal, du dépaysement ontologique, de la blessure existentielle soignée au sable comme avec un onguent, la ville porte en elle toutes ces promesses.

Schopenhauer (1788-1860), en contemporain historique et existentiel de René Caillé (1799-1838), n'eut pas besoin d'expérimenter physiquement la réalité du désert pour aboutir aux mêmes certitudes. Le philosophe sédentaire retrouve le marcheur nomade sur le même terrain, en marge de tous les déserts, géologiques et métaphoriques, mais à la croisée des itinéraires existentiels, pour convenir de la vérité de cette phrase écrite dans *Le Monde comme volonté et comme représentation* : « Le désir ne tient jamais ses promesses. » Le rêve, en revanche, si.

16
L'introuvable raison du sacrifice

Habituellement associé à l'iconoclasme, Jan Fabre cache un réel iconophile – et c'est heureux, car méfions-nous des briseurs d'images. On commence par brûler une icône, et l'on poursuit bien vite en précipitant au feu l'homme qui l'a peinte. Le reste de l'humanité y passe ensuite... Les travaux de l'artiste (parce qu'ils scénographient des paons – l'immortalité et la résurrection du Christ –, des cercueils dotés d'ailes d'oie ou de canards – animaux psychopompes, porteurs d'âme –, des agneaux – le Christ en victime émissaire –, des crânes – celui d'Adam au pied de la croix sur le Golgotha –, des croix bien sûr) évoluent dans une atmosphère judéo-chrétienne.

Même si une conversation en Avignon lui fit me dire qu'il ignore cette symbolique, on ne peut pas, familier de l'histoire de l'art, ne pas rencontrer de paons dans les Nativités de la Renaissance, ne pas croiser un nombre considérable de crânes dans les Crucifixions, ignorer que l'agneau sature les peintures qui mettent en scène Caïn et Abel, Jean-Baptiste ou l'adoration des bergers. Sans références conscientes, et hors hypothèse d'un inconscient collectif, les citations existent en rapport avec l'épistémè chrétienne occidentale.

J'ignore si Jan Fabre est athée, agnostique, croyant, chrétien, pratiquant. Et peu importe. Car nombreux demeurent chrétiens à cause de leur civilisation, leur culture, leur formation chrétienne. Moi le premier. Le combat de l'artiste avec l'art relève de la lutte de Jacob et de l'Ange : l'adversaire se nomme l'Histoire – de l'art, de la littérature, de la philosophie, etc. Comment être dans l'Histoire avec racines plongées dans le passé et rhizomes fouissant en direction de l'avenir ? Travailler un cliché de l'histoire sainte mille fois trituré contraint à un traitement original qui garde, conserve et dépasse la citation. *Sanguis sum* obéit à cette logique : l'agneau posé sur un parallélépipède renvoie bien évidemment au très classique polyptyque de la cathédrale Saint-Bavon à Gand : *Le Christ entre la Vierge et saint Jean. L'agneau mystique* (1432).

En même temps, Jan Fabre produit ce que j'appelle ailleurs un *percept sublime*, autrement dit un objet qui procure au regardeur le sentiment du sublime. À savoir ? La pièce en jeu installe l'individu qui la regarde, l'appréhende, dans la position d'interdiction : souffle coupé et étonnement. Quelque chose de plus grand que soi a lieu, et l'on expérimente cette distance entre l'immensité de la pièce et sa propre petitesse réduit au seul travail de sa conscience qui cliquette. On devient ce que l'on voit, on entre dans la scène, on change de monde tout en restant dedans.

L'assemblage d'élytres vertes, bleues, noires, le jeu des lumières, le devenir-insecte du regardeur, les carapaces exposées comme des kératines, ou les scarabées présentés tels des chevaliers du Moyen Âge, les colonnes vertébrales d'or, l'animal esthétisé, l'esthétique de l'animal, la minéralité du vivant, la vie du minéral, le corps humain pixélisé de punaises, pendu, assis, et chaque fois le même sentiment revient, une identique sensation, une pareille émotion : pétrification dans un premier temps, surprise dans le second, la suite estompe l'ensemble de l'affect avec le retour au temps lisse de l'exposition. Chaque fois, beauté de ces percepts.

Bien sûr, *Sanguis sum* cite le Christ et son sang. On connaît l'entreprise ontologique de Jan Fabre qui, en digne émule d'un La Mettrie qu'il achève en le dépassant, ajoute au concept *d'homme machine* celui d'*homme humoral*. D'où les variations sur le sang, l'urine, la salive, le sperme et autres liquides symboliques devenus numériques par la grâce de la transgénèse faustienne d'aujourd'hui.

Le cogito de Jan Fabre ? « Je suis mon sang. » Disons-le autrement, de manière plus cartésienne : « Je saigne, donc je suis. » Ou encore : « Je pleure, donc je suis. » Variations possibles : « J'éjacule, donc je suis », « Je défèque, donc je suis »... On ne dépasse pas Descartes sans casser d'œufs métaphysiques et sans faire entrer par la fenêtre (de scène) ce qu'on a sorti par la porte (de l'histoire de la philosophie) : le corps, la chair, la matière corporelle.

Dès lors, mettre en scène l'Agneau pascal, c'est citer le sang, continuer à travailler dans le sillon abreuvé par l'hémoglobine et son cortège ontologique. Celle des hommes dans l'histoire, du Christ dans la sienne, des martyrs dans tous les cas, dans tous les camps. Le sang de la Passion, de toute Passion. Or ce sang rachète. Car il coule dans la perspective de rédimer l'humanité pécheresse depuis le jour funeste où Ève a préféré la Connaissance à la Croyance – péché mortel pour tout Dieu car ce désir est potentiellement dangereux pour la survie de toute divinité.

Mais, si l'on ne sacrifie pas à la fable chrétienne, si le péché originel nous semble l'un des innombrables racontars mythologiques d'une civilisation parmi tant d'autres, que faire de cet Agneau cessant d'un seul coup d'être mystique ? Que faire, oui, mais qu'en penser également ? Car Van Eyck travaille dans une évidente perspective apologétique chrétienne, il s'agit de mettre en scène la gloire du Christ et d'amener les fidèles à pratiquer leur religion avec une ferveur redoublée. Mais dans l'Europe postmoderne engagée sur la voie postchrétienne, quel sens prend la scénographie d'un Agneau mystique sans transcendance ?

À la manière d'un La Fontaine n'ignorant rien de la signification religieuse de l'animal, Jan Fabre table aussi probablement sur la zoopsychologie populaire qui associe aux animaux leurs qualités métaphoriques. Ruse du renard, bêtise de l'âne, perfidie du serpent, orgueil du paon, suffisance du coq sont devenus proverbiaux. Même chose avec la douceur, l'innocence, le statut de victime ingénue, la pureté sacrifiée de l'agneau.

Pour descendre ce dernier de son socle transcendant et l'installer dans le registre de la pure immanence, Jan Fabre donne des indices. Loin de l'animal à la laine immaculée, les deux caprins de l'artiste rutilent d'or et arborent un chapeau pointu, comme en portent les fêtards aux sorties de soirée, titubant dans un nuage de confettis, de serpentins et de cotillons. L'un d'entre eux porte un nœud papillon...

À l'évidence, l'agneau pascal va vers le sacrifice, mais il n'emprunte pas la même route que celui d'Abraham et de ses descendants monothéistes ! Jan Fabre le confie : il s'agit d'une métaphore de l'artiste. L'artiste en mouton ? De Panurge ? En bouc émissaire ? Mais de qui ? Pour quoi ? Dans quelle perspective ? Rédimer quelle humanité ? Celle de l'artiste ou des artistes ? Portrait de l'artiste en noceur ? Non. Autoportrait en Christ livré à la vindicte ? Probablement pas, on trouve plus maudit comme artiste que Jan Fabre. Allégorie de la condition d'artiste – comme jadis on parlait de la condition ouvrière ? Allons donc... Alors ?

Les percepts sublimes de Jan Fabre sentent la mort, souvent. Cadavres d'insectes qui ne puent pas comme lors de la décomposition des mammifères, mais cadavres tout de même. La kératine en carapace est un squelette porté à l'extérieur par ces guerriers caparaçonnés. Croix de tombes. Crânes. Cercueils. Pendus. Cet agneau va mourir, d'ailleurs l'un des deux gît sur le sol en position de cadavre.

Sont-ils deux ? Ou un représenté dans un même instant bien que dans deux durées séparées par du temps ? Comme dans les toiles de Carpaccio on trouve parfois deux ou trois temps distincts réunis dans celui, intemporel, de la narration picturale. Les aventures dialectiques se figent dans une figuration statique, l'histoire se pétrifie dans l'éternité silencieuse de l'œuvre.

Alors ? Un agneau vivant, *puis* un autre agneau mort ? Ou un agneau vivant qui, du haut de son piédestal et dans sa cage de verre, isolé et en hauteur, regarde l'agneau mort qu'il sera parce qu'il l'est déjà, en puissance, en train de mourir, jour après jour, seconde après seconde, à petit feu. Comme tout un chacun. Un effet de miroir ? L'un dit à l'autre : « Ce que je suis, tu le seras... » Ou bien : « Regarde ce qui t'attend. » Ou encore : « *Memento mori.* »

Donc, l'agneau, c'est l'artiste. L'artiste dirait alors ces choses-là, mais à qui ? Aux artistes ? Au public ? Aux critiques ? Aux marchands ? À l'histoire, au temps, à l'époque ? À soi ? L'artiste noceur ? Victime ? De qui ? Quand ? Pitre ? Peut-être, parfois... Caricature ? Il y en a, quintessence de leur temps, bouffons d'eux-mêmes, ça existe... Clown ? Oui. Brillant, mais tout ce qui brille n'est pas or. Chapeau pointu, turlututu, oui, mais la panoplie ne fait pas la joie. Parfois, la joie est triste. Souvent, même.

Conclusion provisoire : Jan Fabre propose une allégorie de la mort de l'art en retournant la situation. En disciple du chien de Diogène, il pervertit l'information. L'art est mort, mais en le disant, l'artiste montre sa vitalité – la sienne et celle de son medium. Cet agneau sacrifié est bien vivant, parce que *justement* mort. *Heautontimoroumenos*, l'artiste en bourreau de lui-même jouit de sacrifier à l'objet introuvable. Reste le sujet, le support, et la beauté du percept agissant en écho du sens introuvable.

17
Apprendre à dénuder les rois

Ce que je sais et dis sur le naturel philosophique des enfants, je le dois à Gilles Geneviève qui m'en fit un jour la démonstration dans l'un de ses ateliers. J'hésite à parler de cours ou de séances, les termes me semblent trop scolaires ; en revanche, l'atelier me va bien, il renvoie à la tradition de l'artisan qui, un jour, peut devenir artiste, bien sûr, mais non sans avoir au préalable appris le métier, ses gestes, ses façons.

Dans l'atelier de philosophie pour enfants, on parfait l'usage des outils que sont l'étonnement, l'enthousiasme, la discussion, la raison, le bon sens, l'échange, l'écoute, le silence, la parole, l'attention, le langage, l'introspection, et autres ressources *naturellement* présentes dans l'âme de l'enfant. C'est *culturellement* que tout ce matériau à même de produire des effets magnifiques disparaît heure après heure, jour après jour, sous les coups de boutoir de l'institution scolaire et de la trop fréquente indigence familiale – à quoi s'ajoute la décérébration médiatique à haute dose.

Car la machine scolaire œuvre à d'autres desseins qu'à ceux qu'elle proclame. Elle prétend former l'individu, la personne, le citoyen, l'homme et la femme ; de fait, elle produit des singes savants, des consommateurs, des sujets dociles, des abrutis rompus aux ruses utiles pour obtenir une place dans la société et s'y maintenir. D'où sa passion pour les têtes bien pleines : or rien n'est plus vide qu'une tête bien pleine.

Je crois en un *naturel philosophique des enfants* et j'ai coutume de dire que « nous naissons tous philosophes », à quoi j'ajoute : « Seuls quelques-uns le demeurent. » Cris du professeur, de l'agrégé, de l'inspecteur, de l'universitaire qui confondent le philosophe avec le charognard excité une vie durant sur une poignée de textes morts, de préférence choisis dans la seule œuvre d'un unique auteur. Dès qu'ils entendent parler du naturel philosophique des enfants, ils s'étranglent : un enfant ne peut lire Heidegger, *donc* il n'est pas philosophe. Sous-entendu : moi qui le lis, je le suis. Grandeur minuscule du professeur ! Misère de l'officiel de la philosophie ! Pauvreté mentale de la corporation à la tête si vide d'être tant pleine !

La philosophie n'est pas lecture des textes canoniques, mais construction de soi à partir d'une saisie droite de la nature du réel, du monde, des autres, de soi, bien sûr, et des relations entretenues par toutes ces instances. Elle n'exclut pas le recours aux textes, évidemment, mais comme moyen, non comme fin. Un philosophe est d'autant plus juste et vrai qu'il offre une réelle utilité existentielle. La tête bien faite, donc. Car rien n'est plus plein qu'une tête bien faite.

L'atelier de philosophie fabrique des mécanismes mentaux, des rouages de matière grise, des poulies cérébrales, des engrenages intellectuels, nécessaires au fonctionnement de la pensée qui est une mécanique. Il part du réel des enfants et entretient ces potentialités qu'en temps normal l'école, les institutions, la famille, la vie s'évertuent à détruire patiemment mais sûrement.

Les questions que la parole socratique de Gilles Geneviève fait surgir dans un atelier m'ont toujours donné l'impression d'avoir été préparées à mon intention, en douce, par un Gilles dont l'humour n'est pas la moindre qualité ! Souvent je me suis dit : il a prélevé chez tel ou tel philosophe du corpus classique cette prétendue question d'un enfant... Exemples : « Pourquoi peut-on dire que ça n'est pas fini et affirmer ensuite que c'est la fin ? » ; ou bien : « Pourquoi est-on parfois gêné par une question alors qu'on finit par y répondre simplement ? » ; ou encore : « Comment peut-on savoir ce qu'on va rêver ? » L'ensemble ne procède pas de la *Métaphysique* d'Aristote ou du Freud de la *Psychopathologie de la vie quotidienne*, mais de l'âme d'enfants sollicités par la parole d'un Socrate à leur service.

Quand, avec une poignée d'amis chers, dont Gilles Geneviève, j'ai lancé l'Université populaire de Caen en 2002, j'ai souhaité que s'y trouve un Atelier de philosophie pour enfants. Car, sur le fond, l'Université populaire se propose soit d'enseigner de manière alternative des contenus classiques, soit d'enseigner des pratiques, des techniques ou des savoirs alternatifs. L'atelier entre parfaitement dans ce cadre.

Gilles Geneviève m'a tout appris de l'activité. Mon étonnement n'a cessé de grandir au fur et à mesure de ce que je découvrais. Par curiosité personnelle, je lui ai dit mon intérêt pour un journal de bord de ses cours auxquels je ne peux assister – ils se déroulent en même temps que mon séminaire. D'abord à mon usage, pour mon information, mais aussi pour combler une lacune : car il n'existe rien dans la bibliographie française sur ce sujet et je tiens pour l'une des missions de l'Université populaire de partager la philosophie avec le plus grand nombre sans sacrifier les contenus et leur qualité.

On ne s'étonnera pas que l'institution n'aime pas les ateliers de philosophie pour enfants. La société des agrégés, le corps professoral des classes terminales, la machinerie administrative, le rouleau compresseur de l'Éducation nationale, tous ces rouages de la machine sociale voient, *dans l'ensemble*, d'un mauvais œil cette façon alternative de philosopher. On taira les brimades et autres vexations subies par Gilles Geneviève de la part de sa hiérarchie qui *punit* là son désir de « rendre la philosophie populaire », selon l'expression fameuse de Diderot.

Tant de gens ont intérêt à garder cette discipline obscure et élitiste afin de jouir des faveurs aristocratiques qu'elle permet – la moindre n'étant pas, via l'intimidation, le pouvoir sur autrui que permettent les sophismes d'initiés, les logorrhées farcies de néologismes, les envolées lyriques vides et creuses – alors que bien souvent le roi est nu...

La pratique de la philosophie chez les enfants ne contraint pas idéologiquement : Gilles Geneviève n'enseigne pas contenus, vérités toutes faites ou certitudes catéchétiques, il ne s'appuie sur aucune idéologie, n'agit pas en prêtre, mais en philosophe émule du triangle socratique qui réunit Socrate,

Diogène et Aristippe. Ces trois-là voulaient constituer et solidifier l'intelligence de leur auditeur, produire la sagacité utile pour dénoncer les fourberies, les mensonges, les tromperies des gens de puissance.

Contre la morgue des puissants de ce monde, contre les petits qui se prennent pour des grands parce qu'ils occupent des fonctions de reproduction sociale et prennent pour leur force personnelle la brutalité de la machine qu'ils conduisent, contre la rhétorique du marché dictant sa loi à l'ensemble de la planète, contre la tyrannie des images médiatiques en horizon intellectuel indépassable, contre le formatage des masses en consommateurs passifs, avec l'atelier de philosophie pour enfants de l'Université populaire de Caen, Gilles Geneviève cultive la raison puérile des enfants de son atelier. Son but ? Contribuer à toutes les intelligences à même d'affirmer que le roi est nu quand il l'est. Car il l'est si souvent...

18
Enfumer les vendeurs d'opium

L'efficacité d'une religion ne se mesure pas aux signes de soumission qui supposent l'agenouillement, la prosternation et l'obéissance. La sociologie ne fournit pas le bon instrument de mesure. Demandons bien plutôt à la psychologie ou à la psychanalyse non freudienne, de nous procurer le dynamomètre pour établir la puissance des forces religieuses en jeu.

La pratique religieuse manifeste l'écume. Le mouvement brownien sous les surfaces renvoie à un socle mental, conceptuel, culturel, un système de représentations collectives plus complexe que les effets de superficie. Le formatage religieux des corps paraît bien plus considérable que le folklore des dévotions publiques, des fréquentations de lieux de culte, de l'observance de rituels ou de la reconnaissance des interdits alimentaires.

Formatage des corps individuels, bien sûr, mais aussi du corps social. La loi d'équivalence formulée jadis par Hobbes entre le corps physiologique et le corps politique conserve toute sa pertinence. L'inconscient d'un sujet dispose de son double dans le registre collectif : il existe des inconscients collectifs formatés par l'irrationnel des religions, bien plus utile pour contraindre les âmes, donc les corps, que la raison raisonnable et raisonnante.

De retour d'une série de conférences en Inde, j'ai pu, comme dans toute autre géographie indemne de la contamination judéo-chrétienne, mesurer les effets d'une religion sur le contenu dit et non dit d'une civilisation. L'Inde hindouiste travaille les entrailles de l'Inde moderne – puissance nucléaire, pharmaceutique, spatiale et informatique.

La vision du monde qui suppose les vies antérieures, la réincarnation, la transmigration des âmes, l'existence d'un karma déterministe, l'ensemble incarné dans le système des castes maintient la société dans un mécanisme ancestral. La féodalité moyenâgeuse occupe l'épicentre du continent postmoderne. Elle détermine la position sociale, donc économique. Richesse et pauvreté ? Effets d'une causalité sacrée, et non des agencements politiques. La paupérisation ? Non pas les résultats d'une mauvaise répartition sociale ou d'un régime politique injuste, mais les conséquences d'une vie avant la vie !

La faillite de la gauche marxiste dans l'Europe de l'Est et de la gauche libérale dans sa partie Ouest a contribué à un désinvestissement du politique au profit du réinvestissement dans la sphère privée. La décrue politique cause la crue du religieux. Le capitalisme sauvage semble l'horizon indépassable de notre temps. Où en serait le remède ? Qui et quoi pour faire le pendant à cette sauvagerie postmoderne, cette barbarie d'un genre nouveau ? À défaut d'un Marx crédible, nous héritons de Dieu, dont l'une des versions géographiques, Allah, semble parmi les plus menaçantes.

Seul un retour de la politique peut dissiper autant que faire se peut les fumées de l'opium du peuple. Non pas la politique politicienne, celle des petits calculs mondains, des territoires à partager entre professionnels de la gestion de la cité, mais la politique au sens noble du terme : celle des « utopies concrètes » – pour le dire dans la formule d'Ernst Bloch, marxiste hétérodoxe à relire, sinon à lire.

Alors, relire Marx ? Certes, mais aussi reprendre tous ceux que, dans la perspective de faire table rase des adversaires et d'obtenir le leadership du mouvement européen, l'auteur du *Capital* a détruits, pulvérisés en faisant le jeu de la bourgeoisie par le fractionnement des gauches. L'heure est venue non pas de faire le procès de Marx, mais de réhabiliter des pensées de gauche alternatives, notamment celles du socialisme libertaire. Car nulle part les propositions du mutuellisme, de la démocratie fédérale, de la justice sociale de Proudhon ou du communisme libertaire et non autoritaire de Bakounine n'ont été *essayées*.

Les idées ne manquent pas, allons chercher celles qui n'ont pas été utilisées. N'ayons pas le luxe, à gauche, de nous trouver des ennemis dans nos rangs. L'énergie existe, mais elle n'est ni canalisée, ni mobilisée dans une force qui la contienne et la dirige vers ses objectifs historiques. Tout est bon qui permet de ramasser les gauches. Ce qui entrave ce désir de synergie fait le jeu des vendeurs d'opium.

19

L'animal que donc il fut

Où était Jacques Derrida ? Je ne dis pas : *qui* était-il, mais *où* était-il ? Car plus nomade que lui, y en eut-il jamais ? Au sens où Deleuze emploie ce mot, nomade, sa pensée l'était, son corps aussi, ses livres également – pour leurs circulations permanentes. Sait-on qu'en dehors de ses publications, par-delà le papier, débordant l'idée pure, à Bilbao, son travail existe en chair et en os – en titane et en béton, plutôt – au Guggenheim pensé et construit par un Gehry lecteur inspiré du philosophe inspirant ? Manifeste déconstructionniste, architecture vitaliste, chance plastique pour le nouveau millénaire, ce bâtiment révolutionne l'architecture d'aujourd'hui si souvent platonicienne.

Jacques Derrida se trouve ailleurs également, toujours échappé des bibliothèques, à El Bulli, près de Figueras, en Espagne, dans les cuisines de Ferran Adria, probablement le plus grand cuisinier du monde, incontestablement le plus original, le plus inventif et le plus extravagant. Sa déconstruction des textures – les mêmes depuis le néolithique –, sa cuisine des saveurs et des couleurs après destruction de l'apparence habituelle, son art du démontage des agencements naturels au profit de nouvelles formes culturelles inédites, voilà le souffle et l'esprit de Derrida, encore, qui nomme, crée et annonce l'époque – comme tout penseur digne de ce nom. Avec ces deux brefs exemples apparemment extra-philosophiques, on constate combien Derrida révolutionne au-delà de la discipline : la preuve du grand philosophe et de la grande philosophie.

Jacques Derrida n'était pas taillé dans le marbre du Commandeur : le nombre de livres publiés, celui des traductions ou la liste de ses doctorats honoris causa – chiffres d'ailleurs contradictoires donnés par la presse lors de sa mort – n'épuisent pas la stature... Le Philosophe n'était pas non plus dans le tirage de ses livres, ni dans ses clones dont je vis quelques exemplaires funestes un jour sur un campus d'Atlanta où j'étais venu parler de contre-histoire de la philosophie, mais dans sa présence planétaire nomade. Le jour de sa mort, j'étais au Japon pour une conférence à l'université de Todai. Dans une petite salle m'attendait le professeur qui m'avait invité ; il lisait... Derrida. À l'heure où son corps s'arrêtait, son intelligence diffusait sur la planète. À son âge, j'ai entendu, déjà, l'annonce de trop nombreuses morts : Malraux, Sartre, Beauvoir, Foucault, Barthes, Althusser, Deleuze, Lyotard, Bourdieu. Lui maintenant dont j'ai découvert la disparition (malheureusement attendue depuis que la nouvelle de son cancer du pancréas était devenue publique) en rebranchant mon téléphone portable à la descente de l'avion. Retour du monde et de sa violence par un message dont j'ai oublié l'auteur, sidéré par l'information.

Chacune de ces figures disparues a compté dans ma construction. Derrida, ce fut moins pour moi l'habile talmudiste de la déconstruction que l'auteur de ces trois beaux livres : *Du droit à la philosophie* (1990), *Politiques de l'amitié* (1994) et *Spectres de Marx* (1993), dans lesquels il pose des questions essentielles à mon travail d'aujourd'hui : où et comment enseigner la philosophie autrement ? De quelle manière vivre la *philia* gréco-romaine en un temps postchrétien ? Comment encore penser avec Marx sans toutefois être marxiste ?

(À quoi j'ajoute, relisant ces lignes plus tard, *L'Animal que donc je suis* (2006), superbe testament qui interroge l'homme à partir de l'animal, et plus particulièrement de l'énigme du regard d'un chat qui surprend le philosophe, nu, dans sa salle de bain. Grand moment philosophique, morceau d'anthologie dans lequel on entend, en le lisant, la voix d'un Derrida qui n'improvisait jamais, écrivait tout et lisait son oralité dans une musique désormais entendue sur le canevas d'un kaddish).

En plus de textes lourds, il incarnait ses réponses : en militant au GREPH (le Groupe de recherche pour l'enseignement de la philosophie) ; en créant le Collège international de philosophie – un superbe texte, là encore : *Le Rapport bleu* ; en faisant de Cerisy un genre de contre-institution ; en exerçant l'amitié comme Oreste comblant Pylade ; en écrivant des pages parmi les plus belles sur ses amis disparus – *Chaque fois unique, la fin du monde,* son dernier livre, constitue finalement une réelle *Histoire de la philosophie postmoderne* ; en montrant combien Marx n'était pas épuisé pour penser, avec lui, après lui, le droit international en temps de guerre avec l'Orient, l'impérialisme américain (l'expression est de moi), l'hospitalité nécessaire, le cosmopolitisme postmoderne, l'Europe non libérale, le terrorisme planétaire, la télévision aux ordres du marché, le conflit israélo-palestinien, la chance et les promesses altermondialistes, le travail têtu de l'intellectuel – parmi tant d'autres sujets... Derrida fut aussi – grâce à Michel Delorme, l'ami délicat qui nous enferma un jour dans un petit bureau des éditions Galilée, rue Linné – cet homme qui, alors que je ne lui demandais rien, me dit qu'il aurait bien aimé m'aider pour cette Université populaire que je venais de créer à Caen et dont il me dit du bien en quelques phrases complices. Un peu las, et comme pour se justifier, il m'avoua avoir donné beaucoup, beaucoup (trop ?) de temps et d'énergie à ces questions d'enseignement de la philosophie et ne pas souhaiter remonter au créneau sur ce sujet.

Stupéfait, je découvris un homme qui s'excusait de ne pas me donner ce que je ne lui demandais pas ! Malade, sachant son temps compté, il prodigua ce soir-là douceur, prévenance, délicatesse, gentillesse, amabilité, disponibilité. En sortant de cette petite pièce, je sus qu'il m'avait fait le cadeau, comme ça, en passant, sans en avoir l'air, avec une apparente désinvolture, d'un moment de philosophie qu'il créait avec lui, autour de lui, par le magnétisme de la *philia* des anciens qu'il incarnait à merveille.

20
Appel à de nouveaux Diogène

Comme nous l'apprend l'historiographie classique, D'Alembert fut un enfant bâtard. Ce mot détestable salit la bouche de quiconque s'en sert. Abandonné le jour de sa naissance le 16 novembre 1718 par Mme de Tencin sur les marches de l'église Saint-Jean-Le-Rond à Paris, il s'appelle donc d'abord Jean Le Rond. La génitrice, vipérine, refuse toute sa vie d'adresser la parole à son fils qu'elle voit pourtant régulièrement dans les salons, nombreux, qu'ils fréquentent tous les deux ou aux spectacles suivis assidûment par l'un et l'autre.

Cette ancienne religieuse vite défroquée fut également la maîtresse du Régent. Elle disposait d'un véritable carnet mondain, donc, dès lors, d'une longue liste d'amants dont certains l'engrossèrent à leur tour, problèmes toujours réglés de la même manière – d'une façon, disons... rousseauiste ! Elle fit quelque temps de la prison : le suicide de l'un de ses amants à son domicile fut du plus mauvais goût, on l'innocenta, certes, mais elle goûta tout de même la paille carcérale. Mauvais genre.

Le ci-devant père, le chevalier Destouches-Canon, reconnaît l'enfant, paie ses études, verse une pension, mais disparaît trop tôt : le futur philosophe n'a pas encore dix ans. La femme d'un vitrier – Mme... Rousseau – accueille l'enfant et s'en occupe modestement mais dignement. Il s'essaie aux études de médecine, devient avocat, mais opte pour la science, dans laquelle il excelle. Malgré ses succès français puis européens, D'Alembert vécut une grande partie de sa vie dans une chambre de bonne, sans femme, sans famille, sans enfants.

Évidemment, on fit de cette vie de célibataire le signe d'une prétendue impuissance sexuelle et, quand le temps du succès vint, on fit courir le bruit d'une homosexualité – alors infamante et dangereuse. Les ennemis les plus acharnés, galvanisés par la bonne fortune du philosophe, attaquent ad hominem et, moquant sa voix fluette, mettent en cause sa virilité en affirmant qu'aggravant son vice sodomite il n'est capable que d'y tenir le rôle passif.

En regard de la qualité et de la quantité des insultes, on mesure l'étendue de son succès. En plein XVIIIe siècle, le couple D'Alembert/Diderot se constitue avec le premier, célèbre et honoré dans toute l'Europe, et le second, personnellement et intellectuellement absent du circuit de l'édition : il brille dans la conversation, change souvent d'avis et ses chefs-d'œuvre reposent dans les tiroirs.

Aujourd'hui, la tendance est inversée : on connaît bien le fils du coutelier de Langres, les biographies ne manquent pas, et, hormis son nom, on ignore presque tout du fils naturel de la Tencin. D'Alembert ? Encore un inconnu célèbre. Le couple de ces deux-là se constitue avec l'*Encyclopédie*. Au départ, nul ne l'ignore, il s'agit de traduire la *Cyclopedia* anglaise de Chambers. D'Alembert s'y colle en tâcheron efficace : le comparse de Diderot y rédige plus de mille cinq cents entrées... L'*Encyclopédie* devient le succès désormais bien connu.

D'Alembert survit aujourd'hui dans l'histoire de l'épistémologie par la grâce de ses travaux mathématiques, plus particulièrement le calcul intégral, les fluides, leur dynamique et leur résistance, la cause des vents, la précession des équinoxes. On n'ignore pas non plus qu'il rédige à trente-quatre ans le *Discours préliminaire de l'Encyclopédie* en 1751 : l'ouvrage devient un succès européen car il cristallise l'esprit de l'époque, en l'occurrence celui des Lumières. Éloge de la raison, croyance dans le progrès humain universel, célébration du travail des grands inducteurs – Fontenelle, Voltaire, Rousseau, Diderot, Montesquieu, Buffon... –, ce texte manifeste constitue le « parti philosophique », comme on dit alors, à même de rompre des lances contre le parti clérical. La guerre fit grand bruit.

D'Alembert avait de l'esprit, un réel talent pour imiter les *people* de l'époque (au point de déclencher l'hilarité des assemblées), de la conversation, du style, de la culture, de l'élégance. Contrepartie à tout cela, il accuse un tropisme mauvais pour la mélancolie, des passages vraiment dépressifs et de longues périodes de retraite dans sa chambre en compagnie de sa seule et unique maîtresse : la géométrie.

La vieille copine d'Arouet, protectrice et amie très chère de notre homme, la marquise du Deffand, écrit de lui à Maupertuis « tout chat moral qu'il est » ; la Pompadour en fait une « tête chaude » ; les autres constatent, pour s'en réjouir, sinon s'en mordre les doigts, qu'il a la tête près du bonnet, se met en colère – parfois pour ses amis qui ne lui en demandent pas tant, ainsi Rousseau, puis Voltaire, chacun leur tour dans deux affaires séparées, tempèrent son zèle amical et vindicatif... –, ne recule pas devant l'affrontement, parfois même le provoque.

Exemple avec l'*Essai sur la société des gens de lettres et des grands, sur la réputation, sur les mécènes et sur les récompenses littéraires*, qui paraît en janvier 1753 dans le second volume des *Mélanges de littérature, d'histoire et de philosophie*. Avec ce bref texte militant, et le *Discours préliminaire*, puis les *Essais sur les éléments de philosophie* (1761), D'Alembert le scientifique signe une œuvre de philosophie sur le principe du savant philosophe, comme Maupertuis avant lui, auquel il doit d'ailleurs son introduction dans le monde et ses salons. Avec l'*Essai*, l'empirique et le sensualiste des *Éléments* se double d'un penseur libertaire, si l'on me pardonne l'anachronisme.

Donc, penseur libertaire. Parce qu'il ne place rien au-dessus de la liberté, D'Alembert mérite effectivement l'épithète. De fait, le philosophe a vécu jusqu'à presque cinquante ans dans sa chambre de bonne ; il ne s'est jamais marié ; n'a jamais fondé de famille ; certes, il a accepté des honneurs – en dehors de Paris, il est membre d'une douzaine d'Académies dans les capitales d'Europe –, des pensions, bien sûr, mais n'a jamais transformé son existence en machine de guerre courtisane ; il n'a pas flatté les grands, courtisé les puissants, ni fréquenté la cour de Louis XVI ; il décline l'invitation faite par Catherine de Russie de devenir le précepteur de son fils ; à

Frédéric II, il consent le minimum ; on lui doit aussi, publié sans nom d'auteur, un texte intitulé *La Destruction des jésuites en France*.

Couturé, fatigué, blessé par tant de combats menés au nom de la science, de la morale, des idées, de la culture, il doit faire face à une maladie de la vessie. Âgé de soixante-six ans, il refuse une opération, lucide sur les pouvoirs limités de la faculté de médecine. Se sachant condamné à une fin proche, il souhaite écarter les prêtres de son chevet, demande expressément un enterrement civil, meurt et l'obtient.

Élisabeth Badinter trouve que D'Alembert n'a pas été à la hauteur des invites radicales proposées dans son *Essai sur la société des gens de lettres*. J'ai, pour ma part, l'impression que l'homme n'a pas plus failli que ça dans une existence restée digne.

Ce fils abandonné par sa mère fut malgré tout introduit dans les salons grâce au sang bleu de son géniteur. Mais au degré le plus bas des hiérarchies non dites. L'éducation d'une bonne Mme Rousseau, femme d'artisan, ne suffit pas pour initier le jeune homme aux us et coutumes, autrement dit aux singeries rituelles de la reconnaissance des mammifères d'un même marigot. Comme il ignore les usages, on le moque, on se gausse. Les jésuites, doués pour l'amour du prochain, fustigent en lui le « petit homme sans père ni patrimoine ».

Qu'on n'attende donc pas en retour que D'Alembert sacrifie aux rites, aux mots d'ordre, aux logiques des communautés salonardes ou courtisanes. Sa charge contre le petit jeu mondain, notamment du monde littéraire, vaut moins comme un exercice de ressentiment que comme un compte rendu effectué de l'intérieur d'un monde dont il n'est pas. D'Alembert écrit en ethnologue d'une tribu qu'il visite, mais dans laquelle il n'est pas chez lui.

Son *Essai* publié en 1753 relève de l'inactuel et de l'intempestif nietzschéen. À trente-cinq ans, D'Alembert donne l'impression d'avoir connu la république des lettres de l'ère médiatique : les coulisses des journaux parisiens ; les cafés de Saint-Germain-des-Prés où paradent les « petits talents » ; les arcanes des jurys littéraires qui décident des « récompenses mal distribuées » ; la fébrilité de l'auteur taraudé par la « réputation », la « renommée », la « considération » ; le vinaigre mental distillé à longueur de colonnes par les journalistes impuissants à faire une œuvre et qui, de ce fait, assassinent celle des autres tout en célébrant les nullités utiles : « D'une main ils élèvent à la médiocrité puissante des statues d'argile, et de l'autre ils font de vains efforts pour mutiler les statues d'or des grands hommes sans protection, et sans crédit » ; les modes venues de l'étranger ; l'engouement pour les néologismes dans la profession philosophante ; la fausse valeur des « corsaires barbares » surestimée au prix d'une négligence de la « vraie philosophie » ; les livres de circonstance, autrement dit les « ouvrages de société » commis par des « demi-connaisseurs » soucieux de produire rapidement leur effet dans ce petit monde, etc. D'Alembert nous parle en contemporain car il extrait l'universel de ses expéditions dans la jungle des gendelettres.

Si le diagnostic est juste, donc sévère, la potion médicamenteuse ne manque pas d'intérêt : D'Alembert souhaite de nouveaux Diogène capables de vivre selon un principe clairement édicté : « Liberté, vérité et pauvreté. » Voilà la devise gravée au fronton philosophique des Lumières cyniques. Quiconque craint la pauvreté se trouve bien loin de vérité et liberté. La plupart des intellectuels – d'hier et d'aujourd'hui – désirent exactement l'inverse : servitude d'agenouillés devant les puissants, mensonges généralisés pour parvenir à leurs fins, fascination pour l'opulence des riches barbares postmodernes.

Doit-on s'obliger à la pauvreté volontaire ? Faut-il faire vœu de dénuement radical ? Certes non. D'Alembert ne souhaite pas la pauvreté mais veut qu'on ne craigne pas de se trouver dans cet état si d'aventure le philosophe doit s'y trouver à cause de l'usage de sa liberté de penser, de parler, d'écrire et de publier. En disciple d'Aristippe plus que de Diogène, il ne critique donc pas la richesse en soi, mais sa fâcheuse propension à limiter la liberté, entraver l'autonomie, réduire l'indépendance en contraignant à passer par-dessus bord la vérité et ce qui l'accompagne.

À cette figure de proue qu'incarne l'intellectuel des Lumières selon D'Alembert, il ajoute, irénique à souhait, son souhait que les philosophes fassent la paix, se rapprochent et mettent fin à leurs éternelles querelles, qu'ils s'unissent pour faire un front commun, réalisent un genre de « république des lettres » afin de produire, par cette communauté philosophique réunie, soudée, rassemblée, des considérations philosophiques utiles pour la Nation. Le rêve de D'Alembert...

21
Une figue dans un cercueil

Les historiens d'art ignorent à quel lieu Holbein destinait son *Christ au tombeau*. Prédelle de retable ? Œuvre autonome ? Travail en relation avec la réalisation d'une niche de sépulcre ? On ne sait... Toujours est-il que les dimensions (30,5 x 200 cm) exceptionnelles de cette peinture la transforment en objet singulier dans l'histoire iconographique. Du moins à mes yeux : car entrer dans cette œuvre, c'est comme entrer dans un cercueil pour voir ce qui s'y passe. Autant dire : rien. Donc voir qu'il n'y a rien à voir ou plus rien à voir. Sinon un mort, un cadavre – immobile pour l'éternité.

Regardons son visage, ce mort ne paraît pas si mort que ça... La bouche ouverte, les yeux également, on entend possiblement, du moins virtuellement, le dernier souffle, on suppute le paraclet. De même, le regardeur voit le Christ voir : il pourrait d'ailleurs apercevoir ce qui se trame après la mort, car il fixe le ciel alors que probablement son âme s'y trouve déjà. Personne n'a pris soin de lui fermer la bouche et les yeux. Ou bien Holbein veut nous dire que, même mort, le Christ regarde et parle encore... Peut-être... *Voyons voir*.

Trois signes montrent que ce corps est celui du Fils de Dieu crucifié pour racheter les péchés du monde. Chacun connaît l'histoire. Trois plaies comme autant de signes ; trois signes comme autant de plaies. Les blessures du flanc, de la main, du pied. Aucune sur le front, pas de traces des épines. Holbein peint le côté droit du Christ, le gauche, *sinistra*, se trouve dans l'ombre du tombeau, donc de la mort. Sainte trinité des blessures...

Deux signes racontent que ce corps est aussi celui de l'Homme qui s'est fait Dieu pour, encore, racheter les péchés du monde. Chacun connaît l'histoire. Deux signes comme autant de chair ; deux chairs comme autant de signes. Le nombril et le sexe. Nombril saillant, bouton affleurant le ventre de muscle sans graisse – idéal ascétique oblige ! –, il témoigne qu'on peut bien naître d'une vierge, on n'en est pas moins homme. (Seul Adam devrait naître sans nombril. Cherchez dans la peinture, il en a toujours un...). Nombril et sexe : un vrai tégument de chair, pas un phallus symbolique, ni une ombre, une concession, mais un véritable *pénis normalis*... Divin si l'on en juge par la taille suscitée et sollicitée par le tissu.

Dans cette peinture, un signe peut se lire dans les deux sens : Fils de Dieu ou Fils de l'Homme. La main. Du moins le signe que fait la main, au point exact qui sépare la toile en deux parties – droite et gauche. Le majeur tendu, les autres doigts refermés sur la paume. Or ce geste se lit couramment en Occident comme une obscénité. Car on associe ce doigt à la pénétration. Du sexe de la femme, certes, mais de tout ce qui se pénètre pareillement, y compris chez les hommes.

Diogène ne se prive pas d'y recourir pour insulter Démosthène.

Fica pour dire le sexe de la femme, *far la fica*, en italien, signifie se moquer. Le geste de la figue. Autrement dit, traduit en langage courant et commun, un doigt d'honneur. Le Christ faisant la figue dans son tombeau ? Un doigt d'honneur dans le cercueil du Sauveur de l'Humanité ? Improbable. Ou alors, coup de tonnerre, il s'agit de l'Antéchrist ! Holbein en peintre de l'Antéchrist ? Ça se saurait...

Depuis le triomphe du christianisme, on ne trouve plus le geste de la figue dans l'histoire de l'art. La victoire de cette religion met l'art au pas. L'iconographie occidentale l'ignore, me semble-t-il, du moins, et là j'en suis sûr, dans l'histoire de la peinture franchement religieuse. Scrutons les scènes païennes et campagnardes de la peinture flamande, les beuveries, les fumeries, les polissonneries en contiennent peut-être. Mais dans la peinture d'un Christ au tombeau...

Alors ?

Alors ce geste ne concerne pas le Christ fait homme, mais l'Homme Dieu. Exit la figue... Cherchons dans les vieux grimoires qui rapportent la symbolique chrétienne tombée en désuétude et ignorée même par ceux qui se réclament du christianisme, les fameux « chrétiens du dimanche » de Kierkegaard. Tout signifie dans cette religion, tout est symbole, allégorie, tout dit autre chose que le sens premier, tout cache et dévoile, parle et fait silence, tout bruisse pour l'oreille qui sait entendre. Mais qui sait encore entendre aujourd'hui ?

La main n'est pas la main, mais plus que la main ; le majeur n'est pas le majeur, mais plus que le majeur. À savoir ? Dans cette configuration allégorique, chaque doigt signifie. La main ? L'âme principe de vie... Les doigts ? L'occasion d'un exercice spirituel – mnémotechnie héritée des anciens... Le pouce ? « Rends grâce. » L'index ? « Cherche à atteindre la lumière. » L'annulaire ? « Souffre, regrette. » L'auriculaire ? « Offre, propose, fais voir, présente. » Et le majeur, alors ? « Examine, pèse. » Leçon d'édification.

Dès lors, le majeur tendu dans la toile d'Holbein, on s'en serait douté, n'a rien à voir avec la main phallique. À l'épicentre de l'œuvre, Holbein nous dit : « Regarde et conclus : Examine. » Examine quoi ? Ce suaire sur lequel se trouve le corps du Christ appelé, trois jours plus tard, à revenir de la mort. Le suaire sans le corps dira le corps sans le suaire, le corps ressuscité, éternel, le corps glorieux du Christ sauvé, donc du chrétien qui le sera, sauvé, s'il l'est, chrétien. Le majeur agit en punctum du tableau. Le bout même du majeur, la pulpe du doigt, ce que l'ongle marque comme une écriture invisible.

Voilà la leçon de cette peinture, car toute peinture digne de ce nom propose une énigme à déchiffrer. Dans la peinture religieuse, l'énigme n'est jamais bien complexe à découvrir : il s'agit toujours d'une leçon de catéchisme plus ou moins habilement déguisée. Ici : « Vois ce suaire, il est le signe de la mort de la mort si, et seulement si, tu vis en chrétien qui fait pénitence, imite la Passion de Notre Seigneur Jésus-Christ. »

Le suaire est plié depuis vingt siècles, du moins si l'on en croit la mythologie chrétienne, mais ce tissu parle encore. Hier véritable icône, bientôt Véronique, patronne des faiseurs d'images, objet de dévotion païenne aujourd'hui. Même mort, le Christ parle encore. Précisons : parce que mort, il ne va pas cesser de parler. Voilà un cadavre bien bavard depuis presque vingt siècles. Mais ce qu'il dit semble de moins en moins audible. La preuve *au doigt* et *à l'œil*...

22

Principes de contre-renardie

L'architecte de *droit divin* prend modèle sur la bureaucratie céleste et revendique Dieu pour seul guide. Péremptoire, décideur, soucieux d'identifier sa parole à la Loi, il veut, crée, bâtit à la manière de Yahvé prenant appui sur le néant pour faire surgir l'être selon son bon vouloir. À l'évidence, son Verbe exige un espace pour se développer et montrer sa puissance. La hutte, la cabane, la chaumière ? Allons donc, un peu de sérieux... Le temple, l'église, la cathédrale, ou toute autre variation sur le monument, voilà qui fait mieux l'affaire !

La pierre écrase l'homme, le toit couvre haut, très haut, afin de créer l'espace générateur du sublime cher à Longin. À savoir ? L'individu doit ressentir sa petitesse par sa seule présence sur la scène architecturale. Comme avec le coucher de soleil, la vastitude de l'étendue de mer, la tempête océanique, la chute d'eau fracassante, le spectacle des bolides célestes aimés des romantiques, le sujet expérimente le dérisoire de sa position dans le cosmos organisé par l'architecte...

Dans cet ordre d'idée, on vise l'éternité, rien moins. D'où l'intérêt de congédier l'histoire, passion de *minus habens*. La pierre architecturée singe les longues durées de la géologie. Insoucieux du temps réel, ce genre de démiurge construit parfois en regard de la destruction : dans son œuvre il cherche les ruines et les sculpte conceptuellement. Il intègre dans le vivant le virus qui décompose son chef-d'œuvre. Ainsi, la vie vaut moins que la mort qui grouille en son épicentre.

Dans la logique monumentale, l'individu se met au service de l'architecture qui obéit à plus qu'elle, en l'occurrence au donneur d'ordres qui la finance. Le payeur est roi. Et dans le cas de l'architectural massif, l'idéologie paie. L'idéologie ? Jadis, les pharaons et leurs pyramides, les rois hellénistiques et leurs temples, les empereurs romains et leurs villes, les princes chrétiens et leurs cathédrales, les monarques européens et leurs châteaux ; naguère, les fascistes, les communistes, les nazis avec leurs stades, leurs cités radieuses, leurs usines, leurs casernes ; aujourd'hui, les capitalistes et leurs hypermarchés, leurs villes nouvelles, leurs banlieues, leurs parcs de loisirs, leurs périphériques...

L'architecte de *souveraineté communautaire* inverse la perspective et met son art au service des humains. Insoucieux de la pétrification du temps en des formes censées échapper aux affres de l'engendré, il construit des bâtiments pour des durées – et non des monuments pour l'éternité. Souci du temps, des gens, de leurs désirs, de leurs projets, des situations particulières, souci nominaliste du cas de figure spécifique, il ne met pas sa discipline au service des intérêts idéologiques – permanence du Ciel des chrétiens – mais souhaite qu'elle retrouve le « sens de la Terre » (pour le dire dans les mots de Nietzsche).

À savoir ? Non pas produire des artefacts dissociés du monde, entés dans l'intelligible, mais créer des pénates, autrement dit des occasions de renouer avec la quintessence du geste architectural : *abriter*. Préserver, protéger, prémunir, défendre. Contre quoi ? Les intempéries, les animaux, l'adversité, la méchanceté des hommes, la rudesse du monde et autres misères antédiluviennes. Le but ? Permettre d'envisager autre chose que survivre, autrement dit vivre !

Cette architecture n'est pas mandatée par le monde des dieux mais par celui des hommes. Pas de clergé architectural aux côtés des princes et des prêtres, mais une communauté d'égaux travaillant à une occasion contractuelle de constructions existentielles, affectives et amicales. Ce genre d'architecte s'active non pas au-dessus des hommes, mais parmi eux, non pas contre eux, pour les dieux, mais avec eux, pour eux.

L'architecture *platonicienne* célèbre le chiffre, le nombre et l'idée pure. L'idéalisme infuse plus que la seule philosophie. Dont l'architecture. Quand est-elle platonicienne ? Lorsqu'elle se soucie plus de la structure formelle que des énergies vivantes auxquelles elle offre l'hospitalité ; quand elle vise l'ordre, la rigueur, l'harmonie, l'équilibre, la symétrie, l'ensemble figé et fixé dans une forme statique, stable et susceptible de traverser les affres de la réalité sensible.

La plupart du temps, l'architecture platonicienne se révèle moins dans sa matérialité que dans ce qui la sous-tend : l'idée. D'où un culte pour l'immatérialité, la transparence, le vide, le simulacre, le virtuel. Son matériau de prédilection ? Le verre, voire, plus fort, la Lumière... Son idéal ? Le vide. Le Nombre d'Or s'associe parfois à la passion pour l'Orient, extrêmement pratique pour produire des discours de théologie négative sur la présence de l'absence, la réalité du virtuel, la plénitude du vide, la vérité du simulacre.

Au bout du compte, le bâtiment tend à son effacement. Sa trace semble plus importante que sa présence. La maison de verre n'est pas loin, le panoptique non plus qui abolit le privatif, expose le dedans dehors, abolit les frontières entre l'intime et le public. La structure agit en forme pure. Débarrassée du projet qu'elle devrait servir, elle contribue à la production d'objets idéaux séparés du monde, bien que s'y trouvant, coupée des gens condamnés à les habiter en étrangers.

Une architecture *nominaliste* tourne le dos à la domination idéaliste. Elle affirme l'existence non pas d'Idées pures, éternelles, immortelles, anhistoriques, mais de réalités tangibles, matérielles, concrètes, abordables par la totalité des sens. Empirique, elle suppose le cas particulier : le lieu, le temps, l'espace, l'occasion, la circonstance, le projet, l'environnement, l'inscription dans un dessein sans double, la construction avec des solides, la passion pour la matérialité de la matière, l'envie des textures, la préférence des volumes aux surfaces, de la chair au vide lumineux.

Le platonicien relève de l'apollinien ; le nominaliste du dionysiaque. Structure formelle et religion du simulacre contre vitalisme organique et rematérialisation du réel ; la vie encagée dans des proportions contre la vie à l'aise dans un réseau de flux, de circulations, de mouvements et de passages ; le temple grec comme maison des dieux contre la hutte contemporaine de Remus et Romulus ; la colonne dorique contre les fûts d'arbres liés avec des branches.

Nominaliste, empirique, cette architecture vitaliste est également hédoniste quand elle produit une jubilation à habiter. Plaisir de construire un édifice singulier, un bâtiment sur mesure, une maison adaptée aux conditions du contrat ; plaisir de loger dans une structure qui rend possible une vie agréable, sensuelle, autrement dit qui sollicite la totalité des sensations possibles d'un corps en situation détendue, parce que protégé d'un extérieur potentiellement dangereux pour l'ataraxie.

L'architecture de *l'idéal ascétique* oublie le corps. Elle sacrifie au préjugé occidental de la survalorisation de l'œil et du regard. La tradition intellectuelle, habilement formatée par des siècles d'idéalisme, distingue cinq sens qu'elle hiérarchise : au sommet, les sens nobles de la mise à distance du réel – l'œil et le regard, l'oreille et l'ouïe –, à la base, les sens ignobles qui contraignent à un contact avec la matière du monde – les trois autres. Dès lors, on parle d'art pour la peinture et la musique, certes, mais pas pour la gastronomie, l'œnologie ou les parfums, sous-sections triviales de l'activité humaine, secteurs aux esthétiques impossibles...

Conduits par ce préjugé, nombre d'architectes construisent pour l'œil et fabriquent des objets dont la finalité consiste à flatter le regard et lui plaire. Cette façon de procéder emprunte à l'art photographique qui vise l'immobilité, le statique, le cliché, l'image. Le dessin, la photographie, les simulations pixélisées fonctionnent non pas en moyens pour d'autres fins – la matérialité du projet –, mais comme une fin en soi. Beauté du cliché sur papier glacé, excellence de l'icône pour le magazine spécialisé, le catalogue ou la monographie à usage professionnel. Univers de papiers.

Dans ce monde exclusivement iconophile, le corps n'a pas sa place. L'asepsie de la mise en scène photographique montre une salle de bain, des toilettes, des chambres, des cuisines sans occupants. Idées pures sans humains qui les habitent, les hantent ou les salissent. Comme chez Platon, les ongles, la crasse et les poils posent un problème métaphysique (un sensible qui ne procède d'aucune idée, mais de dégradations d'idées !), les lieux dits d'aisance prennent heureusement l'ontologie platonicienne à rebours.

L'architecture *hédoniste* récuse ces formes conceptuelles épurées destinées au cerveau d'un regardeur qui flotterait dans l'éther du ciel intelligible. Elle vise et veut un corps élargi à la totalité de ses potentialités. La hiérarchie des sens gouverne notre esthétique mutilée – autrement dit notre capacité à ressentir, à être affecté, ce dont témoigne l'étymologie. On peut ne pas vouloir reconduire ce préjugé.

Pour ce faire, précisons qu'il n'existe pas seulement cinq sens, mais de multiples variations sensuelles sur l'unique thème du toucher. On touche avec les yeux, le nez, la bouche, les oreilles, les doigts, certes, mais aussi avec toute la voilure de la peau, le volume musculaire, la charpente d'un corps, le squelette et sa chair, l'énergie d'un encéphale doué de mémoires comparatives et de jugements de goût. L'architecture de l'œil génère une esthétique infirme ; l'architecture du corps global fonde un nouvel art de sentir.

À la photo statique, préférons donc le cinéma dynamique qui joue avec la dialectique des flux, des forces, des durées. Le bâtiment n'est pas une image à regarder ou à contempler, pas plus l'écran de la lumière et du vide, de l'espace et des simulacres, mais une sculpture habitable à même de ravir toutes les énergies sensuelles d'un être et de ceux qui vivent avec lui. Le corps vit, avance, bouge, change, se meut de manière rituelle et aléatoire, prévue et imprévue. Dans une architecture hédoniste, les aveugles devraient faire la loi.

L'architecture *d'architecte* colle, cite, coupe, taille dans le grand corpus de l'histoire de la discipline, mais aussi dans celui, plus désolant, des productions contemporaines. La reproduction sature le marché au détriment, évidemment, de l'invention. Quelques noms surexposés confisquent la plupart des marchés – les plus médiatiquement visibles –, et les suiveurs se contentent de reproduire le patron, vaguement modifié, afin d'éviter le procès pour pillage et satisfaire à un minimum de conscience à moindres frais. On obtient ainsi le sous-style général marqueur d'une époque. L'ensemble vieillit aussi vite que ladite époque sans jamais faire Histoire. Le tout produit des quartiers ou des bâtiments hideux dès le changement de décennie... Autant de zones désertées par les architectes qui n'habitent pas ces produits périssables, mais faits pour durer, livrés à leurs clients.

L'architecture *d'usager* fabrique du sur-mesure. Elle évite la reproduction d'un style de mode. Elle suppose le bâtiment dandy, autrement dit, la construction seule dans son genre, qui, sans ostentation, résiste au goût dominant d'une époque, à l'avachissement d'un temps, à l'uniformisation d'une culture. Le dandysme architectural récuse l'extravagance clinquante, il refuse le parti pris original pour la seule originalité, mais il laisse la singularité et la subjectivité produire leur effet dans une construction manifeste à même d'honorer une signature.

L'architecture *formelle* est affaire de professionnels qui confisquent la discipline pour interdire à l'autodidacte et à l'amateur, au sens noble du terme, de s'inviter au banquet des spécialistes. Souvent, le goût de la forme induit un esthétisme d'autant plus élevé que l'engagement politique tend vers zéro. L'esthétique formelle est politiquement informelle. La période structuraliste a produit ses effets dans nombre de domaines. L'ensemble supposait l'éviction des sujets individuels, la déconsidération de l'histoire et du contexte, la célébration des structures au détriment du message, la religion de la forme.

Le platonisme a trouvé dans cette période – pas vraiment morte – matière à variations. Les artefacts produits en architecture prennent place dans la liste des objets de la société de consommation. Produits anhistoriques, jetables, datés, marqués par une invisible date de péremption. En niant l'histoire, les tenants du structuralisme en architecture prouvaient paradoxalement leur incapacité à y entrer durablement et à produire des effets de style autres que les modes faites pour laisser place le plus rapidement possible à la suivante qui la déclasse pour générer de nouveaux produits, donc de nouvelles consommations.

L'architecture *militante*, à l'inverse, prend l'histoire en considération et joue avec sa nature dynamique et dialectique. D'où une dimension politique, donc, évidemment, antipoliticienne. Politique parce qu'elle renoue avec le souci de la cité et du bien-vivre en commun ; non politicienne, car elle n'obéit pas aux projets à courte vue des échéanciers électoralistes ; et militante par la diffusion d'énergies à même de fusionner des forces utiles pour fabriquer du lien social. La forme s'efface et laisse place au fond qui remonte à la surface, puis se cristallise en style.

Ce souci part des flux individuels, des énergies de monades séparées, des forces en jeu, et vise la production d'un art de vivre ensemble. L'architecture militante n'œuvre pas pour des mots d'ordre, elle rend possibles des chantiers existentiels. Dans ses productions, on ne vit pas côte à côte, juxtaposés comme des objets décoratifs, mais dans un réseau, avec un système de relations jubilatoires. Beauté *du* politique comme antidote à *la* politique.

L'architecture des *urbanismes de masse* détruit la diversité et vise à l'Un qui résout les contradictions. La fin des campagnes, décidée et programmée par les villes, s'effectue au nom de la mégapole, fantasme utopique de la cité céleste. L'angélologie, avec ses hiérarchies, ses byzantinismes, ses digressions scolastiques, fournit le modèle des régimes intellectuels qui organisent mentalement la réflexion sur ces sujets.

Or les tumeurs urbaines prolifèrent sur le mode malin, dans l'anarchie cellulaire la plus débridée. Principe du cancer. On doit le désordre introduit dans le code génétique – le virus, pour utiliser une métaphore bio-informatique –, aux lois du marché qui posent le désordre maximal comme condition du seul ordre possible. Laissez faire, une main invisible finira par produire dans ce chaos une raison saine et vigoureuse.

On crée un bâtiment, puis un autre, et un troisième. Ce bloc s'agence au hasard avec d'autres cellules, elles-mêmes réunies dans un deuxième bloc. Et ainsi de suite. Entre bâtiments, blocs, blocs de blocs, zones, quartiers, centres et périphéries, cœurs et banlieues, des réseaux bitumés relient, nouent, dénouent, échangent, produisent des interfaces. La fonction crée l'organe ; l'organe contraint ensuite à des fonctions rituelles. Heures de pointe, moments creux, bouchons et fluidités, lenteurs et vitesses.

Ces cancers urbains créent des univers pathogènes et cultivent des germes criminogènes. L'éthologie l'enseigne, et c'est d'ailleurs sa leçon de base : concentrer trop de même dans un territoire limité génère stress, agressivité, haine, combats entre les membres d'une même espèce qui aspirent à disposer d'un plus grand espace vital. La mégapole agit en cage où se fabrique la haine du semblable.

Dans ces zones urbaines de masse, le marché fait la loi et la loi du marché, c'est la loi de la jungle : une hyperforce avec les faibles, la brutalité sauvage et sans loi ; une faiblesse intégrale avec les forts, auxquels on se soumet en vue des gratifications obtenues par les marques de soumission. La ville libérale, anarchique, sauvage, proliférante restaure le règne très ancien de la barbarie. L'anti-nature de la civilisation à son paroxysme retrouve la nature la plus sauvage des origines.

L'urbanisme des *agencements écosophiques* pose quant à lui le problème dans la perspective des longues durées écologiques. (Nota bene : l'écologie dont je parle renvoie à l'écosophie de Félix Guattari, et non à l'écologie mondaine, urbaine, électoraliste qui agit en faire-valoir de la social-démocratie des pays industrialisés. L'écologie du pot catalytique.) L'écosophie contracte l'*éco* d'écologie ou d'économie et la *sophia* de philosophie au profit d'un néologisme définissant la sagesse de la *maison*, de *l'habitat*, une écosophie moins limitée aux questions environnementales qu'ouverte aux problèmes de société, d'éthique et de politique, dans la perspective d'une logique globale. Car l'agencement, des êtres comme des vies, des maisons autant que des villes, des individus et des générations, des peuples et des nations, suppose une écologie généralisée qui mobilise toutes les disciplines à même de contribuer à ce chantier inédit.

La préoccupation de l'histoire, le retour de l'histoire doivent motiver l'action. Le futur ne se construit pas à vue en ajoutant des instants aveugles à des moments borgnes, mais avec le regard prospectif d'une planification écologique, intellectuelle, conceptuelle, urbanistique. On doit viser un temps plastique qui intègre la structure solide de l'aléatoire, fait une place nette et carrée à l'imprévu, compte fermement avec l'inattendu. Prévoir l'impossible, donc.

L'architecture *libérale* ne propose que les hochets de son monde : consumérisme, réduction au fétichisme de la marchandise, productions jetables, règne de l'éphémère, exhibitionnisme du capital. Comment, d'ailleurs, pourrait-il en être autrement puisque, Marx l'a magistralement montré, les productions intellectuelles d'une époque – dont son architecture – obéissent à la logique des modes de production du moment. Le libéralisme ayant fait du marché, de l'argent, des profits, des bénéfices, son horizon indépassable, il infecte bien évidemment les productions de l'architecture et de l'urbanisme.

La machine architecturale ingère et digère des capitaux souvent très excessifs quant au coût réel et véritable de l'édifice. Les parasitages habituels se greffent sur l'opération technique : la tyrannie de la marchandise étouffe le projet intellectuel et le contraint à entrer dans des moules conceptuels complices des régimes qui les célèbrent. L'esthétique minimaliste coûte dans la proportion inverse à la présence des matériaux utilisés. On marchandise de l'intelligence, du concept, des idées en faisant payer le prix cher... à l'intelligence, aux concepts, aux idées.

L'architecture *libertaire* découple bâtiment et souci de la production capitaliste. Elle soumet les projets à de nouveaux impératifs : nominaliste, sensualiste, empiriste, dandy, hédoniste, vitaliste, dionysien, organique, cinématographique, politique, militant, dialectique, écosophique, lyrique, historique – on l'a vu. L'ensemble se veut donc alternatif et constitutif d'une façon révolutionnaire nouvelle.

Chacun a fait son deuil de la révolution dans son sens léniniste. Coup d'État, violence putschiste, armée de guérilla urbaine, avant-garde éclairée, etc., plus personne ne croit à ces possibilités pour changer les choses. Tant mieux. Pour autant, faire le deuil d'une autre fronde est un luxe impossible en ces temps de libéralisme lâché comme un chien furieux sur tous les terrains.

D'où une lecture nouvelle des situations nouvelles : Foucault et Deleuze y aident. Aujourd'hui, on ne trouve plus de fascisme casqué et botté, d'où l'ineptie d'un antifascisme révolutionnaire casqué et botté. En revanche, le fascisme s'est métamorphosé : le fascisme du lion a laissé place à un fascisme de renard, rusé, moins visible, caché, dissimulé. La renardie politique (libérale) exige une contre-renardie politique (libertaire).

Cette alternative vit de la multiplication et de la prolifération de microrésistances à opposer fermement aux micro-fascismes partout repérables. À situations de guerre, stratégies et tactiques de combat. Les microfascismes en architecture ne se combattent pas à l'arme blanche, au canon et au feu, mais avec la microrésistance de bâtiments de choc, de lieux manifestes.

23

La passion de la lumière

La lumière est la matière avec laquelle les hommes ont modelé les dieux. On imagine en effet sans difficulté l'*Homo sapiens* comprenant le mécanisme de l'aube, des lumières pâles du petit matin, celui du soleil éclatant au zénith, son déclin dans l'après-midi, son rougeoiement, sa disparition en soirée, puis l'apparition de la nuit, le moment de tous les dangers conjurés avec la lumière de feux destinés à éloigner le péril des animaux sauvages. Puis le retour, après les ténèbres, de la lumière, et ce sur un même principe, jour après jour.

Le même homme, après avoir compris la dialectique du jour et de la nuit, conçoit que ce cycle est compris dans un autre cycle : celui des saisons qui fonctionnent elles aussi selon le schéma de l'alternance des jours d'été et des nuits d'hiver : printemps, été, automne, hiver, et recommencement. Bourgeons, fleurs, fruits, feuilles qui jaunissent et tombent, branches sèches, puis retour des bourgeons la saison suivante. De façon probablement confuse au départ, puis certaine ensuite, il connaît les solstices et les équinoxes, les nuits les plus longues avec le jour le plus court et les jours les plus courts avec les nuits les plus longues.

La connaissance de ces deux cycles n'est pas allée sans une métaphysique : angoisse de comprendre que si, jour après jour, la lumière décline sans cesse, l'humanité court à sa perte en allant vers les ténèbres qui engloutissent tout. Mais, également, réjouissance de découvrir que le décroissement de la lumière n'est pas fatal, qu'il est suivi par un retour de la lumière. Si le mécanisme du mouvement des planètes qui explique ces choses est compris plus tard, cette saisie du cycle de la lumière peut induire une force à l'origine de ces mouvements. Sans trop se tromper, on peut conclure que les hommes ont célébré les divinités qui président aux métamorphoses régulières de la lumière, à la vie, à la croissance, à la décroissance, à la disparition et à la renaissance de la lumière avant de nouveaux cycles.

Le paganisme, religion des paysans, nous dit l'étymologie, fête l'union intime entre l'homme et la nature qui ne se vivent pas comme séparés. L'homme ne se pense pas dans la nature avec la possibilité de s'en rendre « maître et possesseur », selon la formule de Descartes, car il est la nature, fragment d'elle, morceau jamais détaché, partie associée, tel un organe dans un organisme. La fête du solstice comme célébration du retour de la lumière est aussi vieille que le monde et le christianisme, quand il voudra éradiquer les traces de paganisme, ne pourra faire autrement que conserver cette fête pour en modifier le contenu et le remplir du sien : la naissance d'un Jésus assimilé à la lumière venu éclairer le temps des ténèbres.

La religion associe donc la divinité, le divin, Dieu, l'absolu à la lumière. Les métamorphoses de la lumière passent également par la philosophie : de l'allégorie de la Caverne de Platon qui entretient du feu dans le monde intelligible des Idées à la pensée du XVIIIe siècle qui ne parle plus de lumière au singulier, mais utilise le mot au pluriel : *les* Lumières, en passant par la raison définie comme la « lumière naturelle » chez Descartes ou Leibniz, l'association perdure entre la lumière et ce que l'on tient pour le plus désirable. Les ténèbres signifient évidemment dans le même temps la négativité.

Le XIXe siècle entretient un autre rapport à la lumière. Siècle de la révolution industrielle, donc du capitalisme et de ses antidotes, le socialisme, le communisme, l'anarchisme, donc les révolutions prolétariennes, il est également celui de la mort de Dieu. On connaît la célèbre annonce faite par Nietzsche dans *Le Gai Savoir* en 1882 : « Dieu est mort. » Et, de fait, la transcendance n'a plus vraiment bonne presse dans ce siècle qui, avec Feuerbach, propose le premier démontage de l'illusion religieuse et renvoie les hommes à l'immanence la plus radicale.

De symbole qu'elle fut pendant tant de millénaires, la lumière se laïcise : elle devient un objet de science. Puis on la domestique : l'éclairage public propose une lumière artificielle, qu'on dira culturelle. La lumière naturelle reste l'apanage des campagnes. Les boulevards parisiens en pleine lumière, les estaminets éclairés comme en plein jour, avec le gaz, puis l'électricité, montrent une lumière défaite de toute symbolique. Utilitaire, pratique, quotidienne, triviale, banale, elle fait partie de la vie et perd toute magie. Sauf…

1822

Sauf avec la photographie, dont l'étymologie renvoie à « écriture » et « lumière », autrement dit, à l'écriture par la lumière, avec la lumière, à l'aide de la lumière. La date de naissance du procédé fait débat. 1839, disent les tenants de la date conventionnelle : Arago a en effet présenté cette « invention » de Daguerre à l'académie des Sciences. En fait, janvier 1826, affirme Helmut Gernsheim, qui a effectué un véritable travail de limier pour parvenir à cette conclusion : Joseph Nicéphore Niépce a réalisé une image à la chambre obscure avec une plaque d'étain polie sensibilisée au bitume de Judée. Cette substance durcit la lumière, au contraire des sels d'argent, qui la noircissent. Dès lors, son exposition induit un genre de gravure. Pas besoin de fixage, un usage de térébenthine pour les parties non exposées et d'eau pour la plaque, une *photographie* apparaît.

En fait, en 1824, Niépce avait déjà effectué la même prise de vue (la cour de sa maison de campagne à Saint-Loup-de-Varennes) sur une pierre lithographique, l'exposition à la lumière exigeait alors plusieurs heures de pause, mais l'image était à peine visible – même si elle était bien là... Cette épreuve semble aujourd'hui perdue. D'aucuns tiennent donc pour cette date de naissance de la photographie.

Mais certains proposent une autre date : ni 1839, ni 1824, mais 1822 ! Cette année-là, Niépce avait réalisé la reproduction d'une gravure du pape Pie VII sur une plaque de verre enduite de bitume de Judée... L'épreuve a été cassée peu de temps après, mais l'existence de cette première photographie, si l'on s'en tient à l'étymologie, est établie. Les édiles ont gravé en 1933 sur un monument commémoratif : « Dans ce village, Nicéphore Niépce inventa la photographie en 1822. »

Laissons ces combats aux spécialistes de l'histoire de la photographie, et plus particulièrement à ceux qui font de la généalogie de cette invention un sujet dévolu à leur vie entière. Pour ma part, s'il est attesté qu'une *écriture par la lumière* susceptible de nommer à minima la photographie existe dès 1822, je ne vois guère de raison de ne pas souscrire à cette date. Chacun pourra s'appuyer ensuite sur la mise au point de tel ou tel détail dans les moments généalogiques pour postdater ou antidater l'invention – et publier sur ce sujet la littérature savante afférente. Ce que je retiens, c'est que ce procédé qui domestique la lumière païenne pour en faire des images date de 1822 et que, au-delà de la découverte technique, on peut pointer la révolution métaphysique induite par cette trouvaille.

La photographie reproduit donc fidèlement son sujet, mieux que ne pourrait le faire un peintre très habile capable, comme Zeuxis dans l'Antiquité, de tromper des oiseaux avec sa peinture d'une grappe de raisins si fidèlement rendue que le volatile se trouve pris au piège de la figuration. Si le peintre avait pour tâche de restituer le réel le plus fidèlement possible, il trouve dans la photographie une discipline nouvelle qui va le contraindre soit à abandonner, soit à chercher de nouvelles directions pour trouver à son art une autre raison que la pure et simple duplication du réel.

1872

La peinture connaît donc sa révolution, on le sait, avec l'impressionnisme. Nul n'ignore le rôle joué par la lumière normande dans l'existence de ce moment radical de l'histoire de la peinture. La chose s'écrit depuis plus d'un demi-siècle (voir par exemple, en 1955, pour Skira, Jean Leymarie, *L'Impressionnisme* : « L'estuaire de la Seine et les côtes normandes devinrent entre 1858 et 1870 un foyer très actif de plein air et le véritable berceau de l'impressionnisme » (20)...), mais les Normands s'en sont convaincus depuis peu.

C'est à Boudin qu'on doit d'avoir si bien vendu sa Normandie aux peintres qui produiront ensuite ce mouvement célèbre dans le monde entier. Lui qui est né à Honfleur en 1824 a initié un jeune Havrais d'adoption de dix-huit ans, Claude Monet, à la peinture en 1858 en le conduisant entre Rouelles et Frileuse, dans les environs du Havre, à peindre en plein vent. Dans une lettre de Monet à Boudin datée du 22 août 1892, on peut lire ceci : « Je n'ai pas oublié que c'est vous qui, le premier, m'avez appris à voir et à comprendre. » Lumières de ciels, lumières de mer, Monet peint Honfleur, le port, la lieutenance, ses voiliers, la rue de la Bavolle à deux reprises et à une demi-heure d'intervalle, les habitants, l'embouchure de la Seine...

Les années qui suivent, il peint les lumières de Normandie : la *Terrasse à Sainte-Adresse*, près du Havre, dans une maison de famille où son père l'héberge. Ou bien encore *La Jetée du Havre par mauvais temps*, ou *Le Port de Trouville*. Mais la révolution, c'est *Impression, soleil levant*, une petite toile (43 X 63 cm) peinte en 1872, présentée en 1874 dans l'exposition collective organisée par Degas dans le studio du photographe Nadar au 35, boulevard des Capucines. Cette œuvre va donner son nom à l'impressionnisme.

On le sait, l'impressionnisme est ainsi nommé par un journaliste dont le seul titre de gloire fut d'avoir voulu salir l'œuvre, ce qui, paradoxalement, contribuera à sa réputation planétaire. Louis Leroy publie en effet son compte rendu dans *Le Charivari*. Il y rapporte le propos d'un visiteur excédé : « *Impression*, j'en étais sûr. Je me disais aussi, puisque je suis impressionné, il doit y avoir de l'impression là-dedans... Et quelle liberté, quelle aisance dans la facture ! Le papier peint à l'état embryonnaire est encore plus fait que cette marine-là ! » Émile Cardon, autre journaliste, parle de « L'École de l'impression ». Jules-Antoine Castagnary, autre membre de la corporation, parle de Monet, Sisley, Pissarro, Renoir, Degas et quelques autres ainsi : « Ils sont *impressionnistes* en ce sens qu'ils rendent non le paysage, mais la sensation produite par le paysage. » Des historiens de l'art qui trouvent cette toile peu impressionniste se demandent même si c'est bien elle qui fut exposée...

Le disque solaire orange troue la toile et organise autour de lui les effets de lumière : dans l'air, dans l'eau. Dans les deux éléments on trouve une même vapeur diluant les formes. Et puis : le disque orange dans le ciel et les zébrures de la même couleur à la surface de la Seine. Certes, on reconnaît bien dans l'éther la fumée des cheminées, les mâts des grands bateaux, les silhouettes des grues du port, ou bien, sur la surface liquide, les embarcations avec leurs passagers, mais l'ensemble ne distingue pas la partie aérienne supérieure et la partie aquatique inférieure : tout baigne dans une même atmosphère de vaporisation liquide – ce qui signe la Normandie : une présence de l'eau partout et sous toutes ses formes, brumes, brouillards, bruines, embruns et autres variations sur le thème de la décomposition de l'eau en fines particules.

L'impressionnisme, c'est donc ce mouvement initié par le Normand d'adoption Monet, amené à la peinture par le Normand Boudin, qui, via la peinture de la Normandie, ses plages, ses ciels, ses champs, sa mer, ses gens, sa lumière, va générer une révolution dans l'histoire de l'art mondiale. Lorsque Monet s'installe définitivement à Giverny, dans l'Eure, il a quarante-trois ans : il y restera jusqu'à sa mort, le 5 décembre 1926, âgé de quatre-vingt-six ans. Il sera enterré civilement dans le cimetière du village. La Normandie, il la connaît bien, puisque sa famille s'installe au Havre en 1845 alors qu'il a cinq ans. Dix ans après son installation à Giverny, en 1893, il crée son fameux jardin d'eau avec son étang aux nymphéas et son pont japonais – des occasions pour un nombre considérable de toiles parmi les plus significatives de son art.

Claude Monet a peint des séries normandes : en 1891, il expose une série de quinze toiles représentant des *Meules* chez Durand-Ruel – elles seront toutes vendues dans les trois premiers jours ; en 1892 : une série de quinze *Peupliers au bord de l'Epte* ; en 1895 : vingt des vingt-huit toiles représentant la façade de la *Cathédrale de Rouen* ; en 1898 : dix-huit *Matinées sur la Seine*, vingt-quatre toiles effectuées à Varengeville, Pourville et Fécamp ; en 1899 : il commence les *Nymphéas* avec le *Pont japonais* ; en 1900 : *Une Allée du jardin de Giverny* ; en 1903 : une série de *Nymphéas* vers 1922, la série de *L'Allée des rosiers* à Giverny...

Son objectif ? Toujours aussi peu représenter fidèlement que figurer subjectivement. Ainsi les toiles de la façade de la cathédrale de Rouen, qui, pendant deux années, constituent autant d'occasions accessoires, sinon subalternes, de rendre l'essentiel : le mouvement de la lumière, la dialectique lumineuse, les effets de soleil, le jeu d'ombres, la couleur des ombres, la vibration chromatique comme proposition pour une saisie de l'ineffable coloré, de l'indicible chatoyant. Ce que veut Monet installé dans divers lieux qui donnent sur le monument, c'est moins peindre le portail ou la façade, la rosace ou l'horloge, la tour d'Albane ou la tour de Beurre que capturer la métamorphose des clartés en fonction des moments de la journée et de la météorologie changeante non loin de la mer : aube et crépuscule, matin et après-midi, plein soleil et brouillard, temps gris et fins de matinée douces, roses matinaux, oranges de zénith, bleus de journée, gris de soirée, pâleurs et blancheurs de brouillards et de brumes. Monet peint parfois jusqu'à neuf toiles dans la même journée, passant d'une toile l'autre.

Dans l'œuvre de Claude Monet, je tiens *Matinée sur la Seine* (1897) pour une toile majeure parce que, dans l'ignorance du titre, on ne saurait imaginer le sujet peint par Monet tant l'impression produite par celui-ci sur celui-là fait exploser le cadre habituel de la figuration, de la représentation, du sujet. Seul le titre montre ce qu'il faut voir si l'on souhaite savoir ce qui a été peint ; à défaut de titre, en dehors du sujet, on ne voit plus que le comment de cette toile, la façon – la pure peinture.

Informé par le titre, on voit la ligne d'horizon, blanche, et la répartition de l'œuvre comme un pliage en deux parties égales : partie supérieure, le *motif*, autrement dit des arbres touffus, feuillus, une trouée dans la lumière masquée par le brouillard ; partie inférieure, le *reflet du motif*, la même chose, mais inversée, dupliquée par l'eau elle-même affectée par le brouillard. Eau de l'air, eau de l'eau, eau de la peinture, vaporisations partout et camaïeux de blancs et de verts pâles. Sur cette toile, quand on fait abstraction du titre, il n'y a plus de sujets – juste la matière de la peinture, autrement dit : une lumière païenne.

1882

En 1882, Claude Monet peint *Église de Varengeville, effet du matin*, une révolution picturale, certes, mais, la même année, certains personnages fantasques jouent un jeu qui deviendra un jour sérieux et, sans s'en douter le moindrement, révolutionnent cette révolution qu'est l'impressionnisme. On nomme ces individus les Incohérents et ils incarnent, entre 1882 et 1893, une avant-garde de la future avant-garde que seront les dadaïstes, surréalistes, futuristes et autres révolutionnaires – dont, plus tard, un certain Marcel Duchamp, autre Normand né à Rouen en 1887.

En 1878, Émile Goudeau (« Goût d'eau », diraient d'aucuns) crée un Club des hydropathes

– autrement dit des ennemis de l'eau. Cette bohème littéraire et artistique parisienne mélange chahuts, brouhahas, pétards, feux d'artifice et lectures d'auteurs alors inconnus – Paul Bourget, Guy de Maupassant, Charles Cros... Quand leurs prestations convainquent, ils sont édités dans le journal du cercle, *L'Hydropathe*. Ces réunions peuvent rassembler jusqu'à trois cents personnes. En 1881, les hydropathes mettent la clé sous la porte, mais d'autres groupes prennent la suite : les Zutistes, les Hirsutes, les Je-m'en-foutistes.

Puis les Incohérents, emmenés par Jules Lévy, courtier chez Flammarion qui, en 1882, veut « faire une exposition de dessins exécutés par des gens qui ne savent pas dessiner »... Le 2 août de cette année, il organise une exposition dans les décombres d'un immeuble soufflé par le gaz avec tombola au profit des victimes. Quelques mois plus tard, le 1er octobre, il expose chez lui – deux mille personnes s'y précipitent. Les expositions se suivront, et avec elles les bals costumés extravagants, les performances les plus folles et, surtout, la production d'œuvres littéralement contemporaines au sens donné aujourd'hui par ce mot. Dans la préface au catalogue de 1884, Jules Lévy écrit : « Le sérieux, voilà l'ennemi de l'Incohérence. » La production artistique de cette avant-garde des avant-gardes contient en effet tout ce qui, après Duchamp, deviendra le fin du fin en matière d'art dit contemporain : jeux de mots, *ready-made*, monochromes, concerts de silence, peinture sur le cadre, révolution des supports et des subjectiles.

Parmi cette faune se trouve un Normand : Alphonse Allais, « né à Honfleur de parents français mais honnêtes ; élève de l'École Anormale Inférieure » (selon ses propres termes), qui expose en 1883 sa *Première Communion de jeunes filles chlorotiques par un temps de neige*. L'œuvre sera suivie en 1884 par l'exhibition d'un chiffon rouge intitulé *Récolte de la tomate par des cardinaux apoplectiques au bord de la mer Rouge*. Cette façon de faire avait été inaugurée en 1882 lors de la première exposition des Incohérents par Paul Bilhaud avec son *Combat de nègres dans une cave pendant la nuit*, une planche publiée en 1897 par Alphonse Allais dans les vingt-huit pages de son *Album Primo Avrilesque*.

En 1884, donc en plein XIXe siècle, Alphonse Allais, l'auteur du superbe mot « anthume », se dit « élève des maîtres du XXe siècle » ! Étrange prescience d'un siècle à venir qui lui donnerait raison, car quelle modernité a inventé notre modernité, sinon celle de transformer le jeu Incohérent en marchandise sérieuse pour un marché de l'art ravi par cette aubaine ! Jugez-en : bien avant Yves Klein en 1949, les *Monochromes* dès 1882 ; bien avant John Cage et ses *4'33* de silence en 1952, le *Concert de silence* avec une œuvre d'Alphonse Allais datant de 1897 intitulée : *Marche funèbre composée pour les funérailles d'un grand homme sourd* et qui prend la forme d'une partition vierge de notes parce que « les grandes douleurs sont muettes » ; bien avant *Porte-bouteilles*, le premier *ready-made* du même Duchamp en 1914, l'exposition de bretelles de la marque Tour Eiffel telles quelles à l'exposition de 1882 ; bien avant la *Révolution des supports* initiée par Duchamp avec la faïence de sa *Fountain* (1917), ses élevages de poussières, les peintures sur pot de chambre, sur cervelas à l'ail, sur papier de verre, sur un cheval vivant même en 1889, les sculptures sur fromage, avec des légumes ; bien avant la *Merda d'artista* (1961) de Manzoni, l'usage de la salive pour réaliser des aquarelles ; bien avant, donc, les frasques de ladite avant-garde du XXe siècle, les Incohérents avaient déjà tout essayé.

Tout essayé, mais dans l'humour, la drôlerie, la dérision. Contre l'art sérieux et pontifiant, contre les académies, les Incohérents ont créé des jurys tirés au sort, et les artistes distingués le sont selon le même principe aléatoire, ils ont distribué des médailles en chocolat, parodié les vernissages dans la bouffonnerie, le rire, la caricature, l'ironie, l'humour, inventé une rosette multicolore de l'Ordre des Incohérents jamais portée, bamboché dans des dîners bachiques et orgiaques. Puis ils ont sabordé le mouvement avant de disparaître dans la nature.

Épiphénomène, ou première secousse de l'art entendu comme gestion de la religion de la fin de l'art, les Incohérents persistent de façon dormante jusqu'au Rouennais Marcel Duchamp. La fin de siècle artistique voit la fin des possibilités de la lumière en peinture : c'est ainsi qu'il faut entendre ce moment esthétique qui déconstruit l'institution, l'académisme, la routine des salons, la peinture sérieuse, mais aussi qui veut dépasser l'Impressionnisme autant que l'Académisme. Ni Claude Monet ni Jean-Léon Gérôme. Jules Lévy, l'instigateur des Incohérents, l'écrit clairement dans *Le Courrier français* du 12 mars 1885 : il veut un gai savoir français pour en finir avec l'ennui qui règne.

1896

Trois années après le sabordement des Incohérents, un jeune homme de trente ans est bouleversé par une peinture de Monet dans une exposition sur les impressionnistes français à Moscou : il s'agit de Kandinsky, interdit devant l'une des toiles de la série des Meules. Ces fameuses constructions paysannes normandes ont été peintes dans les années 1890. Comme la façade de la cathédrale de Rouen, les meules servent de prétexte à traquer les métamorphoses perpétuelles de la lumière sur cette forme paysanne traditionnelle.

La meule se présente comme un genre de maison ronde couverte d'un toit comme un chapeau. Posées dans le champ, elles accrochent la lumière à différents moments du jour : pastels de roses, de bleus, de violets au milieu du jour ; pâleurs, blancheurs et « effet d'hiver » sous le soleil qu'on imagine brûlant, dans l'incandescence d'une lumière aveuglante ; roses soutenus, violets insistants et feux orange dans le ciel, sinon, dans une autre toile, jaunes vifs, rouges brûlants, dégradés d'orange lors du « soleil couchant » ; nouvelles gammes de roses, de violets, de jaunes, de rouges lors du « déclin du jour » à l'automne... Monet fait disparaître le motif sous sa volonté désespérée de saisir les effets de la lumière sur les maisons de paille. Dès lors, toutes de matière peinte, elles cessent de ressembler à des meules pour n'être plus qu'une forme qui est une force, parce que figure géométrique destinée à servir de surface à la lumière du soleil.

Kandinsky ne s'y trouve pas qui voit dans la toile de la peinture pure – de la pure peinture, sans que la forme importe. Il écrit : « Ce qui s'en dégage clairement, c'est la puissance incroyable, inconnue pour moi, d'une palette qui dépassait tous mes rêves. La peinture m'apparut comme douée d'une puissance fabuleuse. Mais, inconsciemment, l'*objet* employé dans l'œuvre en tant qu'élément indispensable perdit pour moi son importance. » Devant l'œuvre, il a l'intuition que la peinture peut exister sans motif, pour la seule peinture. Il ajoute : « C'était une meule de foin, selon le catalogue. Je ne l'avais pas reconnue. Et de ne pas la reconnaître me fut pénible (...). Je sentais confusément que l'objet faisait défaut. » Et puis : « Les objets étaient discrédités comme éléments essentiels de la peinture. » Monet discrédite donc le sujet et crédite la peinture d'une valeur nouvelle : elle pourra dès lors, et les ultimes peintures de l'homme de Giverny en témoignent, économiser totalement le sujet pour se consacrer à la manière concrète de rendre visible sur une toile l'effet obtenu par la perception de l'artiste sur sa conscience.

Kandinsky tourne le dos au matérialisme hédoniste et païen de Monet qui aime les ciels, la nature, la mer, le vent, les fleurs, l'eau, le foin, la campagne, les arbres, la brume, le brouillard, les nénuphars, les bateaux, les jardins, les rivières et, adepte de la théosophie, demande à l'abstraction de figurer sur la toile les traces d'un arrière-monde peuplé de formes spirituelles. Son œuvre est faite de formes gratuites et de couleurs vives qui constituent un monde à part, un genre de féerie cosmique, de paysage sidéral.

Dans *Du spirituel dans l'art et dans la peinture en particulier* (le livre paraît en 1910, la même année que son premier travail abstrait, une aquarelle), Kandinsky déplore « l'écrasante oppression des doctrines matérialistes, qui ont fait de la vie de l'univers une vaine et détestable plaisanterie » et lui oppose... la lumière : « Une vacillante lumière brille à peine comme un minuscule petit point perdu dans l'énorme cercle du noir. Cette faible lumière n'est qu'un pressentiment que l'âme n'a pas le courage de soutenir ; elle se demande si ce n'est pas la lumière qui est le rêve, et le noir, la réalité. »

Russe, chrétien, orthodoxe, mystique, théosophe, occultiste, Kandinsky n'a plus aucun souci de la matérialité de la meule de Monet, tout converti qu'il est par la lumière de celle-ci et à sa lecture synesthésique du monde : le violet est un basson, la laque rouge un velours moelleux, le jaune une acidité, le rouge une flamme, du sang, les couleurs claires comme le jaune ou le vermillon attirent le regard, le jaune citron blesse les yeux et sonne comme une trompette, le bleu est céleste, il apaise et, selon ses degrés, rappelle la flûte, le violoncelle, la contrebasse ou l'orgue...

L'abstraction s'offre donc comme une voie ; la provocation ironique indique une autre issue. Le sérieux théosophique de Kandinsky ou l'ironie flamboyante et farcesque de Jules Lévy ? *Traits noirs* (1913), *Trait blanc* (1920), *Cercles dans cercles* (1923) de l'un ou la *Terre cuite (Pomme de)* exposée en 1884 par Alphonse Allais avec ce cartel : « Les pommes de terre cuites sont plus faciles à digérer que les pommes en terre cuite » ? Le spiritualisme occultiste de l'abstraction ou le banquet dionysiaque ? Platonisme de l'idée pure ou transvaluation nietzschéenne ?

1914

Duchamp écrit, dans *À propos de moi-même* et plus particulièrement sur une œuvre de lui intitulée *Église de Blainville* : « Blainville est un village de Normandie où je suis né et ce tableau a été exécuté en 1902, alors que je n'avais que quinze ans. J'allais encore au lycée de Rouen et deux de mes camarades commençaient également à peindre. Nous échangions nos points de vue sur l'impressionnisme qui constituait la révolution artistique de l'époque et sur laquelle on jetait encore l'anathème dans les écoles d'art officielles. Toutefois, mes contacts avec l'impressionnisme à cette époque précoce se résumaient à des reproductions et à des livres, puisque les premières expositions de peintures impressionnistes ne devaient être organisées à Rouen que beaucoup plus tard. Bien que l'on puisse qualifier d'"impressionniste" ce tableau, il n'accuse qu'une influence très discrète de Monet, mon impressionniste favori du moment. »

Son *Portrait de Marcel Lefrançois* peint vers 1904 montre, selon lui, une réaction contre l'impressionnisme par une réactivation de techniques de peinture renaissantes. Son passage à Paris à l'académie Julian, école d'art privée, n'a produit chez lui qu'un mépris de la formation académique. Cézanne le guérit de l'impressionnisme en 1909 et en 1910. Les Fauves le guérirent à son tour de Cézanne. Et les cubistes des Fauves. Avec le cubisme, Duchamp revendique l'abandon des couleurs violentes au profit de tonalités atténuées dans *Portrait de joueurs d'échecs* : « Ce tableau fut peint à la lumière du gaz pour obtenir cet effet d'atténuation lorsqu'on le regarde au jour. » *Lumière au gaz* contre lumière naturelle, l'artifice contre la nature... Futuriste avec le *Nu descendant un escalier n° 2*, Duchamp revendique moins cette affiliation avec le courant de Marinetti que la « peinture cinétique » qu'il abandonne au profit d'« une forme d'expression totalement divorcée du réalisme absolu » dissociée des courants esthétiques passés et présents – le projet du *Grand Verre*.

Finis l'impressionnisme, Cézanne, le cubisme, le futurisme, la peinture cinétique : Marcel Duchamp commence une carrière subjective, individuelle, personnelle avec laquelle, héritier de tous ceux qu'il nomme et dépasse, il révolutionne le XXe siècle. Or cette révolution semble un écho très clair de ce que nous pourrions nommer aujourd'hui les *Performances des Incohérents* : le nom de Duchamp reste en effet associé au *readymade*, dont la première formule, *Porte-bouteilles*, date de 1914. Impossible de nier que cet objet est l'enfant naturel des *Bretelles* de marque Tour Eiffel exposées en 1882 à la première exposition de Jules Lévy et de ses amis.

Duchamp ne signale jamais cette avant-garde de la Bohème de la fin du XIXe siècle, qu'il connaît pourtant. Une exposition d'Incohérents avait eu lieu à Rouen en 1884 – mais c'est trois ans avant sa naissance. C'est à Montmartre qu'il prend connaissance de l'esprit fumiste resté vivace sur la Butte. Chez son frère, dans les bars, Duchamp rencontre quelques anciens de cette odyssée fantasque. Puis il prend connaissance des Catalogues de ces expositions. L'excellente biographe de Marcel Duchamp, Judith Housez, écrit dans *Marcel Duchamp* : « Du Salon des Incohérents,

Marcel Duchamp, comme personne dans sa génération, s'était approprié l'héritage. »

Ce contre-salon répondait à la floraison de salons officiels : séduit par les salons d'artistes en Angleterre, où il avait vécu en exil, Napoléon III crée un Salon des Artistes français en 1855 sur les Champs-Élysées – le Grand Palais aujourd'hui. Au cours de ce Salon, l'Empire désigne ses artistes officiels, passe les commandes publiques, fait la loi artistique. Les tableaux refusés par ce salon sont exposés dans... le Salon des Refusés. Un salon sans jury et sans prix est créé en 1884 : le Salon de la Société des artistes indépendants, autrement dit : le Salon des Indépendants. Une Société nationale des Beaux-Arts est créée en 1891, puis un Salon d'Automne en 1903.

L'abondance de salons avait détruit l'esprit des salons. Cet antisalon devient le salon par excellence. Contre l'art officiel, bourgeois, contre l'art académique, institutionnel, contre l'art d'État et contre l'art qui est contre l'art d'État, les Incohérents proposent leur délire entre 1882 et 1893. En dix années d'existence, des milliers d'œuvres ont été présentées à des foules considérables – et rien ne reste de concret dans l'histoire de l'art de ce happening d'une décennie... Mais jamais au grand jamais Jules Lévy n'a voulu présenter son délire comme un courant de l'art. L'esprit de sérieux était le cadet de ses soucis. D'où la volatilisation de ces œuvres et leur seule existence sous forme de traces livresques. Duchamp hérite d'un musée sans œuvres, il en fera une œuvre pour le musée.

Les Incohérents avaient donc inventé le jeu de mots, le calembour illustré, la peinture sans toile, la révolution des supports, le monochrome, le *ready-made*, les concerts de silence, le titre faisant l'œuvre, et l'on pourrait montrer combien, pièce par pièce, cette avant-garde ludique et joyeuse qui ne se présente pas comme une avant-garde deviendra avec Duchamp une avant-garde cérébrale et sérieuse qui se présentera comme telle. L'histoire de l'art tient pour un Duchamp revendiquant le canular – *canulart*... : une conversation rapportée par le peintre Valerio Adami, qui fut son ami, joua aux échecs avec lui, permet de conclure que Duchamp (se) prenait au sérieux dans cette aventure.

L'homme qui congédia la *lumière normande et naturelle* de Varengeville au profit de la *lumière artificielle à gaz* de son atelier parisien conjura finalement toute lumière au profit d'une pure cérébralité tout entière issue de l'activité notariale de son père : la profession paternelle qui produit des actes performatifs (par ce papier, ce bien devient propriété de tel ou tel) devient l'activité filiale qui révolutionne l'histoire de l'art. L'artiste dit l'art et sa parole crée l'œuvre, tout comme la signature de l'acte notarié crée la propriété. Ainsi, en 1914, cette décision d'artiste par laquelle un *Porte-bouteilles* acheté dans un magasin devient l'œuvre d'art que l'on sait et le premier *ready-made* de l'histoire de l'art officiel.

Pourquoi et comment ce qui fut délire de joyeux drilles est-il devenu avant-garde esthétique du XXe siècle ? De quelle manière ce qui fut un grand rire rabelaisien de la bohème parisienne est-il devenu le rictus sacré de la religion de l'art ? La Première Guerre mondiale fut une boucherie sans nom, nul ne l'ignore. Elle fit une saignée de millions de morts dans une même génération. Elle a manifesté les pleins pouvoirs du nihilisme et de la mort. Elle a signifié concrètement la mort de Dieu, la mort de l'homme, la mort du sens, la mort de la morale et, dans le même temps, l'avènement du néant, des ténèbres, du pessimisme. Et puis il y eut une Seconde Guerre mondiale. Ce rire vivant des Incohérents est devenu rire mort des avant-gardes qui firent du délire d'artistes d'hier le sérieux esthétique de leur temps.

Jules Lévy meurt en 1935. Autrement dit, il a eu le temps de voir disparaître Alphonse Allais et Claude Monet, puis d'assister aux révolutions de tel ou tel : Kandinsky et l'abstraction, Tzara et les dadaïstes, Breton et les surréalistes, Marinetti et les futuristes, puis de toutes les avant-gardes produisant leurs effets dans cette partie du siècle. Il ne dira rien, ne revendiquera rien, n'exigera pas d'argent, de reconnaissance, de droits d'auteur, il ne récriminera pas, ne s'insurgera pas, ne se manifestera pas pour réclamer sa part. Rattrapé par son âge, mais quarante-deux ans, c'est tout de même tôt, l'incohérent, cette fois-ci sans majuscule, devient en 1899 membre de la Société des Gens de lettres – loi du genre...

L'histoire est dialectique. L'histoire de l'art aussi, bien évidemment. Les métamorphoses de la lumière, puis cette promenade normande dans les avant-gardes successives, montrent que la photographie oblige les peintres à ne plus se soucier de ce qu'ils avaient jadis à représenter au profit de l'impression que les objets produisaient sur eux ; que l'impressionnisme porté à son point d'incandescence produit la peinture abstraite ; que l'abstraction ne saurait évoluer ailleurs que vers la raréfaction de tout, ce qui constitue une impasse esthétique ; que, dans ce voyage en absurdie, les Incohérents prennent date dans le fou rire ; que, sur le vieux principe en vertu duquel c'est proprement philosopher que se moquer de la philosophie, les jeux d'hier deviennent le sérieux d'aujourd'hui – mais avec le sérieux d'aujourd'hui, que faire ?

Le Normand Duchamp nous donne la solution. Pour qui sait lire, elle est visible dans l'un de ses propos sur… la photographie ! Retour à la case départ… À propos de la photographie, Duchamp, dans une lettre de réponse à Alfred Stieglitz de décembre 1922 écrit : « Vous connaissez exactement mon sentiment à l'égard de la photographie. J'aimerais la voir conduire les gens au mépris de la peinture jusqu'à ce que quelque chose d'autre rende la photographie insupportable. Et voilà. » À quoi l'on pourrait ajouter : avant que quelque chose d'autre encore ne rende insupportable ce qui se proposait en son temps de dépasser l'insupportable. De sorte que, malin, Duchamp triomphe quoi qu'il en soit : on est fidèle en lui étant fidèle, mais on lui est également fidèle en le dépassant. Pour l'instant, les fidèles ne le sont que dans la vénération. L'« anartiste » Duchamp n'aurait pas aimé…

24
Le matériau de la sidération

La grandeur d'un artiste se mesure à la quantité d'entrées par lesquelles on pénètre la complexité de son monde : les plus éminents se donnent immédiatement et, dans le même temps, réservent la possibilité de découvrir une richesse plus grande que ce qui s'annonce à première vue. De sorte que chacun y trouve son compte : le promeneur vaguement distrait tout autant que le chercheur d'énigmes, le regardeur inattentif et le déchiffreur de mystères.

Philippe Ramette fait partie des grands artistes. Nombreux sont ceux qui connaissent quelques-unes de ses œuvres, notamment les photographies qui, au choix, le représentent à l'envers dans un monde à l'endroit, ou à l'endroit dans un monde à l'envers, les fameuses *Expérimentations irrationnelles*. Mais peu congédient la paresse du premier mouvement pour aller plus loin afin de découvrir l'ensemble d'un travail qui propose une métaphysique vaguement autiste, lointainement solipsiste, véritablement cruelle, au sens premier du terme, car il montre une relation à soi, aux autres et au monde qui, à la manière des moralistes français du Grand Siècle, ne fait pas de cadeau – ou ne pardonne pas. Les regardeurs pressés trouvent ici ou là matière à sourire ; les autres, méditatifs et pensifs, plus profonds et un temps arrêtés, y découvrent une véritable leçon d'ontologie.

À sa manière, et à la façon de La Rochefoucauld dans ses *Sentences et Maximes de morale*, Philippe Ramette propose dans chacune de ses œuvres *quelque chose* (un « je-ne-sais-quoi » disait au XVIIIe Benito Feijoo y Montenegro, l'auteur de la formule recyclée par Jankélévitch) qui s'apparente à un aphorisme, une histoire drôle, sentencieuse sans être didactique, faussement légère, vraiment profonde, d'apparence anecdotique, mais essentiellement « morale » dans l'esprit des La Bruyère, Chamfort, Vauvenargues ou Joubert. L'artiste exprime ainsi simplement, presque *naïvement* au sens étymologique, une vérité métaphysique avec le talent détaché d'un sage désabusé ou d'un moine bouddhiste zen.

Le moralise qu'est Philippe Ramette ne se contente pas de la psychologie ultrafine des polisseurs de formules du Grand Siècle, il y ajoute, impassible, une autre dimension : celle du dandy. Commençons par dire ce que n'est pas le dandysme : la caricature voudrait qu'il n'existe que dans l'extravagance vestimentaire, la provocation du quidam, le geste spectaculaire – les cheveux verts de Baudelaire, les gants beurre frais de Brummell ou les costumes extravagants de Barbey d'Aurevily. Erreur tendue comme un piège à bourgeois.

Le véritable dandysme s'incarne dans le refus de l'affectation, il se montre le mieux quand il se cache ou apparaît à peine, il brille dans la pénombre d'un geste ou le clair-obscur d'une posture esquissée, mais toujours il se refuse au soleil cru de l'excentricité. Philippe Ramette, quand il est dandy, ne le montre pas avec ses éternels habits noirs (ah ! la fausse profondeur des « critiques d'art » qui confondent l'écume et les abysses et se penchent comme un tailleur myope sur ses costumes), mais par son art de travailler le même métal sévère que celui des *Fusées* ou de *Mon cœur mis à nu* de Baudelaire.

Car Philippe Ramette pense dans le style aphoristique du moraliste et se meut dans l'espace dandy non pas, autre erreur commune, à cause de son hypothétique physique *keatonien* (pour la bonne et simple raison qu'il ne joue aucun rôle, pas même le sien), mais par la métaphysique déployée en écho constant aux pages brèves mais denses du Baudelaire décrivant le dandysme dans *Le Peintre de la vie moderne*. Basse continue, consonance insistante, le plasticien porte des habits de vertu semblables à ceux du poète.

L'artiste inflige, sans jamais donner de leçons, des fragments d'*être* dans un monde tout entier vendu à l'avoir ; il résiste à son temps, sans militantisme agressif, mais par la proposition *poétique* d'un contrepoint à la religion de la chose, de l'objet, de l'argent, du commerce ; il oppose l'*humour* de son esthétisme aristocratique à la veulerie de l'époque qui, même en art, surtout en art, ignore le rire pour lui préférer les passions tristes jusqu'à la nausée ; il célèbre l'*inutile* avec une douce ironie et une jubilation non feinte dans une époque n'ayant d'yeux que pour l'utile. Dans le vocabulaire de Nietzsche, Ramette est un inactuel, un intempestif – donc un contemporain capital.

Ces quelques lignes de force définissent à grands traits un dandysme postmoderne, sinon une morale post-baudelairienne garantie sans « moraline ». Pour mener à bien ce projet authentiquement ontologique, Philippe Ramette invente des machines délirantes, des dispositifs fous, des objets extravagants tous porteurs d'un même grand *style*. Chaque fois, l'artiste propose un monde pour illustrer des variations sur le thème de l'écart, du décalage, du pas effectué à côté qui suppose toujours, à un moment ou à un autre, la fréquentation de l'abîme et le goût pour le vertige, *ilinx*, l'une des composantes du jeu selon Caillois – avec *alea*, *mimicry* et *agon*, autrement dit : le hasard, le mimétisme et le combat. Ramette est un fils du vertige.

Premier monde : celui des *machines inutiles*. L'expression définit un oxymore, car l'ingénieur pense toujours la machine en relation avec un projet utilitaire : machine à faire, à produire, à transformer, à créer, à fabriquer, machine à dupliquer, multiplier, amplifier, machine à induire des effets... Notre époque croule sous les machines : à porter la voix ou des images par des ondes magnétiques, à payer virtuellement, à enregistrer, à conserver la mémoire, à se déplacer sur terre, dans les airs, sous l'eau, sur l'eau, machines à écrire, machines à ouvrir des boîtes, à les remplir, à les fermer hermétiquement, machines à tester les machines, la liste remplirait des encyclopédies.

L'époque vit par elles et pour elles. Elles constituent le Veau d'Or de nos temps postmodernes.

Les êtres renoncent à être et ne se définissent plus que par l'avoir, en l'occurrence, la possession de machines. Les plus grosses, les plus fortes, les plus puissantes, les plus récentes, les plus performantes, les plus chargées de la symbolique consumériste. J'ai, donc je suis : voilà le cogito blême des temps consuméristes.

Le dandy quant à lui n'a que faire des machines, de l'époque, de la modernité qu'il voue aux gémonies. Non par haine de son temps, une détestation trop coûteuse en énergie, mais par amour de l'époque révolue où l'esprit et l'intelligence comptaient plus que les choses, les objets et la propriété. Dans une perspective édifiante, à la façon moraliste, autrement dit sans morale, mais dans le pur dessein d'exhiber l'énergie à vif, Philippe Ramette met en abîme les objets pour en montrer l'inanité : il conçoit, crée et fabrique des objets inutiles. Ainsi, il sape cette religion de nos temps vouée au matérialisme trivial en (se) riant des choses qui s'autodétruisent par leur être même.

Qu'on songe ainsi à *Starting-block à chute*, une œuvre oxymorique car, par sa nature même et selon sa propre définition, elle anéantit la fonction de l'ustensile. En effet, si, habituellement, on cale ses pieds dans cet objet avant la course, c'est justement pour ne pas glisser, encore moins chuter au moment du départ ; si ce même objet est pensé pour produire l'effet inverse de sa destination, il matérialise une sorte d'opération mentale et conceptuelle à effet presque nul – un *bloqueur* qui ne *bloque* pas, donc qui *débloque*. Mais tout est dans le « presque » transformé en « tout ».

Pour mesurer la nature de l'effet produit par cette déception de l'objet, nous pourrions convoquer

Bergson et les analyses fameuses développées dans *Le Rire* (on connaît la fameuse définition qu'il en donne : « Du mécanique plaqué sur du vivant ») afin d'expliquer pour quelles raisons un objet comme le *Starting-block à chute* sollicite les zygomatiques en annonçant sobrement le contraire des promesses à tenir en temps normal. Dans ce léger décalage entre *ce qui devrait être* (un starting-block) et *ce qui est* (un starting-block à chute) se niche le mécanisme du rire toujours produit par la conscience inopinée de l'écart. Et Philippe Ramette triomphe en prince de l'écart.

Deuxième monde constitutif de l'univers dandy : les *machines prothèses*. La prothèse existe pour pallier un manque, un défaut, une absence : on donne une jambe à l'unijambiste, un sonotone au sourd, une béquille au boiteux, un fauteuil roulant au paralysé, une canne à l'aveugle. Chaque fois l'objet prolonge un organe, le remplace, y supplée, il fournit un outil, autrement dit, il contrarie la nature par l'artifice qui définit le génie des hommes : car la culture est devenue une antinature. Ce que la nature veut par sa brutalité violente, la culture peut l'empêcher par l'intelligence. La prothèse est l'antithèse à la férocité aveugle de la nature.

Baudelaire n'a cessé de dire l'abjection de la nature. Son indéfendable misogynie procède de cette option métaphysique : la femme représente le comble du naturel – or le poète n'aimait que son contraire, d'où ses pages magnifiques sur le maquillage, le fard, le pinceau qui peint sur le visage des traits qui estompent ou effacent la laideur consubstantielle au péché originel. Le dandy baudelairien n'aime rien tant que l'artifice – soit dit en passant, le sens de l'afféterie vestimentaire s'explique dans cette métaphysique de l'antinature.

Philippe Ramette scénographie l'antinature en construisant des prothèses et en élaborant des objets spécifiques : un *Harnais à manipulation* par exemple, ou de toutes petites *Béquilles pour nouveau-né*, sinon d'immenses *Béquilles* démesurées pour adultes qui racontent l'inadaptation, l'inachèvement ou le handicap à être de l'*Homo sapiens*, du plus jeune au plus vieux, en passant par le plus malade.

Ajoutons qu'en tant qu'il produit des œuvres l'artiste incarne le dandy par excellence, car il ne cesse de penser, concevoir, réaliser, mettre au point, construire, exposer des créations artificielles qui, toutes, crient dans l'azur du monde, l'insuffisance de la nature et la nécessité de lui répondre avec les subterfuges de la pensée ironique ou des ruses de la raison esthétique. Philippe Ramette ne joue pas à réduire l'écart entre le naturel et l'artifice, comme tous ceux qui visent l'imitation en art, mais creuse pour élargir les fissures dans lesquelles s'enracine l'humour.

L'une des fonctions magiques de ces prothèses consiste à montrer la présence du corps absent. L'un des coups de génie de Philippe Ramette est de le mettre au centre de toutes ses interventions : soit *réellement*, ainsi avec les performances des *Expérimentations irrationnelles* dans lesquelles on voit le corps de l'artiste dans les airs, en équilibre dans le vide, dans les profondeurs sous-marines ; soit *virtuellement*, dans le cas de prothèses posées sur des supports qui montrent par un subtil agencement invisible le corps ou la partie du corps pour lesquels elles ont été pensées et réalisées.

Ainsi cette *Prothèse à dignité* et sa jumelle *Prothèse à humilité* constituées de potences porteuses d'une armature en laiton à poser sur les épaules. Une prothèse sur la prothèse contraint la tête, relevée, tendue pour la dignité, abaissée, courbée pour l'humilité. Ainsi, bien qu'absent, le corps allégorique d'une passion apparaît, sinon celui d'une émotion, d'un sentiment. Ces machines aphoristiques décochent des flèches semblables à celles des saillies de La Rochefoucauld.

Les sangles du *Harnais à manipulation* soulignent la totalité des contours d'un corps, torse, bassin, jambes et bras, mais sans les mains pour tenir, caresser, écrire, ni les pieds pour se mouvoir, se déplacer, aller et venir à sa guise, ni même la tête pour penser. Le corps contrôlé, guidé, dirigé, contraint, obligé, le corps forcé, surveillé de nos sociétés postmodernes se profile dans cette camisole : aucune chair ne s'y trouve en particulier parce que toutes y sont en général. Ce harnais présentifie l'allégorie du corps mutilé de nos sociétés postindustrielles.

Troisième monde : les *machines politiques*. La prothèse peut aussi agir comme artifice culturel pour contraindre la nature, autrement dit se révéler non pas en instrument qui libère, mais comme un dispositif qui asservit. Le dandy célébrant l'artifice se double donc d'un libertaire qui dénonce les pouvoirs des machines sur les corps. L'empire de la politique sur la chair, donc sur les âmes, se trouve plusieurs fois attaqué : *Modules à structurer les foules*, ou bien *Karaoké pour dictateur potentiel*, sinon *Potence préventive pour dictateur potentiel*.

Ce qui se trouve en accusation chez Philippe Ramette, comme chez Baudelaire dans *Le Spleen de Paris*, c'est l'ère des foules qui s'impose au détriment de l'individu. L'avènement de la démocratie dans l'époque où le poète compose ses poèmes coïncide bien souvent avec celui de la démagogie : le peuple souverain, c'est la plupart du temps la souveraineté du démagogue sachant lui parler pour en obtenir les suffrages et l'onction. À l'ère des médias de masse, la tribune, le micro, les enceintes, les écrans, les projecteurs, les bancs du public, les scénographies politiques triomphent. Les *Modules à structurer les foules* se présentent sous la forme de moules à foules destinés à leur faire adopter l'ordre d'une centurie romaine par le port du dispositif en bois – formule visuelle de la servitude volontaire de La Boétie ; le *Karaoké pour dictateur potentiel* représente le théâtre politique faussement républicain d'aujourd'hui, mais véritablement monarchique d'hier, sinon autocratique du jour ; la *Potence préventive pour dictateur potentiel* incarne la possibilité de pronostiquer la servitude volontaire et, de manière préventive, d'envisager la mise à mort, réelle ou symbolique, du tyran probable.

Le dandy n'aime pas l'ère des masses, la tyrannie des foules, la veulerie d'une démocratie inexistante tant que les citoyens ne disposent pas d'un minimum de Lumières ; il exècre le temps démagogique où, au nom du peuple, des rhéteurs s'emparent du pouvoir et, devenus tribuns de la plèbe, se comportent en autocrates aussi condamnables que les monarques des vieilles royautés. Le dandysme, écrit Baudelaire, apparaît toujours entre deux temps, à la charnière de deux époques, une qui se termine, l'autre qui arrive, mais dont on ignore tout. Diagnostic pertinent concernant notre Europe effondrée avant l'avènement d'inévitables punitions politiques.

Quatrième monde : les *machines narcissiques*. Dans *Mon cœur mis à nu* de Baudelaire, des aphorismes éclatés, dispersés, définissent le dandy de manière impressionniste. Parmi ces fragments d'acier : « Le Dandy doit aspirer à être sublime sans interruption ; il doit vivre et dormir devant un miroir. » Non par narcissisme pathologique, amour immodéré de sa petite personne, mais par souci de construction de soi. Le dandy ne se regarde pas pour jouir de lui, mais pour prendre date, puis mesurer l'évolution entre son projet existentiel et sa réalité. D'où le souci d'une sculpture de soi, d'une fabrication de sa subjectivité, d'une production de sa propre identité.

Parmi les machines narcissiques, *Vitrine* agit de façon emblématique. C'est un genre de cabine avec entrée du sujet à quatre pattes dans le bloc inférieur et sortie dans l'habitacle, par une trappe, afin de s'installer derrière les vitres pour se présenter au public. Une nouvelle fois, le dispositif présentifie l'absence, car personne ne s'y trouve, mais un corps peut et doit y prendre place pour se montrer, se dire, se raconter, s'exposer. Une statue sans matérialité, un socle pour exprimer l'être qui devrait y prendre place, une *présence absente*, de quoi, encore une fois, scénographier le matériau de la sidération sur le mode oxymorique.

Une multitude d'autres dispositifs permettent des variations sur le thème narcissique. D'ailleurs, elles en constituent des subdivisions : un *Objet à se voir regarder*, un *Objet à communiquer avec soi-même*, ou un *Objet à devenir le héros de sa propre vie*, un *Point de vue individuel portable* et autres *machines à augmenter sa présence au monde* du genre *Canon à paroles*, un ventilateur pour se rafraîchir la nuque *Sans titre (Éloge de la paresse)*... À quoi il faut ajouter des machines à voir : *Point de vue, Miroirs à regarder le ciel*, et des *Machines à vertige* : plongeoirs, échelles, sinon balcons...

Chaque fois il s'agit d'augmenter sa présence à soi-même ou au monde. Contre les foules qui appellent les dictateurs, les démagogues, les bateleurs d'estrades, les manipulateurs d'opinion, l'artiste veut le Je, revendique le Moi comme autant d'occasions de résistances opposées à la brutalité du réel social, sociologique ou politique. Parmi les machines à augmenter la présence au monde, quelques-unes favorisent le rapport amical ou amoureux. De quoi constituer un cinquième monde : celui des *machines intersubjectives*.

Le solipsiste, sinon l'autiste, entretient avec les autres une relation distanciée, improbable, décalée, à côté. Là encore on retrouve le *principe d'écart* qui travaille l'ensemble de l'œuvre de Philippe Ramette et explique la construction d'objets ou de dispositifs utiles pour mettre en scène et montrer le matériau de la sidération – d'où l'humour, l'ironie, la drôlerie... Dans l'oxymore, la contradiction, l'opposition pratiquée par l'artiste, se joue une dialectique esthétique et métaphysique, ontologique et philosophique sérieuse. Plus elle est longuement tenue, comme on tient une note, plus elle génère le sourire.

Exemples de machines intersubjectives : un *Fauteuil à coup de foudre (utilisation)* qui réactive le principe des fauteuils conversation. Soit un même meuble pour deux sièges agencés dos à dos mais construits côte à côte, de sorte qu'on peut orienter son corps dans une direction et son visage dans une autre. Mais si le corps et le visage se tournent dans la même direction, ce meuble censé favoriser la conversation augmente la solitude. Au milieu de cet agencement surgit un paratonnerre censé attirer le coup de foudre qui, si l'on en juge par l'impassibilité de Philippe Ramette et le visage mélancolique de la jeune femme, tarde à venir... Matérialisation du fameux principe d'écart.

Dans *Meubles interactifs*, un autre dispositif permet à des fauteuils solitaires, ou construits sur le principe de la conversation, à un divan également, d'attendre les fessiers improbables. Présentification des corps absents là encore, mais aussi diagramme et cartographie de relations intersubjectives passées (les gens sont partis) ou à venir (les gens vont venir). Décalage avec le présent et le vide qui le caractérise, puis augmente l'impression de solipsisme, de solitude ou d'autisme qui caractérise si souvent le rapport de soi à l'autre – et plus violemment encore en cas de relation d'un artiste avec les monades constitutives des foules.

Sixième monde : les *machines à onirisme*, dont les fameux balcons, ces pièces probablement les plus célèbres du travail de l'artiste. Philippe Ramette a raconté comment le premier, celui de

Bionnay, avait été d'abord rêvé, puis réalisé. La lecture de cette œuvre – *Balcon 1 (Bionnay)* – peut s'effectuer de manières contradictoires, complémentaires ou indépendantes, c'est selon : soit l'artiste et son balcon sortent de la terre et reviennent du domaine des morts ; soit ils y vont et s'apprêtent à quitter le monde. La terre creusée ne peut pas ne pas faire songer au trou d'une sépulture. La photographie saisit l'instant hors le mouvement qui permettrait d'en saisir plus. Mais dans le rêve, le principe de non-contradiction ne règne pas, les lois de la logique non plus, et une chose peut exister en même temps que son contraire : on est capable, dans un même instant, de mourir, vivre et ressusciter.

Le cliché photographique augmente l'illusion, car il laisse l'interprétation libre et ouverte : dans le paradoxe de Zénon, on apprend qu'un mouvement, celui d'une flèche en l'occurrence, s'effectue grâce à la magie d'une somme d'immobilités, ce que prouve la chronophotographie ! De même, la vie accumule la somme de morts infinitésimales nécessaire à son déploiement. Sur son balcon, Philippe Ramette ne prend pas le frais innocemment, il immobilise la vie dans la mort qui habite son épicentre – à la manière dont, en musique, ce qui hante toujours le son est le silence qui gît en son foyer. La preuve, Debussy.

Un autre balcon – *Balcon 2 (Hong Kong)* – propose le même type d'événement, cette fois-ci non plus avec la *terre*, mais avec l'*eau*... Sortie de l'eau, entrée dans l'eau, naufrage évité de justesse lors d'une séance de prise de vue (et l'on sait que les actes manqués ne le sont jamais vraiment), Philippe Ramette, qui affirme ne pas vouloir contaminer l'œuvre par la biographie, sait pourtant bien que, via de formidables labyrinthes, il n'est de création qu'autobiographique.

Septième et dernier monde, pour l'instant : les *machines déroutantes*. Autrement dit les dispositifs pour perdre le nord, troubler les points de repère, affoler la boussole et hystériser la girouette. Prolongement des machines oniriques (mais toutes ces machines s'interpénètrent à des degrés divers pour fabriquer à l'envi de nouvelles pistes d'analyse : prothèse narcissique, intersubjectivité onirique, inutilité politique, politique narcissique, inutilité onirique, onirisme narcissique, intersubjectivité déroutante, prothèse onirique, inutilité narcissique...), les machines déroutantes confondent les logiques physiques de la nature, notamment la loi de la chute des corps, la gravitation.

De sorte que les couples habituels haut/bas, droite/gauche, sur/sous, petit/grand, devant/derrière disparaissent, pulvérisés par l'agencement d'un corps, celui de Philippe Ramette, dans un espace qui lui obéit au doigt et, *surtout*, à l'œil. Alors qu'habituellement le regardeur est soumis au paysage, le dispositif esthétique de l'artiste inverse les choses et le paysage se soumet au regardeur : c'est lui qui fait la loi – façon nouvelle de redire combien l'œuvre complète parie sur l'artifice contre la nature et qu'elle joue sur la contre-nature culturelle.

Pour ce faire, des prothèses sont nécessaires : elles portent le corps sous les vêtements et lui permettent de mépriser apparemment les contraintes naturelles des situations dans lesquelles s'effectuent les performances immobilisées sur les photographies. Ce qui permet à l'artiste : de s'asseoir sur un mur et de regarder un paysage qui tombe ; de marcher perpendiculairement sur le tronc d'un arbre ; de soutenir une tour médiévale en s'appuyant sur le vide ; de se tenir à angle droit sur une paroi rocheuse, sur le mur d'un salon kitsch, ou sur une rambarde en béton face au vide d'une ville séparée du ciel par une ligne d'horizon verticale ; de s'accrocher à un appui sortant d'une mer renversée debout ; de reposer à quatre-vingt-dix degrés à l'aide de ses seuls pieds sur un bureau ; de tenir la terre sur son dos en reposant sur l'éther des nuages...

On ne sait plus ce qui fait point de repère : le paysage ou le personnage. Si c'est le personnage, le paysage est sens dessus dessous ; si c'est le paysage, le personnage est sens dessus dessous. Or, ce peut être ni l'un ni l'autre, mais la présentation de la photographie qui crée l'illusion, le choix de son sens – aux deux sens du terme... Si l'on s'arrête à la proposition faite par la seule image, et selon la désormais célèbre maxime de Marcel Duchamp, *c'est le regardeur qui fait le tableau*, en l'occurrence, ici, l'artiste. Mais, mise en abyme supplémentaire, le regardeur, c'est aussi le spectateur de l'œuvre. À savoir vous, le lecteur, regardeur ultime.

Ces perpétuels jeux d'aller et retour entre les points fixes qui, chaque fois, fuient, se déplacent, bougent, créent le *malaise perceptif* générateur de ce que Philippe Ramette nomme des « quiproquos légèrement déceptifs », des « quiproquos visuels », ou une « vague consternation ». On ne sait pas, quand on ignore le détail du dispositif esthétique de la prothèse cachée, de quelle manière la chose peut avoir lieu. Lorsqu'on sait que ce travail ne procède jamais de la palette graphique, mais toujours d'un savant agencement du corps de l'artiste dans un réel jamais falsifié, on expérimente une fois encore la sidération, un effet cher à la contemplation des œuvres de l'artiste.

Sidération, autrement dit, étymologiquement, « action funeste des astres et notamment du soleil » : effet d'éclipse, d'aurore boréale ou de parhélie, la sidération tranche sur l'habitude, elle étonne, surprend, elle ouvre de nouvelles perspectives, aux sens premier et second du terme, elle met le cosmos cul par-dessus tête, remplace la lune par le soleil, la nuit par le jour, le nord par le sud, l'hiver par l'été, le ciel par la terre, la chute par une ascension, l'horizon par la verticalité et, au milieu de ce chaos cosmique (K.-O. cosmique ?), on trouve toujours un personnage lunaire, l'artiste, faussement ingénu, véritablement rieur, qui, par sa position intellectuelle, conceptuelle, artistique, mais aussi et surtout physique, réordonne le monde autour de son caprice... Définition du démiurge !

Tout ceci montre combien la perception n'est pas affaire d'objectivité, mais de subjectivité ; qu'il n'existe aucun ordre du monde en dehors du désordre de chacun ; que le chaos de l'un définit le rangement de l'autre, et vice versa ; que la machine à percevoir est consubstantiellement détraquée, puisqu'elle procède d'un agencement existentiel voilé – comme on le dit d'une roue de vélo ; que l'homme couché devant un paysage debout équivaut à l'homme d'aplomb faisant face à un paysage allongé, affaire de point de vue ; que l'impassibilité de l'artiste qui, dans sa geste théâtralisée, regarde génère la folie du décor, et non le contraire ; que le panorama délire, mais sûrement pas l'artiste, ce que confirme son indéfectible sérieux ; que l'homme ne tombe pas dans le monde, mais le monde sous l'homme ; que tout est perspective dans un chaos d'anamorphoses permanentes ; et que la seule boussole est l'artiste dont le nord magnétique, affolé, indique l'ouest. Car, on le sait depuis longtemps, tout artiste digne de ce nom affiche radicalement son cap à l'ouest.

25
Brûler d'une chaleur retirée

> « Démocrite, une belle nature grecque, qui semble froide comme une statue, mais brûle d'une chaleur retirée. »
>
> Nietzsche, *Sur Démocrite*

Qui était Démocrite ? Difficile de répondre à cette question avec précision car l'Antiquité philosophique associait souvent la biographie réelle et la vie rêvée, le fait exact et l'anecdote mythologique... Diogène Laërce, la source d'eau vive et claire aux reflets parfois magiques, raconte dans *Vie, opinions et sentences des philosophes illustres* l'existence d'un encyclopédiste farfelu (il sait tout sur tout et voudrait qu'on conserve son corps mort dans le miel), d'un philosophe matérialiste facétieux (il ne reconnaît rien d'autre que des atomes et du vide, puis, fort de cet unique savoir, salue un soir une jeune fille en l'appelant « mademoiselle », puis « madame » le lendemain matin, parce que les atomes qui l'accompagnaient, autrement dit les simulacres, avaient changé de nature dans la nuit), d'un sage extravagant (il vit retiré dans une petite cabane au fond d'un jardin bien que jouissant d'une immense popularité), d'un rieur paradoxal (il passe pour le philosophe emblématique du rire, mais adore se promener dans les cimetières), d'un aveugle clairvoyant (il se supprime la vue en dirigeant les rayons du soleil sur ses yeux avec un miroir et ravit les foules avec ses prédictions), d'un penseur antique typique en même temps qu'un philosophe d'une redoutable intempestivité au sens nietzschéen du terme.

Démocrite ramasse sous son nom cette collection d'anecdotes philosophiques comme nombre de penseurs de l'Antiquité. Mais ces petites histoires ne disposent pas de leurs fins en elles-mêmes. Toutes expriment une légende indissociable d'une vérité car le mythe se nourrit de ce qui a eu réellement lieu. Ainsi Démocrite brille-t-il dans l'histoire de la pensée comme le parangon du *philosophe matérialiste* – l'épouvantail à moineaux philosophique institutionnel.

(L'existence brumeuse de Leucippe interdit qu'on fasse de Démocrite l'inventeur du matérialisme. Brumeuse, car on ignore beaucoup du personnage. On ignore même s'il s'agit d'un homme ou d'une femme. Il me plairait qu'une femme inaugure ce lignage philosophique alternatif qui donne des boutons aux bien-pensants de l'idéalisme. Leucippe affirmait : « Le vrai est dans les phénomènes » et réduisait tout à des combinaisons d'atomes dans le vide. Démocrite passe pour avoir suivi les enseignements de Leucippe – au même titre que ceux des mages chaldéens et des gymnosophistes indiens rencontrés dans son voyage jusqu'à la mer Rouge – ce qui en ferait *seulement* un brillant second.)

Disons que Démocrite est l'un des fondateurs de la philosophie matérialiste occidentale et, en tant que tel, qu'il initie un lignage ignoré, oublié, dans lequel on trouve des rieurs, de « grands riards », pour le dire dans les mots de Montaigne, des philosophes qui, malgré leurs différences, proposent une lecture immanente du monde dans laquelle la morale ne décalque pas la parole d'un Dieu mais se présente en règle du jeu utilitariste de gens qui souhaitent vivre ensemble de la façon la plus heureuse qui soit. Ma *Contre-histoire de la philosophie* se propose d'en raconter l'aventure depuis Leucippe, donc, jusqu'à Clément Rosset, dernier grand rieur en date.

Dans un texte extrêmement inspiré sur Démocrite, Nietzsche souligne combien, en tant que porte-drapeau du matérialisme, Démocrite a dû faire face à nombre d'attaques proposant d'effacer son nom dans l'histoire de la philosophie officielle : les choses commencent avec Platon ; elles se poursuivent avec le christianisme riche de son armada de moines copistes ; elles se concluent dans un temps postérieur à l'analyse nietzschéenne avec l'université et ses professeurs toujours actifs selon les mêmes principes.

D'abord Platon : Aristoxène rapporte dans ses *Mémoires historiques* que le patron de l'Académie, ulcéré par le grand succès remporté par Démocrite avec ses livres, dont le *Grand Système du monde*, avait formé le projet d'organiser un autodafé des ouvrages du philosophe matérialiste. Deux pythagoriciens, Amyclas et Clinias, l'en dissuadèrent au prétexte que Démocrite, qui avait beaucoup écrit, était aussi très diffusé et très lu, ce qui rendait inefficace le plan du grand feu de livres.

Encore Platon : dans les trente-huit dialogues qui constituent les deux mille cinq cents pages de son œuvre complète en papier bible, on chercherait en vain le nom de Démocrite – pas plus celui d'Aristippe de Cyrène, sauf une fois, pour le tancer de n'être pas venu assister Socrate à sa mort, preuve, donc, que Platon le connaissait et que le silence sur la doctrine de l'hédoniste est d'autant plus significatif. Les « matérialistes » sont pourtant fustigés dans *Le Sophiste* (et les « hédonistes » dans *Le Philèbe*) avec l'opposition des « Fils de la Terre », les méchants, et des « Amis des Idées », les bons. Or Démocrite brille en Fils de la Terre emblématique.

Platon pousse la mauvaise foi jusqu'à déconsidérer le philosophe matérialiste dans l'absolu, dédaignant « autrui, s'il lui arrive d'affirmer l'existence de quelque chose qui n'a point de corps, et se refusant absolument à l'écouter davantage ». Un allumeur d'autodafé qui crie au *dédain* de celui dont il veut brûler les livres ? Un pourvoyeur de bûcher pour les livres qui s'offusque du comportement d'un individu qui cesserait de l'écouter lorsqu'il parle des fantômes, des revenants et de la réincarnation ? C'est l'Hôpital idéaliste qui se moque de la Charité matérialiste !

Platon toujours : la lecture dominante de l'histoire de la philosophie procède sur le mode christique : avant Socrate comme avant Jésus-Christ, Socrate en Dieu d'un Messie ayant pour nom Platon... De sorte que, effet platonicien dans l'historiographie, on parle de *présocratique* pour qualifier tout philosophe qui, indistinctement, précède le Silène. Avantage : dans ce capharnaüm de patronymes, on peut noyer le meilleur et le pire. Mieux : dans la multitude des personnages concernés, dont certains n'existent que par un fragment, l'organisation de l'invisibilité paraît plus facile. Un géant peut se trouver caché par cinq cents nains.

Ainsi avec Démocrite, dont les dates (je retiens pour juge de paix celles de *L'Histoire de la philosophie* en Pléiade : naissance à Abdère vers 460, mort au même endroit vers 370) prouvent aisément que ce *pré*socratique selon l'historiographie dominante pourrait facilement être un *post*socratique selon les critères élémentaires de la chronologie car, *plus jeune* que Socrate (469/399) de neuf années, *il lui survit* vingt-neuf ans – quarante selon d'autres sources.

Deuxième salve tirée contre Démocrite, « les érudits chrétiens et les moines copistes », écrit Nietzsche. Lisons : les Pères de l'Église, qui, peu regardants sur l'amour du prochain, n'ont pas hésité à falsifier les thèses des matérialistes pour les associer à des exactions morales – goinfrerie, prostitution, ivrognerie, débauche, luxure, plagiat, immoralité, cupidité, etc. –, à leur prêter des thèses qui n'étaient pas les leurs pour mieux les discréditer. Une anthologie des infamies chrétiennes professées contre les atomistes, les matérialistes, les épicuriens renseignerait sur la capacité morale de ces gens à tendre la joue gauche en cas de soufflet sur la joue droite ! Ils ont déchiqueté et jeté aux chiens des penseurs dont le seul péché avait été, des siècles avant eux, de ne pas penser comme eux...

Nietzsche toujours, parlant encore de Démocrite : « Théologiens et métaphysiciens ont amoncelé sur son nom leur ressentiment invétéré contre le matérialisme. » Et, plus loin : « L'irruption du christianisme permit de conduire à son terme le plan énergique de Platon. » On sait en effet que, selon l'heureuse expression du même Nietzsche dans la préface à *Par-delà le bien et le mal,* « le christianisme est un platonisme pour le peuple ». Le christianisme au pouvoir fut donc la main armée du platonisme philosophique. Pendant des siècles, les « Fils de la Terre » eurent droit à de nombreux bûchers et à des autodafés allumés par les « Amis des Idées ».

En compagnons de route des scolastiques chrétiens du Moyen Âge, les délirants de la Pierre philosophale donnent eux aussi leur artillerie lourde en enrégimentant Démocrite dans leurs rangs. Nietzsche encore : « Les obscurantistes du Moyen Âge se vengèrent de lui en enregistrant frauduleusement sous sa marque leur littérature magique et alchimique, faisant ainsi une réputation de grand mage au père de toutes les tendances de l'Aufklärung et du rationalisme. » De fait, le philosophe ayant suivi l'enseignement des mages chaldéens, il était facile, avec la bimbeloterie chère au cœur des alchimistes, de mettre à mort le philosophe scientifique pour le ressusciter en touilleur d'athanor.

Or la causalité qui obsède Démocrite tourne le dos au déraisonnable alchimique, à son irrationnel viscéral. Démocrite en frère d'Orphée et cousin de Zoroastre, en égyptien ésotérique ou en thérapeute occulte qui affirmerait que la langue tranchée d'une grenouille vivante posée sur la poitrine d'une femme fait avouer tous ses actes à la dame, voilà qui nous conduit aux antipodes d'un Démocrite brillant dans l'étiologie physique, rationnelle, scientifique, raisonnable... En inventeur de toute philosophie des Lumières, écrit le jeune Nietzsche.

Troisième salve : l'Université. Cette divine institution n'a jamais travaillé pour l'intelligence, le progrès de la raison, l'émancipation des individus ou des collectivités. Au contraire... Voire : à l'inverse. Sa formule contemporaine, arrêtée par Victor Cousin, excellent administratif, pitoyable philosophe, sévit encore de nos jours. Dans la Séance à la chambre des Pairs consacrée à la discussion de la loi sur l'instruction secondaire, le 21 avril 1844, Victor Cousin affirme la nécessité, pour la philosophie, qu'elle « s'incline comme elle le fait, et bien volontiers, devant les dogmes révélés de l'Église catholique ». La révérence continue, soit clairement chez certains phénoménologues distingués, soit en creux, par la signature et le respect d'un pacte de non-agression par la cohorte majoritaire des petits soldats de l'Université...

Saluons donc les travaux de l'exception qui confirme la règle, Jean Salem en l'occurrence, qui, bardé des médailles de la Corporation, œuvre au sein de l'Institution à réhabiliter notre philosophe avec un *Démocrite. Grains de poussière dans un rayon de soleil*, publié chez le très honorable éditeur Vrin, rouage antique de la mécanique à reproduire l'historiographie dominante – le tout avec l'aide du Centre national de la recherche scientifique. On doit au même universitaire *La Légende de Démocrite* aux éditions Kimé – Vrin courageux, mais pas téméraire.

Jean Salem, donc, signale dès les premières pages de son travail, chiffres et statistiques à l'appui, que Démocrite, bien que représentant à lui seul vingt pour cent de la totalité du corpus présocratique établi par Diels et Kranz, se trouve sous-représenté en matière d'édition, de traductions, de travaux universitaires, de colloques, de publications d'articles savants... S'appuyant sur deux bibliographes spécialisés en pensée présocratique, Jean Salem écrit qu'« en un siècle de recherches savantes la désaffection des études démocritéennes n'a cessé de se confirmer ».

Alors qu'ils représentent respectivement six et trois pour cent du corpus total, Héraclite et Parménide suscitent la majorité des travaux consacrés aux présocratiques. Il est vrai que Heidegger, grand gourou de l'université qui chouchoute sa figure emblématique (pinailleur, obscurisime, verbeux, fumeux, écrivant des livres avec des livres pour solliciter des livres sans qu'une seule de ses phrases rende possible une seconde de vie philosophique, jamais fâché avec la religion chrétienne dominante, ni même avec le pouvoir en place, fût-il nazi...), Heidegger, donc, a jeté son dévolu sur ces deux penseurs : Héraclite l'Obscur – qui se ressemble s'assemble – et Parménide le grand magicien de l'Être... Heidegger et Démocrite, l'université et le matérialisme ? Voilà deux pistes antipodiques !

Aux dernières nouvelles, les choses ne se sont pas arrangées... Alors qu'on dispose de Platon en édition à prix cassé ou relié cuir, papier bible doré à l'or fin ; que ses différentes traductions se vendent dans les maisons de la presse en livre de poche ; qu'il fait l'objet d'éditions commentées par des agrégés normaliens pour des collections scolaires ; qu'on le trouve vendu en supplément à des quotidiens ; qu'il fait transpirer les élèves du bac en tant qu'auteur incontournable ; qu'il fonctionne en rite initiatique de tout étudiant inscrit en première année de philo à l'université, Démocrite donc existe à peine mieux sur le terrain éditorial – ce que cent quatre-vingt-neuf pages de Pléiade dans *Les Présocratiques* justifierait pourtant... Platoniciens, chrétiens et universitaires dansent autour du bûcher nullement éteint depuis vingt-cinq siècles.

Retenons, dans ces belles pages de Nietzsche, l'idée que Démocrite est présenté, fort justement, comme « le père de toutes les tendances de l'Aufklärung et du rationalisme » – ce qui n'est pas une mince affaire. Dans son *Histoire du matérialisme*, un livre dont Nietzsche a dit beaucoup de bien, Lange écrit : « Peu de grands hommes de l'Antiquité probablement ont été maltraités par l'Histoire autant que Démocrite. Dans la grande caricature que nous a transmise une tradition ignorante, il ne reste presque rien de lui que le nom de philosophe rieur, tandis que des personnages d'une valeur bien moindre nous sont connus dans toutes leurs particularités. » Puis il ajoute que Démocrite donne l'impulsion au courant matérialiste dans l'histoire de la philosophie avec Épicure et les épicuriens en grands accélérateurs.

Lange explique l'absence de succès de Démocrite par son manque d'ambition, mais également par le fait qu'il n'ait pas créé d'École au contraire d'un grand nombre de penseurs qui se sont entourés de disciples transformés en autant d'apôtres pour leurs doctrines. Certes, à l'époque comme aujourd'hui, seuls triomphent véritablement les tempéraments qui affirment haut et clair leur génie dans leur temps. Mais, vingt-cinq siècles plus tard, Démocrite reste un philosophe d'actualité, alors que d'éphémères gloires antiques ne subsistent pas même par leurs noms.

Je retiens qu'un Frédéric Nietzsche adoubant Démocrite comme penseur généalogique des Lumières offre une immense perspective d'immortalité philosophique au penseur atomique. Je souhaiterais proposer six pistes pour illustrer cette hypothèse tout en montrant que « philosophe rieur », pour être un raccourci, n'en est pas moins une caractéristique essentielle à la définition d'un partisan de l'Aufklärung avant et après les Lumières historiques du XVIIIe siècle. Pour ce faire, voyons donc *de quoi* et *de qui* Démocrite rit.

Son rire va à la folie des hommes, au ridicule de leurs occupations, à leur fourberie, au spectacle des choses comme elles sont, aux passions humaines – orgueil et vanité, envie et jalousie, méchanceté et vilenie, mensonge et duplicité, arrogance et futilité, suffisance et hypocrisie, tartuferie et inconstance, perfidie et imposture, trahison et déloyauté, le quotidien des hommes donc depuis toujours et pour longtemps encore...

Démocrite rit aussi de l'incapacité des humains à se tourner vers l'essentiel, à savoir : mener une vie philosophique pour trouver la paix, la sérénité, la tranquillité, l'ataraxie – l'absence de troubles. Ainsi, Démocrite rit de tout ce qui empêche la pratique d'une vie philosophique. Il se moque donc : de *Dieu* et des *religions*, de *l'inculture* et de la *mort*, de *l'idéal ascétique* et de *l'avoir*... Voilà, me semble-t-il, un programme passé, présent et futur à même de définir le penseur des Lumières d'antan, d'aujourd'hui et, surtout, de demain.

Premier impératif : *Rire de Dieu* – car il faut être fou pour croire à l'existence de Dieu ou de Dieux. On a trop utilisé l'épithète d'*athée* mal à propos pour que je m'en serve avec Démocrite, qui n'a jamais nié l'existence des dieux. Tout au contraire, il en a affirmé l'existence, mais sur un mode qui permet que les hommes vivent sans s'occuper d'eux, car les divinités elles-mêmes ne sont pas en mesure de se consacrer aux hommes. Pour la bonne et simple raison que ces dieux se résument à l'idée qu'on en a, donc à une image qui, tout se réduisant à la matière chez l'abdéritain, ne peut être qu'un composé d'atomes. Donc les dieux sont des images constituées de particules, des simulacres donc, dont l'existence se résume à la croyance qu'on en a. Lisons donc cette phrase définitive : « Dieu dont la nature est impérissable, mais qui n'a *aucune existence* en dehors de ces images. »

Ajoutons à cela que Démocrite affirme que rien n'existe définitivement dans la même forme, car tout change en permanence. Les atomes n'existent que dans des agencements perpétuellement recomposés. Le principe de la vie suppose le mouvement, le changement, la dialectique de la matière, ce qui ne saurait coexister avec une forme, une figure, une force immobile, éternelle, immortelle, échappant au temps, à l'histoire, à la génération et à la corruption. Que serait un Dieu dans cette hypothèse, sinon un composé instable de matière appelé à disparition et recomposition ailleurs ?

La physique matérialiste, en affirmant d'une part qu'il n'existe que des atomes dans le vide, et d'autre part que rien n'existe éternellement, ne laisse aucune place à Dieu, sinon une place matérielle. La seule solution est le panthéisme, l'identification de la divinité à la totalité du réel, de la nature au cosmos en passant par la vie des animaux et des hommes. Voilà pour quelles raisons le monothéisme chrétien en veut autant à cette philosophie dont les conclusions interdisent la croyance à des dieux immatériels, des âmes purement spirituelles, ces piliers de tout ordre métaphysique religieux. Le matérialisme est potentiellement un athéisme, de toute façon, un antimonothéisme radical.

La pensée de Démocrite sur la question de Dieu, des dieux, annonce effectivement la modernité d'un Feuerbach qui, dans *L'Essence de la religion* et *L'Essence du christianisme,* n'écrit pas que Dieu n'existe pas, mais que Dieu s'avère une fiction, avant de proposer la généalogie et l'anatomie de cette fable particulière. Un rieur moderne, matérialiste donc, emprunterait la voie ouverte par Feuerbach pour déconstruire Dieu et n'en laisser que matière à éclats de rire.

Deuxième impératif : *Rire des religions* – car il faut être fou pour croire à des arrière-mondes qui donneraient leur sens à ce monde-ci, le seul. Dieu va rarement sans la religion qui l'accompagne : le premier justifie la seconde et c'est toujours au nom de l'un que l'autre existe. Dieu donne des commandements dans un livre sacré ; la religion veille à leur application grâce à un appareillage contraignant fait de clergés, de dispositifs d'aveu, de multiplication des interdits comme autant d'occasions d'asservir les corps, de mythologies punitives infernales, de machines disciplinaires, de surveillance intellectuelle et de police des mœurs, etc.

Une religion se définit toujours par une modalité explicative de l'ici-bas par un au-delà : elle ne se contente jamais du réel donné qu'elle transforme en effet d'une cause extérieure et transcendante. Le sensible platonicien qui procède de l'intelligible fournit une matrice idéale à la religion qui, s'il faut conserver l'étymologie dite parfois fantaisiste, relie, certes, mais le réel à une fiction, la terre au ciel, le monde à son hypothétique créateur. Toute religion vit de transcendance et récuse l'immanence.

Or Démocrite ne connaît que l'immanence : des atomes agencés dans le vide, tout procède et découle de cette aventure purement physique. « Tout est atomes (...) et il n'est rien d'autre. » Pour un philosophe matérialiste, la métaphysique n'existe pas, du moins : elle représente une activité inutile, vaine, verbeuse et fantasque. Dieu n'existe pas, sinon comme une fiction fabriquée par les hommes. La religion vaut la mythologie avec ses causalités extravagantes, poétiques, lyriques, fabuleuses. Mais la science dit le vrai sur le monde, pas la théologie, ni la métaphysique, pas plus les religions.

Voilà pour quelles raisons, dans la liste des œuvres de Démocrite données par Diogène Laërce, il existe une entrée « Livres non classés » avec pour titres : *Causes des phénomènes célestes*,

Causes des phénomènes aériens, Causes des phénomènes produits à la surface de la terre, Causes relatives au feu et aux choses qui sont dans le feu, Causes relatives au son, Causes relatives aux graines, aux plantes, aux fruits, Causes relatives aux animaux, Causes mêlées. Le reste de l'œuvre ressemble à une encyclopédie, car tous les sujets ont été traités par le philosophe matérialiste. La motivation consiste chaque fois à rechercher des causes physiques aux effets inexpliqués : l'absence de causes physiques conduit à la supputation de causes métaphysiques.

Troisième impératif : *Rire de l'inculture* – car la méconnaissance des causes véritables conduit les hommes à croire à des fables ridicules. Ainsi, Démocrite explique l'origine physique de la foudre, ce qui dispense de croire à des raisons métaphysiques : la mythologie et les religions, deux formes d'une même façon de ne pas raisonner, associent le tonnerre, l'éclair, la foudre et sa chute à la colère des dieux, du dieu des dieux même. Zeus, informé par le comportement impie des hommes, lance sa foudre pour exprimer son mécontentement. Les prêtres s'appuient sur cette fable pour inviter les hommes à leur obéir, sous prétexte d'être agréables aux dieux, ils assurent ainsi leur domination concrète.

Démocrite, en roi de la causalité scientifique, affirme que, si la foudre tombe, ça n'est pas pour manifester la colère de Zeus, *raison transcendante*, mais, *raison immanente*, parce que les atomes de feu entrent en contact avec la masse des nuages, ce qui produit la formation d'un éclair qui tombe sur terre sous la forme de foudre. Rien à voir, donc, avec Zeus... Et le philosophe exerce sa sagacité sur toutes choses : tremblements de terre, comètes, planètes, agriculture, médecine, géographie, mathématiques, astronomie et autres disciplines du genre tactique militaire, poésie, couleurs, diététique, etc.

Le philosophe matérialiste donne sa généalogie des religions : la crainte, la peur produite par l'incompréhension du caractère physique des faits en jeu : « Lorsque les Anciens virent les événements dont le ciel est le théâtre, comme le tonnerre, les éclairs, la foudre, les conjonctions d'astres ou les éclipses de Soleil et de Lune, leur terreur leur fit penser que des dieux en étaient les auteurs. » L'ignorance des causes physiques, l'inculture scientifique, la méconnaissance des causalités véritables, l'absence de savoir : voilà l'origine des dieux. L'homme crée Dieu, il n'est pas créé par lui.

En augmentant le savoir et la science, on fait reculer les fables et les mythes. Le travail physique, scientifique, de Démocrite est une réelle besogne de philosophie matérialiste. Ainsi, toute avancée de la *philosophie matérialiste* correspond à un recul du mode de pensée religieux. En revanche, les progrès de la *philosophie idéaliste* correspondent également au perfectionnement des religions... Le compagnonnage de Platon et du christianisme témoigne en ce sens. Et, plus tard, celui de la phénoménologie, grande servante de la théologie chrétienne...

En passant, on appréciera que Démocrite ait eu la réputation de pratiquer une prose claire, d'écrire simplement, de manière limpide, de façon à ce que tout le monde puisse le comprendre.

Même Cicéron, l'un des ennemis les plus acharnés du matérialisme, qui ne recula devant rien pour discréditer l'atomisme, notamment épicurien (il est vrai que le candidat au Sénat avait en face de lui des adversaires), s'accorde dans *De l'orateur* à lui trouver un « style élégant ». Et, dans *De la divination*, cette phrase : « Héraclite est fort obscur, Démocrite pas du tout. » Je tiens le style obscur en philosophie non pour un signe de profondeur, mais pour un enfumage valant aveu de marchandise frelatée. Que Heidegger ait particulièrement prisé Héraclite ne m'étonne pas. Ni que le Paul Nizan des *Chiens de garde* ait aimé puis défendu Démocrite...

Quatrième impératif : *Rire de la mort* – car elle n'est rien d'autre que la décomposition des atomes, et il n'y a rien à craindre de cette modification purement physique. Continuant à travailler la causalité, Démocrite aborde le problème de la mort et remarque que nombre d'hommes et de femmes se refusent à l'évidence de « la décomposition de notre nature mortelle ». Le déni de notre mortalité génère une vie d'angoisse, de peur, de crainte tant que la question de la mort n'a pas été résolue par le recours aux causalités physiques. Le refus de penser ce problème fait que les hommes « passent misérablement en troubles et en frayeurs le temps qui leur reste à vivre, inventent des fables mensongères sur le temps qui fait suite à la mort ».

La chose se trouve ainsi clairement dite : l'existence des dieux va de pair avec celle d'une religion ; la religion enseigne la crainte d'une vie après la mort ; cette crainte génère un gâchis de la vie avant la mort ; ce gâchis se manifeste par une vie misérable perturbée par troubles et frayeurs, doublés de l'appréhension d'un châtiment éternel et d'une damnation sans fin. La peur de ce que l'on ne s'explique pas débouche sur l'angoisse existentielle enracinée dans la crainte d'un destin funeste post-mortem, via dieux, Dieu et religions...

Or rien de tout cela n'est à craindre, car la mort se résume à la décomposition d'un agencement d'atomes avant recomposition de ces mêmes particules dans une autre configuration. Ce que la physique matérialiste enseigne conjure l'effroi existentiel : la science matérialiste agit comme une libération alors que la théologie travaille à l'assujettissement : la première asservit, la seconde libère, hier comme aujourd'hui, aujourd'hui comme demain.

Démocrite contre Platon, le réel contre l'idée, la philosophie contre la théologie, la terre contre le ciel, la science contre la mythologie, la sérénité contre l'angoisse, la joie contre la peur, l'explication contre la menace, la sagesse contre l'obéissance, l'atome contre Dieu, la matière contre l'immatériel, l'immanence contre la transcendance, autant de variations sur un seul et même terme : le rire contre les larmes, voilà deux parties d'une même barricade philosophique...

Cinquième impératif : *Rire de l'idéal ascétique* – car il faut être fou pour gâcher le seul bien dont nous soyons sûrs de disposer : la vie. De fait, la vie *après* la mort n'existe pas ; en revanche, il existe bien une vie *avant* la mort, et, malheureusement, trop peu s'en trouvent persuadés. La plupart craignent les Enfers, le destin de l'âme immortelle après le trépas. La description du monde infernal dans le *Phédon* de Platon (un dialogue sous-titré *De l'âme*) fait foi : fleuves de feu, boue liquide, vents violents, souffles méphitiques, lacs de fange. Dans cette géographie, un genre de pesée des âmes décide du destin des âmes des défunts : la réincarnation s'effectuera selon le mérite dans le corps d'un âne pour l'intempérant, d'une fourmi pour le mort ayant pratiqué les vertus sociales, sinon d'un faucon pour les anciens tyrans familiers de rapines et d'injustices... On mesure ici le degré de rationalité du platonisme !

Au nom de ce prétendu destin post-mortem, Platon invite chacun à mourir de son vivant – et après lui les chrétiens soutenus dans cet effort de célébration de la pulsion de mort par les tenants de la ligne dominante en philosophie... « Les philosophes authentiquement philosophes sont avides de mourir », affirme Platon dans le *Phédon* (64.b). Cette passion pour la mort, cette fascination troublante pour le néant, cette ivresse thanatophilique dégoûtante fondent et justifient ce que Nietzsche nomme l'« idéal ascétique » des morales qui invitent à se faire, avant la mort, pareil à un cadavre, autrement dit à se suicider de manière lente au quotidien.

Démocrite, on s'en doute, prend le contre-pied de cet étrange idéal mortifère et, après Leucippe, il pose les bases d'une philosophie eudémoniste, voire hédoniste. Stobée rapporte dans son *Florilège* cette pensée de Démocrite : « Le mieux pour l'homme est de passer sa vie de la façon la plus heureuse possible et la moins morose. Il faut pour y parvenir ne pas faire résider les plaisirs dans les choses mortelles. » Être le plus heureux possible ; ne pas vivre une vie morose ; éviter d'investir dans de fausses valeurs ; voilà le programme éthique d'un philosophe auteur d'un traité perdu intitulé *De la joie*.

Ailleurs, il affirme : « Les insensés vivent sans jouir de ce qu'offre la vie. » Et, plus loin : « Les insensés désirent vivre une longue vie sans savoir se réjouir de cette longue vie. » Il s'agit donc de savoir vivre, de jouir de ce qui, chez Épicure, deviendra le « pur plaisir d'exister ». Le sage matérialiste ne se fâche pas avec la vie, il ne voue pas un culte à la mort, il aime ce que le monde lui donne et, surtout, il sait comment user du monde, comment penser et se comporter pour fabriquer la Joie qui n'est pas donnée mais sans cesse à construire.

Pour ce faire, il faut viser l'équilibre, la paix, l'harmonie avec soi, avec les autres et avec le monde. Ce que les épicuriens développent sous la rubrique « ataraxie », et notamment Épicure dans sa *Lettre à Ménécée*, laisse imaginer ce que pouvait contenir ce traité perdu. Bonheur négatif défini par l'absence de trouble, la suppression de la peur, l'éradication des causes d'angoisse et de crainte. En commençant par rire des dieux et de Dieu, rire de la religion, rire de l'inculture, rire de la mort, Démocrite propose une voie d'accès à cette clairière existentielle qu'est la sagesse. L'ensemble passe par une critique de l'avoir, seule façon de promouvoir l'être qui constitue l'épicentre de toute vie philosophique.

Sixième impératif : *Rire de l'avoir* – car quiconque consacre sa vie à avoir, posséder, acheter, acquérir, accumuler des biens, des richesses ou des satisfactions vaines – honneurs, pouvoirs, réputation… – passe sa vie à la perdre. « L'homme raisonnable est celui qui ne s'afflige pas de ce qu'il n'a pas, mais se réjouit de ce qu'il a », autrement dit : une diététique des désirs conduit au plaisir véritable. Or, qu'est-ce qu'une diététique des désirs ? Un travail sur leur réduction à ce qui se satisfait facilement et simplement ; un évitement de tous ceux qui se paient coûteusement en temps, force, énergie, liberté, disponibilité, quiétude d'esprit. Et qu'est-ce qu'un plaisir véritable ? La paix de l'âme, la tranquillité, la sérénité.

Par exemple, qu'est-ce qu'un désir coûteux ? L'envie *d'avoir des enfants*, de fonder une famille. Démocrite écrit : « À mon avis, il ne faut pas avoir d'enfants, car j'observe dans le fait d'avoir des enfants beaucoup de risques considérables et beaucoup de soucis, pour un rendement faible, et sans consistance ni valeur. » De fait, une progéniture au quotidien signifie un renoncement à soi. L'éducation, l'instruction, le souci de sa santé, la crainte de la maladie, l'obligation de travailler pour gagner de l'argent afin de la nourrir et d'assurer sa subsistance au quotidien, la pénibilité de l'âge ingrat, leur difficulté à s'insérer dans la société, etc., voilà de quoi consumer la plus grande part de son énergie. Faire des enfants, c'est renoncer à sa liberté, à sa tranquillité. Comment un sage pourrait-il aller au-devant de pareilles déconvenues ? Le philosophe avisé ne consentira pas à ce désir formidablement payé de déplaisirs. *On rira donc de la famille.*

Un autre désir coûteux ? Le désir *d'avoir de l'argent*. Car « ni l'argent ni les troupeaux ne font le bonheur ». Certes, c'est devenu proverbial, l'argent ne fait pas le bonheur ; mais Démocrite ajouterait : le manque d'argent ne fait pas le malheur. La vie grecque peut se dérouler sur le mode frugal ; la vie philosophique le permet plus encore en réduisant les désirs inutiles, en renonçant aux plaisirs superflus et en se contentant de choses simples. Boire et manger, se vêtir et se protéger des intempéries, voilà l'exigence minimale pour un sage : il faut tendre vers cette indifférence aux biens matériels et ne pas se faire l'esclave d'une vie de travail tout entière consacrée à amasser de l'argent. La Fontaine ajoutera, voir *Le Savetier et le financier*, que gagner de l'argent mobilise l'intelligence qui devient indisponible pour une autre tâche et que conserver l'argent gagné, s'inquiéter de ne pas le perdre exige tout autant d'énergie alors inemployée pour les besoins de la vie philosophique.

De la même manière que, souvent dans l'Antiquité, les philosophes invitent le sage à se dispenser de faire des enfants (voir Thalès : par amour des enfants...), ils exhortent à se tenir à l'écart de l'argent. Mais il y a plusieurs façons de se comporter avec lui, dont deux principales : comme Diogène, n'en surtout pas vouloir ; comme Aristippe de Cyrène, le tenir en si peu d'estime qu'en avoir équivaut à n'en pas avoir, de sorte qu'insister pour éviter d'en avoir signale une affectation tout aussi dommageable que consacrer son temps à en vouloir...

Démocrite a disposé d'une fortune par la grâce d'un héritage : à l'époque, il prend sa part en liquide afin de voyager plusieurs années en direction de l'Égypte. Puis, sa fortune épuisée, il rentre chez lui avant de vivre chichement. Doué, on le sait, dans la logique des causalités, il excelle également dans les causalités qui lui permettraient de faire fortune. Ainsi, ayant compris les relations intimes entre le ciel et la nature, il a prévu que l'arrivée des Pléiades serait particulièrement nocif pour la production d'olives. Fort de ce savoir, il achète donc beaucoup au cours bas. Lorsque sa prédiction météorologique s'avère et que le cours se trouve au plus haut pour cause de pénurie, il se trouve à la tête d'une immense fortune potentielle. Il se contente de rendre son titre, satisfait de démontrer à ses concitoyens qui moquaient ses recherches en les traitant de vaines et futiles qu'il lui eût été facile, s'il l'avait désiré, d'utiliser son savoir pour devenir riche.

Le pauvre montrant qu'il a renoncé à être riche en prouvant qu'il pouvait l'être semble plus crédible que le pauvre qui fait de nécessité vertu et se contente, à la manière du *Renard et des raisins,* de vanter les mérites d'un état duquel il ne peut s'extraire. Célébrer la pauvreté quand on ne peut faire autrement qu'être pauvre marque un premier degré dans la sagesse ; mais un second s'atteint lorsqu'on a montré son mépris de l'argent qu'on pourrait gagner pour se contenter de la frugalité, du dénuement, de la sobriété, de l'austérité librement choisis. *On rira donc également de l'argent*.

Troisième désir coûteux : celui *d'avoir commerce avec autrui*. « Celui qui veut connaître la tranquillité de l'âme ne doit pas s'occuper de nombreuses affaires, pas davantage privées que symboliques. »

Le sage se dispensera donc de charges publiques, de la même manière qu'il s'est dispensé de celles de père de famille ou de maître d'une maisonnée. Pas d'engagement dans la cité, pas d'implication dans la collectivité, pas d'organisation de sa visibilité ou d'honorabilité citoyenne.

L'idéal ? La vie à l'écart, sans bruit, la vie discrète à défaut d'être secrète. *La Vie solitaire*, dira Pétrarque plus tard dans un livre éponyme. Lorsque Démocrite vient à Athènes, il assiste à une joute oratoire entre Socrate et les habitants de la cité, mais il ne se fait pas connaître et repart comme il était arrivé, sans se faire remarquer, bien que sa réputation de philosophe fût déjà grande. De la même manière, il aimait vivre dans une petite cabane au fond d'un jardin : le lieu de méditation par excellence, loin des écoles et du bruit des autres. « Prendre plaisir à soi-même », voilà le fin mot de l'histoire de toute sagesse antique.

Cette partie de Démocrite revendiquant ce que Nietzsche nomme le « pathos de la distance » a pu le faire passer pour un misanthrope. Mais il paraît bien plutôt que le sage rit des travers humains, qu'il connaît le comportement des hommes et sait la nécessité de s'en tenir à bonne distance. Ni trop près, ni trop loin, mais, à défaut de trouver la bonne mesure, toujours difficile à obtenir et impossible à maintenir, le sage préférera la « vie cachée » chère au cœur d'Épicure et des siens, la vie à l'écart, la vie solitaire qui garantissent plus sûrement la tranquillité de l'esprit que le commerce avec les hommes, quels qu'ils soient... *On rira donc enfin de la mesquinerie des hommes.*

Voilà donc les leçons de sagesse du *Grand Riard* de l'Antiquité, leur maître à tous, le père des Lumières, l'inventeur de la Rationalité qui détruit les chimères, dénude les faussaires, déshabille les rois et démystifie les mystificateurs. Deux leçons pour *l'ici-bas* : *dieu* n'existe pas et les *religions* sont des fables – car il n'existe que l'immanence, et rien d'autre que le réel ; deux leçons pour la *connaissance* : *l'inculture,* source de tous les maux, se combat par la science que définit la philosophie matérialiste soucieuse de causalités concrètes, et la *mort* n'est pas à craindre, ce que nous prouve une lecture selon l'ordre physique, donc atomique, de l'événement – car on n'a rien à craindre d'une modification d'agencement de particules ; deux leçons *hédonistes* : *l'idéal ascétique* nous fait mourir deux fois au lieu d'une et l'indexation de sa vie sur *l'avoir* nous conduit à passer à côté du bonheur – car la joie seule importe et elle s'obtient par la construction de soi qui suppose le travail sur l'être, sur son être. L'ensemble constitue un programme pour une vie politique.

Démocrite aujourd'hui proposerait donc de nouveaux chantiers pratiques pour rester fidèle à ses chantiers théoriques : une *nouvelle critique de Dieu et de toutes les religions* : d'où un *athéisme militant* clair, net, précis, rigoureux, vigoureux et implacable, une lutte contre les sottises crasses des trois monothéismes en particulier, certes, mais qui n'exclurait pas un travail semblable pour le bouddhisme, l'hindouisme et autres fables nocives très actives sur la planète ; une *nouvelle critique de l'inculture et de son empire* : d'où une *philosophie matérialiste* susceptible de faire reculer les questionnements existentiels contemporains, notamment la mort, le sens de la vie, la souffrance et tout ce qui se groupe sous la rubrique d'une biotechnologie progressiste, mais également une critique radicale et sans complaisance des machines médiatiques et libérales promptes à décerveler la population, sinon l'humanité ; une *nouvelle critique des morales de l'idéal ascétique* : d'où une *sagesse hédoniste* à même de remettre les femmes au centre du dispositif éthique, loin de l'arraisonnement à la maternité ou au mariage, à créer de nouvelles libertés qui tournent le dos au mariage, à la famille, au travail, à la patrie, au consumérisme, à l'abrutissement produit par notre civilisation libérale, hygiéniste et pour tout dire encore saturée de judéo-christianisme.

Rire de Dieu, rire des prêtres, rire du clergé, rire des religions, rire des Églises, rire de Jéhovah, rire de Jésus, rire de Mahomet, rire du Talmud, rire de la Bible, rire du Coran, rire des bouddhistes, rire des hindouistes, rire du dalaï-lama, rire du pape, rire des imams, rire des moines, rire des bonnes sœurs, rire des ayatollahs, rire des mollahs, rire des femmes voilées, rire du paradis, rire de l'enfer, rire du purgatoire, rire de la mort, rire des sots, rire des abrutis, rire des incultes, rire des journalistes, rire des universitaires, rire des prétentieux, rire des crétins, rire des imbéciles, rire des tristes figures, rire des peine-à-jouir, rire des empêcheurs de jouir, rire des pères de famille, des mères de famille, rire des femmes enceintes, rire des politiciens, rire des rois, rire des présidents de la République, rire des ministres, rire du moindre conseiller municipal, rire des banquiers, rire des notaires, rire des agents immobiliers, rire des joueurs de golf, rire des footballeurs, rire des traders, rire des comptables, rire des policiers, rire des gendarmes, rire des flics, rire des militaires, rire des platoniciens, rire des philosophes idéalistes, rire des spiritualistes, rire du grand rire des anarchistes et finir un jour par mourir de rire, certes, mais, du moins, avoir vécu, avoir *vraiment* vécu...

26
Mener une vie philosophique

Quand de secte qu'il fut le christianisme devint religion, autrement dit par la grâce de la conversion toute simple d'un homme qui avait l'heur d'être empereur et de disposer des pleins pouvoirs, ce qui facilite bien les choses, la philosophie antique fit les frais de la furie christianisatrice. À la manière des monuments païens déconstruits en éléments, puis recyclés dans les constructions qui célèbrent l'Empire nouveau, l'histoire de la philosophie antique s'est effectuée en regard de l'Épiphanie chrétienne. Justin l'affirme clairement dans son *Apologie pour les chrétiens* (II.13) : « Tout ce qui s'est dit de bien chez tous ceux qui l'ont dit est chrétien. » On ne peut mieux signifier la démarche récupératrice et envisager ce que cela annonce en trafics conceptuels.

De façon rétroactive, l'ensemble de ce qui était susceptible de réappropriation chrétienne a donc été pieusement conservé et le reste détruit : soit volontairement par des autodafés auxquels Paul invite explicitement, soit par pénurie des peaux sur lesquelles s'écrivait la pléthore de textes nouveaux qui obligeaient à effacer le texte ancien pour y écrire le nouveau, soit par une négligence coupable qui abandonne les livres à la destruction par le temps de ce qui a échappé aux malheurs précités. Le feu, la pierre ponce, le soleil, l'humidité, la moisissure, les rongeurs : voilà comment périt un philosophe et sa philosophie...

Le christianisme devint donc la « vraie philosophie », un leitmotiv de la littérature patristique. Dès lors, l'historiographie dominante affirme possibles, pensables, imaginables la lecture et la méditation du pythagorisme, du platonisme, du stoïcisme, du néoplatonisme qui deviennent les philosophies honorables dans le passé antique. Car les premières écoles philosophiques célèbrent le dualisme du corps et de l'âme, l'existence d'une âme immortelle susceptible d'être sauvée ou damnée, la nécessité du dépouillement ascétique pour parvenir au monde céleste, la déconsidération de ce monde-ci, le mépris du corps, le goût de l'au-delà, sinon la fascination pour la souffrance et la passion pour la mort. Tout ceci étant récupérable par le christianisme, on pouvait légitimement se référer à cette ligne de force antique.

En revanche, revers de la médaille, l'historiographie au pouvoir décrète obligatoire une franche rupture avec l'atomisme matérialiste, l'hédonisme cyrénaïque, l'eudémonisme épicurien, car ces écoles philosophiques ne peuvent servir d'appoint ou de propylée à la religion naissante. En effet, si tout est matière et configuration d'atomes dans le vide, rien de ce qui constitue la fable chrétienne ne tient, l'âme est faite d'atomes, elle est mortelle, seuls les atomes sont immortels, mais leurs agencements changent sans cesse. De même, impossibilité majeure du compagnonnage de route intellectuel, l'hédonisme, le sensualisme, la volupté ne sauraient être défendus par les défenseurs de l'idéal ascétique paulinien : le bonheur n'est pas une affaire terrestre, ici et maintenant, il relève d'une perspective céleste, dans l'au-delà.

Toutefois, en dehors de ce schéma justinien triomphant, il existe *une ligne de force existentielle* qui traverse les siècles : elle part des présocratiques et aboutit à certaines philosophies contemporaines, en passant par un christianisme dont je peux comprendre et apprécier la nature. Quelle est cette ligne de force plus de deux fois millénaire ? Celle qui affirme que la philosophie est d'abord et surtout l'art de mener une vie philosophique, et non l'art de rendre obscur ce qui est clair, la discipline des sophistes et des rhéteurs.

Du grec Démocrite au Camus méditerranéen de l'ère nucléaire, il existe en effet une tradition philosophique définie comme *technique de la sagesse pratique*. Elle comprend, pour aller vite, Épicure et les épicuriens, les gnostiques licencieux des premiers siècles de notre ère, les Frères et Sœurs du Libre Esprit médiéval, Érasme et son jardin d'Épicure chrétien, Montaigne, bien sûr, qui les ramasse tous, Spinoza, Nietzsche, Thoreau, Kierkegaard et quelques autres encore pour lesquels la philosophie n'est pas technique d'enfumage conceptuel, scolaire, didactique et universitaire, mais construction d'une sagesse à vivre.

Au sein même de cette ligne de force, il existe au moins deux façons d'envisager les choses. La première, individuelle, individualiste, solitaire, affirme que le salut est une affaire personnelle : il se joue entre soi et soi, sans les autres, malgré eux, voire contre eux. La seconde, communautaire, collective, solidaire, pense que la solution passe par une vie menée en complicité avec des compagnons, des amis.

Les formules ne manquent pas qui, dans la philosophie antique, proposent ces deux formes de salut : pour illustrer le principe d'une pure egodicée, on trouve bien sûr Socrate, leur maître à tous. J'entends le Socrate historique, le compagnon de route d'un triangle subversif qui comprend aussi Aristippe et Diogène, figures solitaires, un silène dont on sait finalement peu de chose en dehors du travestissement platonicien utile au projet polémique et apologétique des dialogues.

Et puis, côté cénobitique avant l'heure, donc avant le mot, une ligne qui conduit de Pythagore et de son école à Plotin désirant un Plotinopolis, en passant bien sûr par Épicure et son Jardin, les épicuriens tels Philodème de Gadara et son cercle campanien dans la baie de Naples – soit du VIIe siècle avant notre ère au IIIe siècle après J.-C. Cette tradition d'une pensée mise en commun, d'une sagesse pratiquée en groupe existe d'une manière bien vivace.

On sait peu de Pythagore, qui effectue le passage entre l'Orient et l'Occident, plus particulièrement entre l'Égypte qu'il visite et la Grèce où il enseigne. On ignore tout autant le contenu de sa doctrine, car la pratique d'un enseignement extrêmement ésotérique, son recours à la seule oralité, le vœu de silence qui l'accompagne, tout ceci empêche qu'on sache vraiment selon quelles modalités vivait la communauté.

Ce que l'on sait : l'impétrant, d'abord postulant, devient Néophyte s'il satisfait aux critères posés par le Maître, puis Acousmaticien, enfin Mathématicien, le quatrième et dernier grade. Les biens sont mis en commun. Sévères règles diététiques : végétarisme avec un interdit des aliments spécifiquement vitaux – moelle, œuf, cœur, cerveau... Règles religieuses : prières et sacrifices codifiés et ritualisés. Exercices spirituels : examen de conscience chaque soir, continence sexuelle, pratique du chant accompagné à la lyre, exercices mnémotechniques, lecture communautaire de textes édifiants. Exercices physiques : sport, gymnastique, promenade, danse. Rituel symbolique : vêtements en lin blanc, prohibition du cuir, coiffures spécifiques, signes de reconnaissance ésotériques, grades, symboles divers...

On ignore également le détail de la communauté réalisée autour d'Épicure. Mais on sait qu'on y accueille, dans les premières années du IVe siècle, tous les hommes et toutes les femmes, sans souci de rien d'autre que de leur désir de philosopher : nul besoin d'être aristocrate, citoyen, athénien, riche, tout le monde peut ici mener une vie philosophique. Les livres d'Épicure ne servent à rien s'ils ne débouchent sur une pratique existentielle effective. Les méditations sur la vie, l'amour, la mort, la sagesse, l'amitié, les invitations à se moquer de l'argent, du pouvoir, des honneurs, des richesses, la proposition de se concentrer sur l'être, la construction de soi, l'ascèse spirituelle, la réalisation de son plaisir par une sévère diététique des désirs, la fabrication d'une volupté ataraxique, tout ceci ne mérite pas une seconde de peine s'il n'y a pas incarnation dans des actes, des gestes, des actions concrètes.

Pour sa part, Philodème de Gadara infléchit la rigueur ascétique de l'épicurisme d'Épicure – qui se contentait de résoudre le problème de sa santé personnelle précaire – en élaborant un épicurisme romain moins sévère, moins austère, moins rigoureux. Philodème donne une définition positive du bonheur : il n'est pas absence de souffrance, comme chez le maître d'Athènes, mais production positive d'une jouissance qui est toujours bonne, pourvu qu'elle ne soit pas aliénante et insoucieuse d'autrui.

Dans la Villa dite des Papyrus, construite en surplomb de la baie de Naples, Philodème et ses amis mènent une vie philosophique. La maison est à elle seule un concept. L'emploi du temps également. Architecture magnifique, décorations et sculptures signifiantes, avec bustes des philosophes et des écrivains sous le patronage desquels se placent les commensaux, peintures de scènes mythologiques ou allégoriques édifiantes, agencement architectural de la maisonnée autour de la bibliothèque, salle de travail avec ouverture donnant sur l'étendue de la mer, lectures faites en commun, échanges de commentaires. Dans cette maison, les repas sont pris en commun, la fréquentation de la table ne se trouve pas en contradiction avec l'enseignement épicurien : pas de grands crus ou de mets extravagants, mais un vin local et les produits de la mer, sardines du port, huile des olives des champs avoisinants, pain fabriqué et cuit dans les murs mêmes de l'enceinte. L'épicurisme n'est pas affaire de professeurs ou de docteurs, mais d'hommes et de femmes qui veulent bien vivre en attendant la mort qu'ils souhaitent accueillir sereinement.

Les communautés épicuriennes ont été considérables dans tout le bassin méditerranéen. Du vivant d'Épicure, son enseignement s'étendait sur un grand espace géographique : Lampsaque, Mytilène, Apamée et Antioche, en Asie Mineure, ou Alexandrie, en Égypte. Trois lettres sauvées sur trois cents livres disparus constituent aujourd'hui l'œuvre complète d'Épicure... Elles agissaient comme un genre d'Épîtres telles que Paul les écrira. Ces missives à Hérodote, Pythoclès et Ménécée ramassent thématiquement (physique, cosmogonie et éthique) l'enseignement d'une doctrine clairement résumée à des fins d'édification d'une communauté. On trouve encore des épicuriens comme Diogène d'Oenanda en Lycie au IIe siècle de notre ère, soit un demi-millénaire après le Jardin athénien historique.

Vivre une vie philosophique, voilà l'obsession magnifique des philosophes antiques. Peu de temps avant le devenir planétaire – du moins méditerranéen – du christianisme, le doux et vertueux Plotin lui-même se laisse aller à une utopie communautaire élargie aux dimensions d'une ville ! L'empereur Gallien et sa femme aimaient beaucoup le philosophe qui a sollicité de sa magnificence la restauration d'une ville de Campanie complètement détruite. Le but ? Y vivre avec toute une population selon les lois de Platon ! Cénobitisme philosophique élargi à la cité... Porphyre, qui rapporte cette histoire dans sa *Vie de Plotin*, ajoute que des courtisans de l'Empereur empêchèrent la réalisation de ce vœu par jalousie et méchanceté.

Puis vint Constantin, converti par opportunisme politique. L'Empire devient donc chrétien. Très vite, la fiscalité, la législation, le nouveau droit favorisent les sectateurs du Christ et rendent la vie difficile aux personnes restées fidèles au culte païen. La codification de la création d'un statut de seconde zone pour les non-chrétiens avec Théodose (438) puis Justinien (529) accélère la christianisation forcée et brutale de l'Empire. L'exercice de la philosophie libre disparaît au profit du règne sans partage des Pères de l'Église – et pour de longs siècles.

Toutefois, et c'est heureux, le signe distinctif de la philosophie antique persiste : depuis les présocratiques, la philosophie n'est pas discours et théorie pure, exercice de rhétorique ou jonglerie dialectique, mais pratique d'une sagesse effective : la preuve du philosophe, c'est la vie philosophique qu'il mène... De sorte qu'il existe un courant philosophique *dans le christianisme* porté par des individus qui mènent une vie philosophique, autrement dit qui imitent la pratique de Jésus, ou du Christ, dans leur vie quotidienne.

Pendant ce temps, une frange de philosophes dogmatiques soumet la discipline à de mauvais traitements. Ceux-là mettent tout leur talent à créer une sophistique chrétienne à même de justifier les frasques temporelles de l'Église compromise avec l'exercice du pouvoir politique. Eusèbe de Césarée inaugure cette façon de faire en créant le philosophe de cour – le penseur qui prostitue son art et monnaie son statut officiel et sa visibilité, qu'on ne dit pas encore médiatique, par une allégeance intellectuelle à l'Empereur – représentant de Dieu sur terre selon le fameux adage de Paul pour qui « tout pouvoir vient de Dieu ».

Des débats qu'on dira byzantins opposent ces philosophes sur ce que l'on nomme faussement la querelle du sexe des anges – car celle-ci n'a jamais eu lieu. On écrit sur la virginité, le célibat, la chasteté, la nature de l'âme, les sacrements, les mystères, la résurrection des morts, l'incarnation du verbe, le baptême, le saint-esprit, la catéchèse mystagogique, la hiérarchie des anges, les hérésies, l'incompréhensibilité de Dieu, on commente abondamment les livres du Nouveau Testament pour tâcher d'expliquer qu'on peut être vierge et mère, mort mais vivant, père de Dieu et fils de l'homme en même temps…

Convenons-en, ces philosophes développent des trésors d'ingéniosité en ces temps bénis pour les magiciens du concept ! Ce qui se traduit par le développement d'une philosophie de l'enfumage, du sabir, de l'obscurité, sinon de l'obscurantisme, un genre de glossolalie appelée à de grands développements dans l'université médiévale, puis contemporaine, car nos sorbonagres prennent avec brio la suite de ce lignage philosophique.

Pendant que certains sabotent la discipline pour en faire une activité de prestidigitateur confortablement assis à leur bureau, une poignée maintiennent la tradition antique de la philosophie comme art de vivre une vie philosophique : les anachorètes, les moines du désert, puis les premières communautés cénobitiques. Je pose cette idée que l'invention du monastère chrétien procède du recyclage de la tradition antique de la pratique d'une vie philosophique communautaire.

Regardons pour ce faire le mouvement monachique et voyons plus particulièrement ce qu'il nous apprend sur le terrain philosophique. La première règle monastique date de Pacôme, vers 320. Le christianisme est encore une secte, mais plus pour longtemps : la victoire au pont Milvius date de 312 et, depuis ce succès militaire, Constantin se réclame du Tétragramme chrétien qu'il prétend avoir « vu » dans le ciel – il affirme lui devoir sa victoire sur Maxence.

Comme les philosophes antiques, Pacôme codifie la vie en communauté. Le but reste le même : mener une vie philosophique. Autrement dit, vivre une vie de chrétien. Que veut dire *une vie de chrétien* ? Une vie qui imite celle de Jésus, ou bien celle du Christ : c'est-à-dire la vie d'un homme qui ne mange ni ne boit que du symbole, qui ne défèque ni ne copule et ne rit pas, bien qu'étant un homme, *autrement dit un ange* sans sexe, un ectoplasme ; ou bien un fils de Dieu né d'une mère vierge, crucifié et ressuscité, mais surtout victime émissaire sanguinolente accrochée à son instrument de torture, *autrement dit un cadavre*...

Or, certains hommes bien avisés proposent autre chose qu'imiter un ange ou un cadavre, deux idéaux tellement inatteignables qu'ils génèrent obligatoirement mauvaise conscience, culpabilité, souffrance, haine de soi, donc haine des autres, et tout ce que Spinoza nomme les « passions tristes » qui nourrissent ce que Nietzsche appelle l'« homme du ressentiment ». Ces hommes-là proposaient une alternative à ces deux impasses, en l'occurrence l'imitation de la communauté primitive décrite dans les *Actes des apôtres*, autrement dit une microsociété.

Lisons les *Actes des apôtres* (2.44 et 4.32) : les disciples ont vendu leurs biens et ils partagent l'argent obtenu puis le répartissent selon les besoins de chacun ; communauté des biens ; repas en banquets de l'assemblée réunie ; partage du pain et du vin. Cette communauté chrétienne primitive se construit sur le mode communiste au sens étymologique. Le monachisme incarne ce communisme réalisé. Voilà bien autre chose que de viser l'immatérialité d'un ange ou l'impassibilité d'un cadavre... On comprend que, comme avec les mystiques fustigés de leur vivant et récupérés après leur mort, l'Église ait d'abord vu d'un drôle d'œil cette façon d'être chrétien et de vivre ses idées.

Le monachisme vit *après* l'âge d'or des martyrs dont Jacques de Voragine fige la mythologie dans *La Légende dorée*. Le martyr meurt en persécuté pour sa foi sous le règne d'empereurs païens ; quand cette foi est devenue officielle, le chrétien n'est plus persécuté, et pour cause, car il devient même parfois persécuteur. Pour leur part, en dehors de ces logiques indexées sur la pulsion de mort, le moine ou la moniale célèbrent la pulsion de vie et souhaitent expérimenter sur terre, ici et maintenant, l'idéal chrétien de communauté spirituelle et matérielle.

Pacôme, comme Mahomet après lui, tient sa règle d'un ange descendu du ciel – dixit Palladius dans son *Histoire lausiaque*. Très au courant de ce qui s'avère nécessaire sur terre pour réaliser le communisme chrétien, l'ange enseigne le détail d'une vie philosophique. Étrangement, on y retrouve nombre d'idées, de thèses, de pensées, de pratiques qui pourraient provenir d'une communauté pythagoricienne, épicurienne ou plotinienne... Les prescriptions abondent ; elles réglementent la vie dans le moindre détail. Rien n'y échappe.

Que manger, que boire, et quand. De quelle manière s'habiller ; avec quels types de vêtements ; confectionnés dans quelles matières ; lesquelles sont prohibées. Quels horaires pour le travail manuel, la prière, le repos, le sommeil ; quelles plages de temps et quelles quantités pour ces différentes activités ; quels agencements ; quelles cadences et quels rythmes pour cet emploi du temps. Comment accueillir l'étranger ; selon quelles lois de l'hospitalité. Quand peut-on parler ; quand faut-il se taire. Que peut – ou que doit – le corps en matière de sexualité (rien) ou d'hygiène (très très peu). De quelle façon inhumer ses morts ; selon quels rituels. Peut-on rire ? Faut-il punir le rieur ? Quelles logiques punitives et répressives. Qui donne les autorisations d'agir, et selon quels critères. On y réglemente la possession : son vêtement et son bâton, sinon rien. La règle dit la bonne distance à tenir avec autrui. La bienséance à l'endroit de soi et des autres. Elle codifie également la toute-puissance du père abbé sur sa communauté à la manière dont Dieu jouit de sa puissance sur les hommes. Règle de Pacôme, d'Augustin, de Benoît ou de François d'Assise, toutes accusent une singulière parenté avec les usages philosophiques existentiels et pratiques de l'Antiquité. Les sagesses païennes nourrissent la spiritualité monachiste.

Exemples sous forme d'un portrait esquissé : la *croyance pythagoricienne* à l'âme immatérielle, à son immortalité, puis à son destin post-mortem ; la passion de cette école philosophique pour le noviciat, le silence, l'initiation ; ses prescriptions et ses rites extrêmement détaillés ; l'usage par le disciple d'un vêtement spécifique dans une matière spécifique. La *sagesse épicurienne* exigeant la purification de soi et la seule réalisation des désirs naturels et nécessaires, autrement dit boire de l'eau quand on a soif et manger du pain quand on a faim ; le refus de tout autre désir considéré comme non naturel et non nécessaire ; la condamnation des faux plaisirs payés de déplaisirs – du genre sexualité, volupté, sensualité, honneur, argent, richesse, pouvoir... ; l'invitation à l'imitation de la béatitude des dieux. La *mystique plotinienne* de la négligence du corps, de son oubli, sinon de son mépris ; l'invitation à concentrer toute son activité sur la méditation qui, via le gravissement des hypostases, conduit à l'extase de l'union avec l'Un-Bien ; les techniques d'introspection ; la possibilité d'une vie après la mort ; la théorie de l'amour ; la contemplation via la procession ; la vérité supérieure du monde intelligible ; une vie de méditation (quatre extases seulement dans toute la vie de Plotin...) – voilà autant de points de passage entre la philosophie antique et le monachisme chrétien, entre la sagesse païenne des communautés de certains penseurs préchrétiens et la pratique des communautés chrétiennes primitives. Bien sûr, il faudrait détailler et préciser...

Le cénobitisme affirme une idée riche et d'actualité : la possibilité, sans attendre les lendemains qui chantent, ou même les surlendemains qui chantent (je songe au post-mortem des croyants...), d'une révolution ici et maintenant pourvu qu'on incarne ici-bas, et de manière extrêmement concrète, les idées auxquelles on croit. On pense une chose ? Mettons-la en pratique – et l'on évite la schizophrénie qui atteint les trois quarts de la corporation philosophante qui enseigne une chose, mais, très souvent, en pratique une autre, voire exactement son contraire. On est sûr et certain de ses idées ? N'attendons pas un hypothétique demain pour les réaliser, mais vivons dans le moment même ce que l'on professe. On est chrétien ? Vivons alors en chrétien. On parle, on enseigne, on dit, on écrit, on monte en chaire, on veut que les autres vivent selon ce principe, on persécute, on brûle, on emprisonne, on châtie quiconque s'y refuse ? Évitons tout cela qui est si peu dans l'esprit de Jésus : disons ce que l'on pense et vivons ce que l'on dit, nous n'en serons que plus crédibles.

Face aux logorrhées des philosophes de la patristique qui accouchent de l'engeance universitaire parlant pour ne rien dire et vivant à rebours de ce qu'elle enseigne, les anachorètes du désert, les stylites perchés sur leur colonne de vingt mètres, les gyrovagues animés d'un mouvement perpétuel, les paissants et autres mangeurs d'herbes et de racines, les reclus volontaires dans des tombes, les gnostiques extravagants, puis les moines et moniales d'hier et *d'aujourd'hui* ont illustré et illustrent la cohérence d'une vie philosophique : voilà la seule aune à laquelle se mesure la vérité d'un philosophe. Penser sa vie ; vivre sa pensée ; et mourir sage et serein. Non loin de la maison que j'habite, j'entends journellement les cloches d'un monastère de bénédictines : elles rythment leur vie – et la mienne en même temps.

27
Le chant guerrier d'un curé athée

Habituellement, je n'aime pas beaucoup les curés. Ou alors, il faut que, comme Dom Pérignon, ils se soient illustrés dans un autre domaine que celui de l'idéal ascétique. Avec Jean Meslier, la chose se complique, car ce curé athée, révolutionnaire, communaliste, anarchiste avant l'heure, proudhonien si l'on me passe l'anachronisme, anticlérical, internationaliste, matérialiste, hédoniste, *partageux*, comme on disait dans le peuple de gauche du grand siècle socialiste, le XIXe, a fourni un matériel conceptuel impressionnant à tous ceux qui tiennent pour sublime la devise « Ni Dieu, ni Maître ».

Ce curé naît le 15 janvier 1664 à Mazerny, dans les Ardennes, l'année du *Tartuffe* de Molière... Trajet classique qui le conduit des études de théologie à la cure de campagne. Meslier assure les mariages gratuitement, distribue aux pauvres le bénéfice d'une location d'un lopin de terre dont il a hérité. Dans sa bibliothèque, on trouve Montaigne et Vanini, La Bruyère et La Boétie parmi d'autres bons livres. Il vit avec une jeune bonne qui ne fut pas la vieille et chaste servante que les conciles invitent à préférer aux jeunesses fraîches et affriolantes. À la hiérarchie qui le réprimande il rétorque qu'elle est sa nièce. On le punit d'un mois d'isolement dans un monastère. Quelques années après, il recommencera avec une autre... nièce.

Lors de ses prêches, il milite. Dans un sermon contre Antoine de Toully, le seigneur du village, il refuse l'eau bénite et les intentions de prières pour cet homme qui ne les mérite pas. Le noble se plaint à l'évêché, on le punit une fois encore. Le dimanche suivant, Meslier remet le couvert et invite cette fois-ci les ouailles à prier, certes, mais pour la conversion du seigneur aux vertus évangéliques et l'obtention du pardon de Dieu pour les fautes du nobliau. Jean Meslier sollicite ensuite des fidèles de la petite église de campagne qu'ils obtiennent pour l'aristocrate la grâce de ne pas maltraiter les pauvres et de ne plus dépouiller l'orphelin. Libertin et libertaire, voilà un curé bien bon.

Pendant dix années, tous les soirs que Dieu fait, si l'on me permet l'expression, il écrit à la lueur de sa chandelle et devant le feu de sa cheminée un texte révolutionnaire sur mille petites pages. Écriture serrée, imprécations athéologiques, révolutionnaires, contestataires. Son titre ? *Mémoire des pensées et sentiments de Jean Meslier*, une charge appelée à devenir célèbre sous le titre *Testament de Jean Meslier*. Ses cibles ? La religion catholique : Dieu, les prêtres, les moines, le Christ, les prophètes, l'Église, les Écritures ; les gens de pouvoir : princes, rois, empereurs, tyrans, nobles ; les parasites divers : gens de robe, notaires, « gens d'injustice », autrement dit procureurs, avocats, greffiers, contrôleurs, juges, intendants de police, gens d'impôts, percepteurs, « maltôtiers rats de caves », fermiers généraux, riches propriétaires. Qui sauve-t-il ? Les pauvres, les miséreux, les victimes, les paysans, les travailleurs, les exploités. Mais aussi les femmes. Et les animaux. Autant de victimes des puissants et des dominants.

Le livre fait penser aux *Essais* de Montaigne par sa construction baroque, aléatoire, et son économie existentielle : le livre fait son auteur autant que son auteur le fait. Le *Testament* tricote des longueurs et des éclairs magnifiques, des tunnels démonstratifs et des aphorismes intempestifs, d'infinis pliages de démonstrations et des fusées géniales, des répétitions et des pensées inédites. On n'y trouve ni néologisme, ni pensée obscure, ni démonstration emberlificotée : à le lire, on l'entend, on perçoit le rythme de sa colère, la vitesse de ses violences, la brutalité de sa suffocation morale. C'est un prêche enflammé, un monologue sans fin, une philippique incandescente, un discours fleuve.

Meslier, pressé par le temps, craint la mort et veut se débarrasser de ce qui le taraude et le fait souffrir : curé athée, prêtre incroyant, pasteur mécréant, il vit dans sa chair cette contradiction comme une douleur, une plaie, un fléau. Pourquoi ne pas quitter l'habit de curé ? L'imprécateur qui met le feu au monde craint de peiner ses parents et veut vivre tranquille ! Il sait aussi que le bûcher ne serait pas bien loin pour un apostat... Il écrit pour vivre, survivre. Il se confesse. Il est la matière de son ouvrage, comme le philosophe bordelais.

La logique cathartique explique le fouillis : il pense en homme pressé. Comme dans tout soliloque, on trouve des répétitions, des redondances. Il s'enivre de mots. La basse continue de ce livre ? La colère. Les variations ? Un interminable chant guerrier. Mais il est également le fils de son temps baroque, sinon rococo, ou maniériste. L'ornement, l'exubérance, l'asymétrie, la dissymétrie, l'étirement de la matière, les lignes brisées et ondulantes, ce qui se voit dans l'architecture de pierre de son temps se montre aussi dans cette construction de papier.

Ce cri de guerre inédit dans l'histoire de la pensée occidentale offre l'un des premiers vrais moments athées, sinon le premier. Nous sommes entre 1719 et 1729, date de la mort du curé. Avant lui, on nomme athée *l'agnostique* qui, comme Protagoras, conclut qu'en matière de Dieu on ne peut rien conclure ; le *panthéiste* qui, tel Spinoza, en affirme l'existence consubstantielle à la nature ; le *polythéiste*, genre Épicure, qui enseigne leur multiplicité ; le *déiste*, façon Voltaire, pour qui Dieu crée le monde en bloc mais ne se soucie pas des détails ; ou n'importe qui dont l'idole ne correspond pas aux critères étroits fixés par l'Église. Or *l'athée dit clairement que Dieu n'existe pas*. Ce qu'écrit clairement Meslier : « Il n'y a point de Dieu » (II.150) – voilà qui est clair et net, carré, tranchant...

Suivent alors de longues – et parfois lourdes – démonstrations : la multiplicité des définitions de Dieu débouche sur un capharnaüm de propositions contradictoires qui s'annulent : clément et vengeur, vétilleux et magnanime, juste et jaloux, doux et coléreux, inaccessible mais susceptible d'être infléchi par la prière, bon mais tolérant le mal, du péché originel aux enfers en passant par l'exploitation, l'injustice et la misère sur terre. Comment une telle chimère déraisonnable pourrait-elle exister ?

Meslier effectue de longues et patientes exégèses : les textes se contredisent, les Évangiles disent des choses contradictoires, par exemple sur la généalogie de Jésus, ses faits et gestes, son enfance, son temps d'activité publique, ses actes après le baptême, le détail de sa première retraite, le déroulé de la Cène, les femmes qui l'ont suivi, leur nombre, les lieux et circonstances de ses apparitions après sa mort, etc. Ces textes n'ont pas été inspirés par l'esprit saint, mais écrits par des hommes. On doit lire la Bible comme Tacite ou Suétone, avec le regard non pas du croyant, mais de l'historien. Dès lors, Meslier traque les mythes, les fables, la magie, les histoires pour les enfants propagées par les récits testamentaires qui sont autant de récits de propagande rédigés par l'Église pour assurer son empire sur les corps et les âmes ici et maintenant.

Les allégories ? Des supercheries dialectiques pour masquer la faiblesse, l'indigence ou l'absence de pensée. Les miracles ? Des sottises contradictoires avec les lois de la nature. La mythologie ? Un recyclage de vieilles fables païennes. Jésus ? un homme « archifanatique, fou, insensé, misérable, malheureux pendart, homme de néant, vil et méprisable », un menteur excité, un hyperactif de la conversion, un escroc métaphysique incapable d'éviter la crucifixion, un bonimenteur dont aucune prophétie ne s'est réalisée, un mégalomane qui prétend racheter les péchés du monde avec sa mort, mais dont le sacrifice n'a produit aucun effet, un gourou. Les dogmes ? De ridicules superstitions païennes remises dans le circuit. La morale chrétienne ? Une contre-nature dommageable, déplorable : pourquoi Dieu donnerait-il la capacité au plaisir tout en l'interdisant ? Un dolorisme aux conséquences funestes. Un amour du prochain, y compris l'ennemi, surtout l'ennemi, qui justifie donc le monde comme il va en interdisant la révolte ou l'insoumission. Un code construit sur la célébration de la pulsion de mort, sur le renoncement. Et passim.

Que propose Meslier ? Un contrat hédoniste avec une sexualité libre entre personnes librement consentantes. Un féminisme qui donne aux femmes le pouvoir sur elles-mêmes, avec, pour commencer, une législation qui autorise le divorce afin qu'elles échappent à la tyrannie d'un mauvais mari. Une éthique de la pitié avec toutes les créatures souffrantes. Ainsi, Meslier refuse la logique chrétienne qui légitime l'exploitation des animaux, leur mise à mort pour se nourrir, leurs souffrances dans le travail, les mauvais traitements, le tout sous prétexte qu'il y aurait une *différence de nature* entre l'homme et l'animal car le premier disposerait d'une âme immatérielle, principe de divinité en lui, au contraire du second. Le curé athée défend l'idée d'une *différence de degrés* entre l'homme et l'animal à partir de laquelle il invite à une éthique de la pitié. L'homme nous dit qu'il ne supporte pas les boucheries, que la vue du sang le fait s'évanouir. C'est le même qui souhaite que « tous les grands de la terre et que tous les nobles fussent pendus et étranglés avec des boyaux de prêtre ». On a les boucheries qu'on peut !

Quelle est la philosophie de Meslier ? Il invente le matérialisme moderne. Sans amis, sans conversations mondaines, sans bibliothèques, sans salons, sans correspondances avec les pointures intellectuelles de son temps, sans émulation spirituelle, en observant la nature, seul et solitaire, reclus dans sa campagne profonde, Meslier formule le matérialisme français que pilleront ensuite La Mettrie et Helvétius, d'Holbach et Diderot. Meslier n'entre pas dans le détail de la physique matérialiste. Il ne cite pas Épicure. Lucrèce n'est pas dans sa bibliothèque. Diogène Laërce non plus.

Mais il s'oppose à Descartes et à sa théorie de la matière à l'aide de sa seule intelligence. Il agit seul contre le monde des idéalistes, des platoniciens, des chrétiens, des spiritualistes qui, hier comme aujourd'hui, disposent du monopole institutionnel. Descartes ? Un « déicole », un « christicole » qui recycle l'âme chrétienne avec sa « substance pensante »... Meslier sait, parce qu'il la voit, qu'il existe dans la nature une « fermentation continuelle de l'être » (III.89) : son vitalisme est d'une extrême modernité. D'Holbach s'en souviendra quand il construira son ontologie immanente sur le « nisus ».

Meslier invente aussi l'ontologie immanente, car là où le christianisme enseigne le péché originel comme généalogie du mal, il propose une lecture radicalement immanente : contre cette *généalogie céleste et théologique* du mal, il propose une *généalogie terrestre et éthologique*. Le mal ? Trop d'hommes sur un territoire trop petit... La rareté des biens génère la violence pour se nourrir. À partir de cette évidence, le philosophe propose un eudémonisme social, autrement dit une autre organisation du territoire. Du moins, une organisation culturelle qu'il arrache à la nature. Le mal n'a rien à voir avec la faute, mais avec la mauvaise gestion de Louis XIV dont la politique a créé la misère. Le roi ? Un voleur, un criminel, un tueur, un exploiteur qui, en soixante-deux ans de règne, et avec toutes ses guerres, ses impôts, a mis la France à genoux. Cet homme est coupable de carnages, de guerres, d'usurpations, de « voleries », d'injustices, de famines.

Le curé athée se double donc d'un curé anarchiste : il prend le parti de ceux qui n'ont rien et mériteraient d'avoir tout et double son propos d'une colère contre ceux qui ont tout et mériteraient de n'avoir rien – donc d'être dépossédés... Ceux-là vivent de taxes, de rentes, d'impôts, ils ont tout – femmes, héritages, argent, jouissances – et veulent encore plus. La collusion de ce monde-ci avec le monde de la religion chrétienne est patente. La lutte des classes provoque la haine des classes.

Dès lors, il faut une république eudémoniste. Meslier affirme que l'inégalité d'institution contredit l'égalité naturelle. En jusnaturaliste, il s'appuie sur le droit naturel en vertu duquel les hommes disposent du droit de vivre, travailler, manger à leur faim, se vêtir correctement, se loger décemment, éduquer leurs enfants. Meslier propose un objectif à cette république qui travaillerait à l'« utilité publique » et au « bien commun » : « vivre heureux » (II.75).

Pour ce faire, il faut abolir le pouvoir idéologique de saint Paul, selon qui « tout pouvoir vient de Dieu », pensée nocive, car elle suppose que s'opposer au pouvoir, c'est s'opposer à Dieu : l'au-delà verrouille l'ici-bas. La collusion du sabre et du goupillon saute aux yeux : catholicisme et monarchie « s'entendent comme deux coupeurs de bourse ». D'abord, les rois se disent envoyés de Dieu, ou des dieux, puis ils finissent par se dire dieux eux-mêmes. Les membres du clergé, complices de cette entreprise, ne démentent pas et terrorisent le peuple. Ils se paient ensuite avec les avantages obtenus par la fréquentation des princes dont ils sont les amis, les complices et les intimes. Meslier attaque les moines, les monastères et fustige les gros bénéfices des abbayes qui spolient ce que « les bons ouvriers devraient avoir ».

Que faire ? Agir en défendant ses idées. Proposer un état des lieux – des États généraux avant l'heure. Exposer les causes de la misère en montrant le mécanisme de l'exploitation et de l'aliénation. Éclairer le peuple sur la nature de la féodalité. Dire qu'on peut changer les choses. Il faut des amis, des compagnons de route, des militants, dirait-on aujourd'hui, ou bien des intellectuels acquis à la cause qui parcourent la campagne pour « exciter partout les peuples à secouer le joug insupportable des tyrans ».

Comment faire ? En bon lecteur de La Boétie, il sait que le pouvoir existe parce que ceux sur lesquels il s'exerce y consentent. On lit dans le *Discours de la servitude volontaire* ce cordial libertaire sublime : « Soyez résolus de ne plus servir, et vous voilà libres. » Meslier souscrit. Pratiquement : ne rien donner aux riches ; les exclure de notre société ; pratiquer la désobéissance civile ; ne plus payer d'impôts : refuser la taille, la gabelle, les corvées ; s'unir pour renverser et briser le trône ; recourir aux tyrannicides : « Assommer ou poignarder tous ces détestables monstres et ennemis du genre humain » (III.133).

Quoi faire ? Après l'abolition de la propriété privée, instaurer le « jouir en commun » des produits de la prospérité et du talent ; s'appuyer sur les villages à fédérer ; établir des contrats pour éviter la guerre et construire la paix ; viser l'internationalisme : « Je parlerai volontiers à tous les peuples de la terre » (III.154) ; agir sur le terrain concret : le travail, la nourriture, la maison, l'hygiène, le chauffage, les vêtements, l'éducation des enfants, la possibilité d'être soigné... Meslier propose la première version d'un communalisme libertaire et internationaliste.

Jean Meslier meurt le 28 ou le 29 juin 1729 âgé de soixante-cinq ans : il laisse quatre copies de son fameux *Testament* et une lettre d'une vingtaine de pages dans laquelle il synthétise son travail, qu'il envoie à quelques curés du voisinage. Ce texte est une bombe à retardement. Le *Testament*, recopié, circule sous le manteau. Voltaire entend parler de ce brûlot qu'on s'arrache à prix d'or. Il en obtient une copie mais déplore l'athéisme et le communisme libertaire du curé. Dès lors, il fabrique un faux avec prélèvements utiles à son combat anticlérical et déiste, il conserve l'attaque des superstitions, du clergé, de la religion catholique, mais il supprime la négation de Dieu, il jette à la poubelle le projet politique, il taille dans le vif et écarte les développements du philosophe matérialiste, il émascule le texte et ajoute une conclusion de son cru qui fait de Meslier un... déiste voltairien !

Transformé en adepte de la « religion naturelle » par la grâce d'Arouet, Meslier devient le bouclier de Voltaire dont la vulgate omet toujours de dire qu'il aime les puissants, courtise les rois d'Europe pour obtenir des pensions, construit sa fortune sur la traite négrière, déteste le peuple (« autant de bœufs auxquels il faut un joug, un aiguillon et du foin », écrit l'icône française), envoie une supplique au pape pour obtenir des reliques destinées à la chapelle qu'il se fait construire à Cirey, et dans laquelle il souhaite se faire enterrer ! Voltaire conclut l'édition falsifiée qu'il donne du *Testament* de Jean Meslier en écrivant qu'il s'agit du « témoignage d'un prêtre mourant qui demande pardon à Dieu »... On croit rêver !

Tout le XVIIIe siècle lit cette édition fautive. Les philosophes matérialistes le pillent sans le citer ; Desmoulins y renvoie pendant la Révolution française ; Anarchasis Cloots demande à la Convention qu'elle lui édifie une statue dans le Temple de la Raison ; en 1919, son nom est gravé sur un obélisque à Moscou, car les bolcheviques lui confèrent un rôle cardinal dans leur généalogie... Autant de détestables récupérations : le déisme de Robespierre, la modération de Desmoulins, la pétrification dans le marbre de celui dont il ne subsiste aucun portrait, aucune tombe, aucune trace, la récupération par le régime totalitaire marxiste-léniniste auraient souverainement déplu à ce philosophe de la révolte et de l'insurrection. Les marins de Cronstadt, oui ; la bureaucratie soviétique, non.

Il faut attendre 1864 pour obtenir enfin une édition authentique en trois volumes établie par Rudolf Charles. Dès lors, on put le lire débarrassé de la soutane voltairienne et des habits de cirque dont on l'a si longtemps affublé. On le trouve aujourd'hui enfin intact dans quelques éditions. On le découvre extrêmement moderne et d'une redoutable actualité. Ce penseur radical, ce philosophe génial a été enterré à la sauvette, probablement dans le jardin du presbytère qui fut ensuite rattaché à la propriété de l'aristocrate conchié en chaire ! Pas de pierre tombale, pas de plaque ou de signe, pas de trace, pas même d'inscription sur le registre de catholicité...

Seul dans son presbytère d'Étrépigny dans les Ardennes, Jean Meslier, curé athée, a inventé une radicalité athéologique, proposé une éthique hédoniste, formulé une ontologie immanente, construit une politique libertaire, donné à cette politique une formule communaliste et internationaliste, pensé un féminisme de combat, pressenti le combat antispéciste, échafaudé le matérialisme moderne, démasqué la fourberie cartésienne, esquissé la formule révolutionnaire de 1789, appelé de ses vœux la nécessité des intellectuels critiques... Excusez du peu. L'hommage à lui rendre aujourd'hui ? Le lire, bien sûr. Le lire, mais aussi *et surtout* le pratiquer.

28
L'art, pour ne pas mourir du monde

Dans un monde saturé par les images inutiles, les reproductions superfétatoires, les icônes indigentes, quiconque s'avance en proposant l'antidote à ces signes du nihilisme de notre époque avec d'autres images, de nouvelles icônes, agit en démiurge d'un monde de résistance. Dans cette configuration éthique et esthétique particulière, Gérard Garouste se fait le prophète d'une iconophilie susceptible d'agir en remède aux chromos délavés qui triomphent sur les écrans de notre modernité, mais aussi dans nombre de galeries où l'art en cours confesse parfois, sinon souvent, sa contamination par l'image vidée de son aura à cause de sa prostitution triviale, mondaine, marchande, libérale, décérébrée, anomique.

Garouste peint l'aura définie par Walter Benjamin : l'enveloppe d'énergie qui recouvre comme une peau invisible un objet sans double, sans duplication possible, sinon au prix d'une mort de cette vibration précieuse. Le monde bruit d'une rumeur sourde semblable à celle d'une machine qui vomirait sans cesse des clones iconiques. L'artiste bloque ce monstre de mécanique et de technique, il grippe les rouages, il sabote l'engin, il rit de verser du sable dans le mécanisme de ce dispositif à produire du même, du semblable, de l'identique. Le peintre résiste à une modernité et, paradoxalement, cette résistance fonde une autre modernité.

Quelles modernités ? L'ancienne ? Celle du corps de Marcel Duchamp devenu momie, fétiche, totem et amulette ? La nouvelle ? Celle de l'esprit de Marcel Duchamp qui, dialectique, invitait non pas à des cristallisations, à des pétrifications de musées, mais à la vitalité d'un Dionysos toujours à l'œuvre ? La vulgate fait de Gérard Garouste un peintre qui réhabilite le métier contre les avant-gardes. Or le problème n'est pas dans le métier, mais dans l'arrière-garde que devient toute avant-garde qui ne bouge pas et se fossilise. Car, depuis le coup d'État esthétique de Duchamp, il s'est passé un siècle. Quel avant-gardiste peut se réclamer du concept en collant au plus près de ce qui fut pour être et, de plus, se prétendre en avance ?

Gérard Garouste attire les conservateurs en matière d'art, sinon les réactionnaires, nostalgiques d'un ordre passé dans lequel les peintres savaient peindre, les dessinateurs dessiner, les compositeurs composer, un monde aussi où les travailleurs travaillaient, les exploiteurs exploitaient, les femmes se soumettaient, les étudiants étudiaient, un monde d'avant mai 1968, un temps sans chienlit... Le bon temps de grand-papa... Or c'est un malentendu d'enrôler Gérard Garouste de ce côté de la barricade. Rien ne lui est plus étranger que le discours antimoderne, lui qui est peut-être le plus moderne de tous.

De la même manière que le matérialisme dialectique est mort de n'avoir été que matérialisme en oubliant d'être dialectique, l'avant-garde meurt de se croire devant sans jamais plus bouger, car bien vite elle se fait rattraper puis, pour longtemps, sinon pour toujours, se fait dépasser et attire sur elle les quolibets de l'artiste lucide qui rit de voir les duchampiens aussi desséchés que la momie vénérée, tout en se croyant frais et roses, parfumés à la bonne odeur de provocation !

Duchamp aujourd'hui n'est pas chez les duchampiens qui prennent la lettre pour l'esprit. Gérard Garouste, pour sa part, a saisi ce qui constitue le message de l'imprécateur qui souhaitait la table rase. Duchamp devenu une figure du passé, sinon une icône dominante du passé, il faut, pour lui donner raison, s'en débarrasser, c'est le seul moyen de le confirmer, de lui rester fidèle et... de le conserver ! Leçon de dialectique basique. Garouste n'est pas contre Duchamp, ni pour, ni ailleurs : il demande à la peinture (que l'*anartiste* ne condamnait pas en soi, puisqu'un an avant sa mort il confie, dans l'un de ses entretiens avec Pierre Cabanne, que, s'il avait une idée, il reprendrait volontiers le pinceau, mais qu'il n'en a pas), qu'elle incarne une force éthique : à savoir, qu'elle nous apprenne à lire dans notre monde d'illettrés.

Gérard Garouste propose donc une éthique en même temps qu'une esthétique. Son dessein ? Restaurer l'aura perdue de l'image, puis donner des leçons de lecture aux analphabètes. Autrement dit : résister à la profusion des icônes reproductibles et enseigner le difficile art de lire. À l'évidence, les deux combats en constituent un seul. Fin du multiple, avènement de l'original ; retour à l'école, épiphanie de la sagesse. Dans un monde où le nihilisme se porte en bandoulière, où l'on communie dans le non-sens avec affectation et roucoulements, voilà un homme debout, droit, fulminant avec ses pinceaux et donnant une leçon sans dire un mot.

Quelle leçon ? Chacun le sait, Cézanne parlait de la « vérité en peinture » et, de façon énigmatique, il affirmait la devoir à ses interlocuteurs. Après d'autres, Jacques Derrida fit de longues gloses sur cette phrase célèbre d'un peintre qui compte beaucoup dans l'histoire de l'art par ce qu'il a dit de la peinture, parfois plus que par sa peinture elle-même. Cézanne est un peintre pour philosophes, mauvais signe ! Le peintre silencieux, sinon en délicatesse avec le verbe, voilà le véritable homme de l'art.

La démarche de Gérard Garouste pourrait se comprendre en inversant cette sainte maxime de Cézanne. On se trouverait alors devant une autre formulation : la « peinture en vérité », comme on dit le « Christ en majesté ». Qu'est-ce qu'on entend par cette formule ? Le Christ Pantocrator, autrement dit en gloire (le canon de la représentation artistique le figure avec son corps glorieux et non avec sa chair martyrisée, après le Jugement dernier), un Christ qui dispose de tout son corps et apparaît assis sur un trône au centre d'une mandorle. Pantocrator signifie en grec tout-puissant.

Glissons de cette formule à la nôtre : la *peinture en vérité* serait donc la peinture en majesté, toute-puissante. Non pas l'essence de la peinture car il n'en existe point, mais l'Épiphanie, autrement dit le mode d'apparition d'une image qui affirme brutalement la vérité de la subjectivité dont elle procède.

Ainsi, la *peinture en vérité* dit la *vérité en peinture*, elle se définit par le jeu de sublimation, de transfiguration esthétique, ici picturale, qui joue avec les fantômes, travaille les esprits qui hantent les corps d'artistes et accouche d'images dont nul n'ignore qu'elles sont sages.

Sage comme une image de Garouste, qu'est-ce à dire ? Il y eut un temps où le monde du peintre se composait de kératine, d'antennes, de fuseaux d'insectes, d'élytres et de mouvements de ces créatures frêles mais géantes dans un imaginaire qui saturait la toile. Ce monde en annonçait un autre. Un univers de chrysalides avant la voilure chatoyante du papillon. Un espace plein de cauchemars ou de rêves bruissant comme des musiques étranges. Un concert dans une galerie souterraine, aveugle et pleine de crissements qui vrillent l'âme. Images sages d'une sagesse noire.

Puis, quelque temps après, il y eut un autre monde franchement ouvert sur la biographie. Toujours une sagesse noire, pleine de chromatismes sombres, mais parfois mise en mouvement par des couleurs choisies pour leurs vibrations, leurs effets physiques, donc psychiques. La série placée sous le titre *La Bourgogne, la famille et l'eau tiède* propose en contrepoint une peinture et son explication, une image et sa raison biographique. Gérard Garouste peint des énigmes et son silence sur ces toiles aurait celé à jamais leur mystère. Généreux, il en donne la clé. Son problème n'est pas de disserter abondamment, d'expliquer, de commenter, de partir dans des gloses inutiles et incertaines, mais d'offrir en quelques mots simples, comme une parole d'enfant, les raisons d'être de telle ou telle toile.

Que disent ces paroles simples et claires ? Qu'il procède d'une famille dans laquelle les secrets ont obscurci le monde. Une grand-mère cachant son fils issu d'une relation tenue pour coupable par la société, un enfant qu'elle transforme en frère. Un grand-père gazé au front né de mère inconnue. Un oncle illettré, alcoolique, fantasque, berger, dévot du minium avec lequel il peignait compulsivement. Un père antisémite ayant fait fortune pendant la guerre avec la confiscation des biens juifs. Le même, hystérique et dangereux, armé d'un pistolet, menaçant son épouse de la tuer en présence de son jeune fils, Gérard Garouste, parce qu'elle tient mal une aiguière remplie de vin ! Une mère soumise, totalement soumise.

Et lui, placé au milieu de ce maelström de furies et de mauvaisetés, de souffrances et de douleurs, perdu pour lui-même avant que la peinture, en vérité révélée de façon immanente, éclaire d'une belle lumière tragique cet univers qui, sinon, serait resté peuplé de créatures diaboliques, de machines infernales, de souffles méphitiques qui auraient fini par emporter l'homme que la peinture n'aurait pas sauvé. Dans ces scènes de brutalités paternelles, de violences familiales, on trouve parfois l'antidote au mal : l'art.

Ainsi, dans le salon où le père a menacé son épouse de mort, on trouve au mur une tapisserie dans laquelle l'enfant a pu s'évader. La brutalité du monde réel disparaissait avec l'entrée dans le monde de l'art : dans la pièce, le revolver du père, la mère sous la table, comme un chien, mais aussi le couple heureux, figé dans la trame de la tapisserie, riant du geste (verser le vin de l'aiguière dans un verre) qui fait pleurer dans la vie. L'art comme remède au monde, antidote au poison de l'existence ? Voilà le pari existentiel de Gérard Garouste, dont la peinture exprime la vérité mentale et spirituelle.

Violence du père immonde contre tendresse de l'oncle qui peint, menace de mort du mari à l'endroit de son épouse contre promesse de joie de la femme qui sert à boire au jeune homme dans l'œuvre d'art – la tapisserie, Ici le poison, là le remède. Permanence de la sauvagerie du père dans des espaces où, *peintures dans la peinture*, on trouve accrochés aux murs des chromos, des tapisseries donc, des pochades dans lesquelles, si l'on y entre, la vie semble plus douce, plus heureuse que dans la cruauté du réel. L'art, pour ne pas mourir du monde – la peinture en vérité.

Le noyau dur et sombre de la douleur dans laquelle Gérard Garouste fut plongé comme dans un chaudron infernal fut sans conteste le passé antisémite de son père, une passion funeste dont le géniteur ne consentit jamais à dire qu'elle fut une erreur malgré les invites faites par son fils à convenir de cette faute majeure afin de vivre moins couvert de sanie. Un objet se trouve représenté à plusieurs reprises dans la peinture de Gérard Garouste : un sous-main en cuir clair, festonné de motifs dorés en bordure qui encadrent en son centre le blason d'une famille. Cette pièce est une copie XIXe d'un original du XVIIe. Elle a appartenu à l'une des familles juives spoliées par M. Garouste père, qui, comble de la perversion, a offert ce cadeau empoisonné à son fils. Le pire des pères s'assure que la malédiction s'inocule bien comme un poison. Littré dit du sous-main qu'on y serre ses mots – on pourrait ajouter qu'ici on y serre aussi ses *maux*.

Comment vivre avec ce *présent* ? aux deux sens du terme, un *cadeau* et un *retour permanent du refoulé*. De quelle manière envisager l'avenir avec ce passé saturant ce présent ? Que serrer dans ce sous-main ? Quelle lettre y rédiger ? Quels mots y écrire ? Pour qui ? Quels destinataires, morts ou vivants ? Pour y dire quoi, finalement ? Cet objet signifie aussi l'opération qu'on effectue... en sous-main, autrement dit de façon illégale, cachée, dissimulée. De quelque côté qu'on la retourne, cette peau de bête tannée arrachée aux victimes juives agit en tunique de Nessus pour un fils issu d'un tel père. De quelle façon peut-on construire son avenir avec un pareil passé ? En devenant peintre.

En devenant peintre, mais aussi, pour Gérard Garouste, en passant par le chemin infernal de la descente aux enfers. Car l'artiste dit et peint – toujours la peinture en vérité – que le sentier traverse de terribles paysages. La psychiatrie nomme maniaco-dépression ce voyage de l'autre côté du miroir, sinon au bout de la nuit. L'étiquette rassure probablement le patient et le médecin pour l'illusion apollinienne qu'elle donne en face du monstre dionysiaque qu'est cette machine diabolique. Mais rien n'y fait : les forces déchaînées dans cette aventure sont celles des dragons et des serpents, des monstres et des chimères, des volcans et des tempêtes. La peinture retient un peu des éclaboussures de ce monde-là. Car que faire de ce legs pervers du père, sinon cette opération alchimique à même de transformer cette boue sans nom en pierre philosophale radieuse, rayonnante, éblouissante, subjuguante – en peinture.

L'athanor de cette opération de transmutation des métaux vils en métaux précieux ? Le corps de l'artiste. On sait depuis Nietzsche, qui en a proposé une formidable explication, que l'autobiographie origine toute création et que le lieu de toute généalogie de l'œuvre est le corps, la « Grande Raison ». Le corps de Gérard Garouste apparaît en vérité lui aussi dans sa peinture : souffrant, effondré, hiératique, morcelé, fragmenté, dispersé, étiré, allongé, étalé, pulvérisé, asexué, transsexué, hypertrophié, hypotrophié, halluciné, accablé, métamorphosé, tombé, enroulé, caché, dissimulé, nu, hagard, égaré, fractionné, convulsif, brisé, broyé, cassé, démembré, multiplié, désorienté, compulsif, sanglé, perdu, dépaysé, errant, hébété... Et c'est ce corps qui peint.

Dès lors, on trouve des anamorphoses dans sa peinture, et c'est l'un des signes constitutifs de son style : de longues mains pleines de doigts, effilées comme une aile d'ange ; des pieds inversés qui contraignent à reculer si l'on souhaite avancer ; des torses eux aussi en décalage morphologique ; de longs cous tendus vers le ciel vide ; des corps acéphales ; des organes sans corps ; des corps sans organes ; des corps sur lesquels se greffent des étrangetés anatomiques ; des corps en gésine, comme sur un chantier où des morceaux chercheraient leur agencement adéquat ; des corps de chimères, mi-hommes, mi-animaux ; des corps ailés ; des oreilles dans le dos comme des rémiges d'ange ; des corps augmentés ; des corps démultipliés ; des corps terminés en racines, mi-hommes, mi-arbres. Autant de corps muets, mais qui parlent la langue des signes, car Gérard Garouste pratique cette langue à merveille : quand certains parlent pour ne rien dire, lui dit pour ne pas parler, ce qui nomme expressément le travail du peintre. Toujours la vérité en peinture.

Que dit-il silencieusement ? Que la faute du père antisémite se rachète par la peinture talmudique du fils. Du moins, qu'on peut aller dans cette direction, car cette vilenie paternelle, le fils ne pourra pas l'effacer, on ne paie pas une dette impossible à honorer. Dès lors, pour vivre avec, il faut s'installer sur l'autre rive, là où les ennemis de nos ennemis sont nos amis. Gérard Garouste invente une figure inédite dans l'ontologie en se faisant marrane inversé. Qu'est-ce à dire ?

Le marrane qualifie le juif qui, persécuté par l'Inquisition espagnole au XVe siècle, puis portugaise au siècle suivant, s'est en façade converti au christianisme pour n'avoir pas soit à périr sur le bûcher, soit à quitter son pays en abandonnant ses biens sur place. Par la suite, quiconque pratiquait en secret sa religion juive en abordant extérieurement l'allure d'un chrétien pouvait être dit marrane. Que pourrait donc bien signifier *marrane inversé* ? Le comportement de celui qui, chrétien par le baptême qu'on lui confère enfant, semble adhérer à cette religion à l'extérieur alors que dans le privé, dans son intimité, il pratique la religion juive.

Avant d'examiner de possibles preuves pour étayer cette thèse, arrêtons-nous d'abord sur ce que pourrait signifier *pratiquer la religion juive*. Mesurons l'immense défi qu'il y aurait à pouvoir répondre simplement à pareille question. Tout pose problème dans cette formulation : *pratiquer* ? Une *religion* ? Et plus particulièrement la religion *juive* ? Problèmes également d'autres interrogations du genre : faut-il *croire à l'existence* de Dieu ? Et si oui, que peut-on entendre par *Dieu* ? Quid des *rites* ? Des *cultes* et de leurs formes ? A-t-on besoin d'une démarche spécifique pour manifester sa conversion ? Une cérémonie particulière ? Nous entrons là dans un univers dont le centre est partout et la circonférence nulle part !

Un rabbin que Gérard Garouste visite pour lui demander s'il doit « devenir israélite » l'invite à repasser quinze jours plus tard. Ce qu'il fait. L'artiste s'entend alors dire par l'homme de foi et de sagesse : « Je ne vois pas l'intérêt que vous vous convertissiez. » Puis : « Vous n'avez pas besoin de preuve de ce que vous êtes. » Tout le génie juif se trouve dans cette réponse. La réponse convainquit l'impétrant qui n'eut donc pas à se convertir pour devenir ce qu'il était déjà.

À l'évidence, Gérard Garouste est donc devenu ce qu'il est en réaction à l'antisémitisme du père catholique. Œdipe logique. Ce problème personnel d'un géniteur complice de la Shoah par la spoliation des biens juifs avec lesquels il fit sa fortune est devenu une question théorique, puis théologique, donc éthique, enfin esthétique, mais ces quatre termes sont quatre façons différentes de nommer une même chose : comment vivre en procédant d'un pareil père ?

L'artiste apprend donc l'hébreu. Il lit le Talmud. Il pratique la fine exégèse du texte de la Torah. Patiemment, trois versets pour une année ; ardemment, car cette étude nourrit son être et l'être même de sa peinture, ce qui est la même chose. Le signe de la peinture joue avec les signes talmudiques. Gérard Garouste enchaîne les énigmes, cache les vérités sous de fausses pistes, sème les solutions comme de petits cailloux dissimulés dans la reproduction d'un ciel babylonien, ou dans la signature cabalistique des toiles susceptible d'écrire un jour une mystérieuse phrase de cinquante lettres, ou dans les faux repentirs techniquement réalisés pour que l'effet du temps sur la peinture libère d'autres images cachées sous la première couche ou dans le calcul des angles d'objets agencés à la surface d'une toile, ou, ou, ou...

Là où l'on croit comprendre, on n'a probablement pas compris, mal compris, compris à côté, rien compris. Ce que l'on pense comprendre, on l'a probablement compris de travers. Perpétuel entrecroisement de sens. Infinité des combinaisons possibles. La langue y contraint : l'hébreu, c'est du chinois. Cette langue ne se traduit pas. S'apprend-elle, même ? Sa structure ne se saisit pas avec le cerveau formaté par l'Occident. Disons-le autrement : la matière grise catholique ne dispose pas des moyens de saisir le génie de la langue des juifs, donc le génie juif. Tout essai de traduction devient une véritable trahison. Mais il faut traduire pour ne pas trahir.

D'où la nécessité éthique et esthétique d'un apprentissage à reprendre à la base : il faut apprendre à lire, à nouveau. Car les chrétiens ne savent pas lire. Ils traduisent pour trahir. Saint Augustin, l'une des bêtes noires de Gérard Garouste (il le place à égalité de malfaisance avec Adolf Hitler), a falsifié le judaïsme pour en faire le propylée du christianisme. Les Pères de l'Église créent le judéo-christianisme : pour eux, la vérité du judaïsme se trouve dans son achèvement chrétien. L'Ancien Testament annonce un Messie ? Alors le Nouveau Testament prétend l'avoir trouvé en la personne de Jésus, le Christ. Dès lors, les qualités prêtées par la Torah à cet homme providentiel deviennent comme par miracle les qualités de cette figure attendue – et venue ! De fait, Jésus est une fiction construite pour valider la thèse juive, mais dans sa formule chrétienne. Et l'Occident communie dans cette fiction, dans cette fable étendue à des millions de consciences.

La Septante, autrement dit la traduction grecque de la Bible, va générer plus tard une traduction latine avant sa version française... On imagine combien la traduction d'une langue impossible à traduire pervertit ces versions multiples qui, toutes, portent la trace de l'idéologie qui sous-tend leur métamorphose dans la langue du commanditaire. L'hébreu devenu grec puis latin permet à Augustin et aux siens de forcer le texte pour lui faire dire la légende de son Messie mort sur la Croix. Ce forçage des textes s'apparente à un genre de spoliation chrétienne d'un bien juif, en l'occurrence : la langue. D'où la nécessité de revenir aux sources juives qui installent Gérard Garouste dans une position inédite : celle du peintre qui, silencieusement, avec sa peinture, *déchristianise le judéo-christianisme*. Voilà pourquoi il faut apprendre à lire à nouveau avec des images.

Le peintre multiplie cette déconstruction savante avec son art. Il peint par exemple la forfaiture de la traduction d'*almah*, autrement dit *jeune fille nubile*, par *Vierge*, ce qui engage – ou légitime, ou justifie, ou explique, comme on voudra – la religion nouvelle du côté de la fable que l'on sait : la virginité d'une mère deviendra le modèle d'imitation proposé aux femmes, ce qui permettra de lire le geste d'Ève comme une transgression sexuelle à même d'expliquer la pente misogyne et phallocrate de l'Église, d'où son culte de la pulsion de mort, sa détestation du sexe par lequel se donne la vie, son installation sur le terrain de l'idéal ascétique et de la fâcherie généralisée avec tout ce qui donne du goût à l'existence. « De ce détournement et de cette *spoliation* (c'est moi qui souligne) en règle, on ne parle pas », dit Gérard Garouste. Sauf lui.

Par exemple avec sa lecture picturale du retable d'Issenheim de Colmar, véritable manifeste peint par Grünewald de cette perversion chrétienne. L'artiste contemporain offre une excellente leçon de décodage : décryptage de code, déchiffrement d'énigme, déconstruction de fable, démontage de mythe, Gérard Garouste ne parle pas ses leçons, il les peint. La vérité en peinture ? La peinture de la vérité. Autrement dit, la peinture du texte original débarrassé des spoliations chrétiennes du bien juif. Le père catholique antisémite génère un fils marrane inversé, lecteur scrupuleux et avisé du texte original. Sur le sous-main, il serre ses notes en traduisant une poignée infime de versets du Talmud...

La faute du père se trouve *un peu* lavée par l'étude du fils. Si cette faute était susceptible d'un traitement par une eau lustrale définitive, Gérard Garouste n'effectuerait pas ses séjours de l'autre côté du miroir. Ses voyages en Enfer agissent comme des visites faites au noyau du monde du père, des coups de sonde dans le cloaque, des prélèvements effectués sur la viande du diable. La peinture retient l'artiste du bon côté du miroir. Son franchissement la nourrit bien malgré elle en rappelant la nécessité, toujours, toujours, toujours, de l'étude, de la lecture, de la traduction, de la sagesse

– donc de la peinture. Car la peinture est art de la lecture silencieuse, technique du discours sans verbe, savoir-faire du rhéteur muet, canne de l'aveugle, antenne de l'insecte qui peuplait le monde pictural de l'artiste dans les années quatre-vingt.

Si le *sous-main* représente dans la peinture de l'artiste la faute du père, *l'âne*, la *figue* et *l'hysope* incarnent l'antidote, le contrepoint, le remède du fils. Pourquoi l'âne ? La tradition affuble les mauvais élèves d'un bonnet d'âne sous prétexte de moquer leur bêtise. Or, avec ce geste païen, ça n'est pas un défaut qu'on stigmatise, l'ânerie, mais une qualité à laquelle on invite, l'attention : on demande à l'enfant qu'il ait d'aussi grandes oreilles que l'animal pour entendre, bien entendre, mieux entendre – ce dernier mot à interpréter également comme *comprendre*.

Il existe également des raisons sémantiques en rapport avec l'hébreu. L'âne se trouve à un point d'intersection entre la justice et la sagesse, la matière et l'ange. Chez les chrétiens, l'animal porte Jésus entrant dans Jérusalem. La tradition antique en fait la bête libidinale par excellence. La légende christique inverse les valeurs païennes et fait du Christ celui qui contraint les passions, les pulsions, les instincts, la libido. Jésus domine la bête. Mais chez Gérard Garouste, la bête domine le peintre qui se représente parfois la portant sur ses épaules. Antéchrist, portrait du peintre dominé par l'âne, autoportrait aux grandes oreilles de celui qui veut entendre, comprendre, l'artiste devient le mangeur de figues, le brouteur des feuilles du figuier. Ainsi, la sagesse couronne le peintre.

Pourquoi la figue ? Le figuier signifie la science religieuse, l'abondance, la nourriture de l'ermite qui se suffit à lui-même. Jésus n'aime pas cet arbre qui représente la Synagogue fautive de n'avoir pas souscrit à la légende de la divinité messianique du Christ. Il dit l'Église hérétique également. Manger la figue, goûter au fruit de cet arbre à nouveau défendu par le christianisme, c'est avancer sur le chemin de la déchristianisation du judéo-christianisme. D'autant que, comme l'âne, la figue a une franche connotation sexuelle qui n'est pas pour déplaire à l'Antéchrist en majesté qu'est Gérard Garouste.

Enfin, pourquoi l'hysope ? Parce que cette petite plante aromatique aux fleurs bleues est purificatrice. Elle élève vers Dieu. Les chrétiens s'en servent en souvenir de la façon juive de procéder pour purifier ce qui doit l'être. Elle entre dans la composition de l'eau lustrale qui, symboliquement, lave des péchés commis, elle efface les impuretés ontologiques, dont celle qui consiste à procéder du pire des pères. Étude et purification : la purification comme étude, l'étude comme purification, la purification dans, par et pour l'étude...

La *peinture en vérité* articule et agence dans nombre des six cents toiles peintes par Gérard Garouste *la faute antisémite* du père chrétien, le sous-main donc, et la rédemption de cette faute par l'étude talmudique, la *science de la sagesse juive*, donc les longues oreilles de l'âne qui écoute et apprend, la manducation de la figue, fruit de la connaissance, pomme antéchristique dans la mythologie du peintre, et l'aspersion de l'eau lustrale rendue possible par la macération de l'hysope. Avec le destin infligé par le père, le fils fabrique un antidestin qui définit de la sorte son propre destin. Peindre, c'est donc pour Gérard Garouste dire en silence le trajet qui conduit de cette malédiction paternelle à la résolution de cette malédiction : la solution filiale.

Le prix à payer ? Un savant mixte d'Indien, de Classique et d'Apiculteur. Dans un rêve, Gérard Garouste croise une nuit, sur une route de campagne, une personne qui lui enseigne que l'humanité se divise en deux genres d'hommes : les Classiques et les Indiens. L'un et l'autre marchent ensemble, toujours, à la manière des *pihis* d'Apollinaire, ces oiseaux qui n'ont qu'une seule aile et qui, pour voler, doivent s'associer... Le Classique ? L'homme de l'ordre et de la mesure, de la loi et de l'habitude, de la tradition et de l'équilibre, du chiffre et du nombre. L'Indien ? L'homme de l'intuition et de la poésie, de l'orgiaque et de la danse, de l'inspiration et de l'enthousiasme. La raison et la passion des philosophies occidentales, l'esprit de géométrie et l'esprit de finesse de Pascal, l'apollinien et le dionysiaque de Nietzsche, le compas et l'entonnoir, la règle et la bougie éteinte de Garouste.

Il faut les deux. Si l'un triomphe de l'autre, le pire surgit comme un fauve de sa cage : sans raison, l'Indien délire ; sans intuition, le Classique devient fou. Voilà pourquoi il faut aussi de la femme en l'homme, de l'homme dans la femme, de la bête dans l'humain et de l'humain dans la bête. D'où les nombreuses chimères qui envahissent le monde du peintre : autoportraits avec des seins, des cuisses et un ventre de femme, sinon un triangle pubien, portraits de fils en jupe, une arrière-grand-mère au fessier de cheval, une sirène femme et mérou, une métamorphose partielle en âne. Raison masculine et intuition féminine ? Encéphale martial et cerveau sensuel ? Mélange nécessaire de Classique et d'Indien...

(Ouvrons ici une parenthèse pour préciser que les récupérations du travail de Gérard Garouste par un certain nombre d'essayistes conservateurs, de philosophes réactionnaires, d'intellectuels traditionalistes, d'institutionnels opposés à la modernité, sous prétexte chez lui d'un hypothétique retour de la peinture figurative, négligent l'enseignement même de l'artiste : ces Classiques ignorent l'Indien et sombrent dans la folie que le peintre diagnostique chez tout hémiplégique de l'analyse.

Toutes proportions gardées, les Classiques valent l'avant-garde qu'ils conspuent car ils commettent l'erreur de leurs adversaires qui célèbrent l'Indien et oublient le Classique. Le génie de Gérard Garouste consiste à tenir à égale distance, dans un équilibre réussi et parfait, ces deux forces qui, désappariées, conduisent dans deux mondes semblables : celui du philosophe kantien sanglé dans les vêtements du Classique vaut exactement celui du bouffon avant-gardiste habillé en Indien...).

Comment réaliser l'exacte alchimie qui permet de ne pas abuser du compas et, dans un même temps, faire un usage correct et mesuré de l'entonnoir ? Pas trop de Classique, certes, pas trop d'Indien, d'accord, mais comment faire pour user sans abuser ? Il faut l'étude et la sagesse, mais aussi l'invention et la poésie, la raison et l'intuition. Et qui sait user habilement de ces outils magiques ? L'herméneute, l'exégète, le lecteur, le talmudiste, la personne qui s'empare du texte et jongle avec la raison du Classique et l'invention de l'Indien. Et cet être habile, c'est l'Apiculteur... Pourquoi ?

Parce que la sémantique fait la loi. En hébreu, *abeille* se dit *Deborah*, en vertu des racines *DBR* qui signifient aussi *parole* et suggèrent l'*éloquence*. Les abeilles peintes par Gérard Garouste dans un autoportrait en apiculteur sont donc des paroles figurées par des petites bouches voletantes comme les mouches à miel, sans visage, à la manière du papillon qui, lui, est *psyché*, *âme* chez les Grecs. La bouche dit les paroles, mais elles peuvent aussi, chez le muet, se montrer peintes comme de petits signes, des lettres cabalistiques. Les abeilles sont des bouches, et vice versa. Le jeu de traduction impossible contraint à la raison et à l'intuition, à la logique du Classique et à la folie de l'Indien.

L'abeille va de fleur en fleur. Elle pollinise. Sans elle, pas de vie, car les arbres resteraient infertiles. Pas de fruits, pas de nourriture. Pas de figues, donc. Pas de sagesse non plus. Pas de savoir, pas de connaissance, pas de sagesse, pas d'antidote à la faute du père, pas de salut, pas de peinture. Chez Gérard Garouste, peindre des abeilles, c'est affirmer la tautologie de son univers. Jadis, en signe d'élection de leur génie interprétatif, des abeilles s'étaient posées sur la bouche de Pindare, de Platon, de saint Ambroise – le maître en rhétorique de saint Augustin, l'ennemi intime de notre peintre... Naguère, elles se sont également posées sur les mains de Gérard Garouste, pour notre plus grand bonheur.

29

Le totem n'est pas tabou

Artaud a, parmi de multiples inventions langagières qui constituent autant de licences poétiques, parlé du « corps sans organe ». Sous la plume de Gilles Deleuze, le scribe sage du fou génial qu'était Félix Guattari, ce concept a fait le tour de la planète. Il est devenu « CsO » (Concours de sauts d'Obstacles, disent en Normandie les amateurs de chevaux qui n'ont pas lu *L'Anti-Œdipe*) et permet aux dévots de cette récente scolastique philosophique de faire les gorges chaudes et de s'enivrer tels des derviches tourneurs comme à l'époque bénie de Thomas d'Aquin.

Artaud écrivait : « Pas de bouche Pas de langue Pas de dents Pas de larynx Pas d'œsophage Pas d'estomac Pas de ventre Pas d'anus Je reconstruirai l'homme que je suis » – pas de point non plus dans la phrase. Pour ma part, je pense qu'il n'y a que bouche et langue, dents et larynx, œsophage et estomac, ventre et anus, y compris, et surtout, chez les négateurs de l'anatomie.

Deleuze était le philosophe du désir et Foucault le philosophe du plaisir – vieille opposition entre le chrétien qui veut le désir contenu, insatisfait, travaillant le corps (avec organes), vécu dans la chair comme une malédiction entendue comme manque (ah ! Divin Lacan, compagnon de route de cette aventure platonicienne et grand gourou de cette scolastique postmoderne), et le plaisir, qui est résolution du désir. Le désir non résolu, c'est la frustration, la somatisation, l'angoisse, la souffrance, la douleur, le prurit. Le plaisir, en revanche, est sérénité recouvrée, paix construite, quiétude, douceur, bien-être – autant d'antivertus, ou de vices, pour un cerveau formaté par le christianisme. Platon contre Épicure, vieux combat.

Je me bats depuis plus de soixante livres contre toutes les scolastiques, contre toutes les formes prises par le christianisme, la philosophie dominante, même quand elle semble minoritaire, alternative, oppositionnelle, comme dans le cas de Deleuze. Voilà pour quelles raisons, le temps passant, Deleuze rejoint la cohorte des classiques de la philosophie : son « CsO » peut bien trôner, dans le musée des horreurs philosophiques, aux côtés de l'« Idée » de Platon, de la « Substance pensante » de Descartes, du « Noumène » de Kant, du « Concept » de Hegel ou de l'« En-Soi » de Sartre, autant de grosses machines à mettre le réel à distance pour lui préférer l'idée qu'on s'en fait, autrement dit, l'étoffe des songes.

Le « CsO » de Deleuze est la réponse au Corps avec Organes de Deleuze. Le mépris de la biographie, la haine de la vie concrète du philosophe trahit toujours, chez celui qui clame haut et fort cette option idéologique, l'existence d'un cadavre dans le placard. Un ou plusieurs… La sainteté et la hauteur de vue du philosophe qui méprise la mise en perspective de l'œuvre et de l'auteur eut son heure de gloire avec le structuralisme, qui fit une religion de cet autodafé de la biographie, et plus généralement du contexte. Le texte, pas de contexte : c'était la religion du moment dans les années soixante-dix.

On comprend que le nazi Heidegger tienne pour minable et déplorable la mise en perspective d'une œuvre et de son auteur, de l'auteur et de son temps, de son temps et de l'inscription concrète dans celui-ci. L'anecdote est célèbre : l'auteur d'*Être et temps*, avant d'aborder la *Métaphysique* d'Aristote dans son cours de 1924, réduit la biographie d'Aristote à ceci : « Il est né, il a pensé, il est mort. » De fait, avec pareille concision, on évite de s'attarder sur la vie philosophique du philosophe, la seule preuve, pourtant, de sa philosophie.

Cioran, dont on sait désormais l'engagement intellectuel aux côtés de la Garde de fer roumaine, les propos dithyrambiques publiés en faveur d'Hitler, les pages d'un antisémitisme forcené, les livres consacrés à célébrer la force et la santé fascistes, avait lui aussi intérêt à théoriser l'inutilité de la biographie pour aborder une œuvre et, surtout, la comprendre. Je conçois aussi pour quelles raisons il m'écrivit un jour, alors que je souhaitais lui consacrer ma thèse, qu'il répugnait à cet exercice inutile. De fait, la légende qu'il avait écrite sur lui d'un sage reclus dans sa chambre de bonne près du jardin du Luxembourg à Paris exigeait qu'on n'aille pas effectuer un travail d'historien des idées sur la vie philosophique de ce désespéré qui aimait tant la conversation, la bicyclette, l'écriture, la lecture, l'amitié, la bonne table, la musique et qui vivait en hédoniste le jour le contraire de ce qu'il théorisait en pessimiste la nuit...

Dès lors, le fameux « Corps sans Organes » de Deleuze mérite qu'on s'y attarde un peu, justement en regard de la biographie du personnage. Lorsque je lisais Deleuze à l'université, j'avais piétiné devant ce concept que je ne comprenais pas. Je m'en ouvris à un professeur qui arborait le costume de la modernité dans une université (celle de Caen) qui ressemblait à une cour des miracles : une momie protestante, un faux-derche, un fainéant, deux ou trois staliniens, un mystique...

Ce lecteur de Sade et de Bataille avait été maoïste puis, ayant découvert Lacan pendant les vacances, il s'était converti à la secte et psychanalysait désormais les marxistes-léninistes en voyant du phallus partout. Aujourd'hui, rangé des voitures comme la plupart des anciens soixante-huitards, il aime saint Paul et écrit des livres où, recyclant le sabir phénoménologique, il dit la grandeur et la vérité universelle du christianisme... À la question « Quid du CsO ? », il m'avait répondu que lui-même n'avait jamais vraiment bien compris ce qu'il fallait entendre par là. Dont acte. Il fut au moins une fois dans sa vie un honnête homme.

Procédons autrement. Ce concept pose problème ? Allons voir *Le Vocabulaire de Gilles Deleuze*, un livre qui se propose d'éclairer (!) les concepts majeurs du philosophe. Voici l'éclaircissement promis et attendu : « Limite de déterritorialisation du corps schizophrénique, conçu pour faire pièce au corps morcelé et aux mauvais objets partiels, il fonctionne plus généralement comme surface virtuelle et lisse, indissociable des flux qui la parcourent et s'y intersectent. » Ah, bon... Tout devient clair... Suivent cinq pages explicatives d'un développement qui augmente ce genre de lumière.

J'aime beaucoup le Deleuze intellectuel, conscience critique de son temps, militant de causes honorables – la gauche non libérale, les prisonniers, les homosexuels, les Palestiniens, l'esthétique contemporaine, la critique des Nouveaux Philosophes – et ne suis pas loin de penser – sacrilège ! – que le plus grand Deleuze se trouve en marge de Deleuze : l'*Abécédaire* ou les deux volumes qui réunissent ses interventions *L'Île déserte* et *Deux Régimes de fous*. Mais le scolastique doué, brillant, génial jongleur, qui triture de jolis objets creux comme le « CsO », me fait aujourd'hui sourire. J'arrive à l'âge où l'on ne s'embarrasse plus de mots pour affirmer clairement que, ici par exemple, le roi est nu.

Abordons le grand œuvre du philosophe par la petite porte de la biographie. François Dosse, qui signe celle des deux complices Deleuze/Guattari, écrit : « De son enfance il ne peut supporter la simple évocation. » Faut-il voir là l'une des raisons de sa charge contre la triangulation œdipienne dans *L'Anti-Œdipe* ? Probablement, si l'on pose l'hypothèse que la véritable raison de son refus de la biographie s'enracine dans un traumatisme singulier.

Georges, son frère aîné, a fait Saint-Cyr pour devenir officier. Puis il s'engage dans la Résistance. Arrêté par les Allemands pour être déporté, il meurt pendant le voyage vers le camp de concentration. Aux yeux des parents, Georges devient le fils martyr, le héros. En 1943, Gilles est âgé de dix-huit ans, il est en terminale, une classe dans laquelle se trouve un condisciple qui deviendra célèbre : Guy Môquet... Gilles Deleuze, frère d'un martyr du nazisme, compagnon d'un jeune communiste fusillé par les balles allemandes, évite soigneusement de rejoindre les rangs de la Résistance. Appliqué, il prépare son bac.

Dans cette même biographie, on peut lire le témoignage de Claude Lemoine, qui fut l'élève de Deleuze au lycée d'Amiens en 1951. Ce dernier raconte que le philosophe lui a parlé dans ces termes de son frère aîné mort dans un wagon à bestiaux roulant vers un camp nazi : « Cet imbécile, lors d'un bizutage, s'est transpercé avec son épée de saint-cyrien. » Et de ponctuer cette infâme profanation par un grand rire... On comprend que Deleuze ait soigneusement fait profession d'éviter le sujet de l'enfance, d'écarter tout renvoi à la biographie, de refuser d'interroger la relation œdipienne, puis de faire la peau à l'entreprise psychanalytique.

Le corps de Deleuze est, dit-il à Claire Parnet dans *Dialogues*, sans empreintes digitales. Le moindre contact avec les choses, surtout le tissu, lui est insupportable. D'où ces longs ongles jamais coupés qui se recourbent comme des griffes et empêchent le toucher avec le monde, le contact avec les gens, la caresse avec l'aimé, la poignée de main avec autrui et contraignent au devenir-animal du philosophe pourvu de griffes comme une bête de proie qui ne sait et ne peut que griffer, lacérer.

Sa phobie du lait, des laitages et autres produits dérivés le faisait s'inquiéter compulsivement de la composition des aliments qu'on lui proposait. La moindre goutte de lait le dégoûtait. Dans l'*Abécédaire*, il confie ses plats de prédilection : la cervelle, les abats. Tuberculeux, opéré dès 1969, vivant avec un seul poumon, insuffisant respiratoire notoire et tabagique forcené, on comprend le désir que Deleuze pouvait avoir de ce fameux *corps sans organes*...

On peut également imaginer que, en écho à la confidence faite par son ami Michel Tournier – « Gilles ne pardonnait pas à ses parents leur admiration exclusive pour Georges » –, le corps mort de son frère héros, résistant et martyr, trop présent par son absence dans le cœur des parents privés de leur fils aîné, puisse fournir un autre modèle à ce que pouvait être ce *corps sans organes* qui prenait la place, toute la place, aurait dit le cadet qui se croyait floué, dans l'âme de ses parents. Aspirer à devenir ce corps sans organes du frère mort pour remplacer ce corps avec trop d'organes souffrants du philosophe vivant, voilà qui autorise un fil d'Ariane pour entrer dans le labyrinthe de l'auteur de *Critique et clinique*... Entrer – et sortir.

Pour ma part, moi qui ne suis ni platonicien ni partisan de réactiver le corps glorieux du Christ tel qu'il est anatomisé par saint Augustin et les chrétiens, je ne crois, bêtement, simplement, naïvement, qu'à l'existence d'un corps défini par ses organes. Le corps sans organes ? Le corps de Jésus dans les Évangiles, le corps de l'ange monothéiste, le corps pneumatique des gnostiques chrétiens, le corps nouménal des kantiens, le corps glorieux du chrétien sauvé après le Jugement dernier, autant dire un anticorps, le corps psychique des spirites qui font tourner les tables, le corps verbeux des phénoménologues qui travaillent avec un scalpel en papier, un corps fabriqué de toutes pièces par ceux qui ne supportent pas le leur.

30

Dialectique de la laïcité

Toute civilisation se cristallise autour d'une religion. Avant toute chose, et pour ne pas partir dans tous les sens, je nomme religion la proposition intellectuelle qui suppose l'existence d'un arrière-monde pour expliquer, justifier et légitimer ce monde-ci. J'emprunte l'expression *arrière-monde* à Nietzsche, car elle signifie bien que, quelles que soient les périodes dans le temps, quels que soient les lieux depuis le début de l'humanité, les hommes ont fabulé, inventé des histoires, construit des mythes pour expliquer leur ici-bas tragique avec des au-delà magiques. Depuis que le monde est monde, les dieux ont fait la loi dans l'esprit des hommes écrasés par l'immensité du cosmos. Le sentiment du sublime se trouve à la source de l'affabulation religieuse.

La laïcité nomme la résistance au discours religieux, elle signifie le combat de la philosophie et de la raison contre la théologie et la foi, elle forge une arme de guerre minoritaire dans un monde où l'armée des croyants rase tout sur son passage depuis des millénaires. Dans une configuration qui pense et conçoit ce monde dans la seule perspective de l'arrière-monde, la laïcité établit le règne de l'immanence la plus radicale. Là où le prêtre et le prince, le pape et le roi, l'évêque et le souverain décident de la vie et de la mort des hommes en fonction de leurs fictions religieuses, le laïc mène son combat en philosophe – mais pas avec n'importe quelle philosophie.

Il existe en effet dans sa longue et riche histoire une multitude de penseurs qui s'égaillent dans toutes les directions. Mais, dans cette foison apparemment chaotique, on peut repérer deux lignes de force : l'une va de Parménide à Heidegger via Platon et Augustin, Thomas d'Aquin et Descartes, Kant et Hegel, elle rassemble les idéalistes, les spiritualistes, les tenants d'un monde céleste et éthéré, les défenseurs d'une métaphysique de l'Idée, les dévots d'une ontologie du Concept, elle comprend également les chrétiens et autres croyants, on y trouve bien sûr les Pères de l'Église dans leur totalité, la philosophie scolastique, le néokantisme – en un mot : la philosophie dominante, officielle et institutionnelle. Cette philosophie-là fonctionne en auxiliaire de l'asservissement des hommes aux fables religieuses. Son philosophe emblématique ? *Platon*.

Et puis, il existe une autre ligne de force qui conduit de Démocrite à Clément Rosset en passant par Épicure et Lucrèce, Érasme et Montaigne, Spinoza et d'Holbach, Feuerbach et Nietzsche, entre beaucoup d'autres qui partagent cette idée que ce monde est sans double, qu'il se suffit à lui-même et que tout se réduit à des combinaisons et des agencements d'atomes, de particules, de forces, d'énergies. Une philosophie des marges, libératrice et libertaire, qui n'exclut pas l'existence de dieux ou d'un Dieu, certes, mais qui écarte absolument la possibilité pour ces instances d'être invoquées ou évoquées pour le gouvernement des hommes et des choses. Cette philosophie fournit son contingent de soldats à la pensée laïque en faisant de la religion une histoire d'enfants appelés à devenir des adultes. Son philosophe ? *Épicure*.

La religion a imposé sa loi pendant que certains philosophes y résistaient : toute opposition aux pleins pouvoirs, mais même au simple pouvoir de la religion, a supposé la laïcité. On aurait donc tort de dater sa naissance en fonction d'une période historique et de la contenir dans un espace géographique. Dès qu'en complice d'un roi un prêtre invoque le ciel pour proférer une sentence qui, la plupart du temps, vise l'empire sur les corps et les âmes des sujets qui les écoutent, il existe un rétif, un rebelle, un penseur libre, sinon un libre penseur, qui, lui, ne souscrit pas à cette logique.

Cette forte tête affirme que le ciel est vide de dieux mais plein d'étoiles, que notre univers n'a pas besoin d'un autre monde pour trouver son sens et sa signification, qu'il ne sert à rien de questionner le firmament pour obtenir une réponse à ses interrogations et que regarder en l'air en quête d'une solution à ses interrogations, c'est s'apprêter à connaître la mésaventure de Thalès, qui, préoccupé par la Voie lactée, n'a pas vu le trou bien réel qui s'ouvrait sous ses pas et dans lequel il est tombé en s'attirant de ce fait le rire de la servante Thrace... Le laïc souscrit à cette invite qui, selon Nietzsche, définit le matérialiste : « Contente-toi du monde donné. »

La laïcité relève donc moins d'une catégorie historique que d'une façon d'être dans chaque moment de l'histoire. Elle dit le monde sans autre souci que ce monde-ci. Elle lutte contre les prétentions de la religion qui dispose des foules et des masses pour lui imposer sa loi. Elle est minoritaire car la raison l'est dans un monde où la fiction triomphe. La presque totalité des hommes a peur d'être au monde sans les moyens intellectuels de déchiffrer son destin.

La religion offre une réponse simple, sinon simpliste : avec ses solutions magiques, elle obtient l'assentiment du plus grand nombre, car vivre sans le secours d'une béquille métaphysique est plus rare, plus difficile, plus exigeant que se reposer sur le discours totalisant présenté par un prêtre qui répond aux besoins de l'humanité. Les hommes préfèrent un discours peut-être faux qui rassure et sécurise à une sagesse juste qui inquiète et angoisse parce qu'elle renvoie chacun à lui-même, au bon usage de sa liberté, à la construction de son existence, à la sculpture de soi. Plutôt fou avec Dieu que sage sans lui : voilà le mot d'ordre du croyant ; plutôt sage sans Dieu que fou avec lui, affirme pour sa part le laïc.

Je propose ici une fresque susceptible de montrer dans ses principaux soubresauts la poussée d'un mouvement, celui de l'émancipation des hommes à l'endroit du sacré, des dieux, puis de Dieu, un mouvement qui nomme la laïcité. Des temps préhistoriques jusqu'à notre présent, puis dans la perspective de notre futur, je propose des jalons pour esquisser à très grands traits la dialectique de la laïcité : *avant-hier*, de l'animisme au polythéisme et du polythéisme au monothéisme. *Hier* : du monothéisme au paulinisme, du paulinisme au fidéisme, du fidéisme au panthéisme et du panthéisme au déisme. *Aujourd'hui* : du déisme à l'athéisme. *Demain* : de l'athéisme au probable islamisme planétaire.

Du culte solaire primitif à l'hypothèse d'une religion globale et mondialisée, la laïcité nomme le courant de pensée qui résiste aux dieux, à Dieu, aux clergés, aux religions et à tous ceux qui nous fâchent avec cette vie, notre seul bien, sous prétexte qu'il en existerait une autre, plus vraie, vers laquelle il nous faudrait tendre. Le laïc ne croit pas à la transcendance, mais à l'immanence ; il récuse le dualisme parce qu'il sait la vérité du monisme ; il ne souscrit pas aux fables des arrière-mondes et invite à vivre ici et maintenant une vie dans laquelle l'homme ne se soumet pas à la fiction du Ciel mais vit sa vie terrestre réelle et concrète avec le souci d'en faire une occasion de jubilation. Pour le laïc, le sacré, c'est la vie, l'ici-bas, le culte de la pulsion de vie alors que, depuis le monothéisme, toutes les religions célèbrent la pulsion de mort. Le laïc est l'autre nom du philosophe qui travaille à (se) libérer des illusions, des fables et des histoires pour les enfants que se racontent tant d'adultes allergiques aux vérités philosophiques. L'histoire de la laïcité se confond avec l'histoire de la philosophie véritable...

Dans ces pages, le lecteur trouvera bien évidemment des échos au *Traité d'athéologie*, au *Souci des plaisirs* et à plusieurs volumes de la *Contre-Histoire de la philosophie*. En effet, ces trois chantiers philosophiques disposent de plateformes communes : la négation de Dieu et la proposition d'une philosophie alternative, le compagnonnage entre l'athéisme et l'épicurisme, le matérialisme, le sensualisme, l'empirisme et autres pensées de l'immanence, l'affirmation que le ciel est vide et la nécessité d'habiter pleinement la terre, avec, à l'intersection de ces deux mondes qui n'en font qu'un, la figure du laïc, autrement dit : du philosophe qui congédie les fables et les mythes pour adouber la raison raisonnable et raisonnante.

De l'animisme au polythéisme

À l'origine de l'humanité, on imagine sans difficulté combien la religion doit être culte du cosmos dans ce qu'il montre de lui : alternances du jour et de la nuit, enchaînement cyclique des saisons, saisie empirique des successions d'équinoxes et de solstices, succession cadencée des ténèbres et de la lumière, de l'obscurité et de la clarté, du froid de la lune et de la chaleur du soleil... Certains préhistoriens nous apprennent que les ouvertures des cavernes qui abritent des peintures murales sont agencées en relation avec la position du soleil à des moments précis de l'année qui correspondent à des manifestations de lumière à l'heure dite à l'endroit dit. Le cycle de la nature enseigne l'éternel retour des choses et le cosmos, dont l'étymologie signifie *ordre*. Le sentiment de cet ordre et l'intuition d'une soumission de l'être constituent la généalogie du sentiment religieux.

Sans connaître dans le détail le mécanisme cosmique (qui nous échappe encore), ces hommes pressentaient sûrement une force active derrière cette horlogerie de précision qu'est l'univers. D'ici à la nommer Dieu... Le paganisme, religion des paysans, qui, taiseux, sont hommes de sagesse, a probablement associé des forces à des objets qui devenaient alors des symboles : l'arbre, la fleur, la feuille, la pluie, la pierre, la terre, l'ocre, les poils, la boue, la salive, le sang, le sperme, la sève, autant de signes périssables avec lesquels devaient s'écrire les histoires magiques à l'aide desquelles les chamanes rendaient compte du monde à de petites assistances subjuguées.

L'animisme n'est pas impérieux, conquérant, guerrier. Pour quoi se battre ? Au nom de quoi ou de qui ? Avec quels enjeux ? Si une plante, une danse ou une transe expriment le sacré, rien n'oblige à ce que des hommes se tuent pour cette vérité poétique... L'animisme ou le totémisme supposent une nature saisie intuitivement comme une totalité dans laquelle l'homme vaut le chêne qui vaut le sanglier qui vaut l'étoile qui vaut le ruisseau... Je ne sache pas qu'une razzia, une expédition punitive, un combat puisse prendre sa source dans cette religion dont l'arrière-monde est un monde d'esprits dans le monde. Son au-delà se manifeste dans l'aura d'un ici-bas.

Dans ces temps généalogiques, l'homme n'est pas séparé de la nature, mais nature lui-même, fragment indistinct du cosmos. Ce qui frémit dans la nature vibre en lui, l'énergie qui parcourt l'univers le parcourt également à la manière d'un fluide électrique que Nietzsche nommera Volonté de puissance. Parent de la foudre et du volcan, du nuage et de la rivière, de la glèbe et de la pierre, du grand cerf et du mammouth, l'homme sent la force qui l'anime et le parcourt. Quand celle-ci s'éteint et que la mort emporte l'un des siens, il constate la raideur des membres et le froid du cadavre, la pâleur du défunt et l'imperturbabilité minérale du corps qu'il avait connu chaud, souple, doux, tendre, bavard, incarnat – vivant.

Pour que les chiens errants et les animaux sauvages ne dévorent pas le parent ou l'ami, le père ou l'enfant, la femme ou l'ancien, pour que la hyène ne déchiquette pas ce qui fut un beau corps aimé, les membres affligés de la tribu ont probablement posé des pierres sur le mort. Moins par désir de retenir l'âme, idée chrétienne, que par envie de ne pas voir se décomposer ce qu'on aura aimé vivant. Puis ils l'ont enterré, rendu à la terre où, rite de fécondité aidant, il a payé son tribut à la grande transformation qu'opère en permanence la nature. Il y eut de l'affliction et de l'ébahissement, de la stupéfaction et de l'incompréhension, puis des pleurs et des cris, des hurlements et des sanglots – les chants plaintifs de la mort.

Alors le prêtre apparut qui, pour arrêter ce flux de douleur, a nié fermement que le réel fût celui-ci : le mort n'était pas mort, mais vivant. Le cadavre ici était ailleurs un pétulant, vif et sémillant personnage évoluant avec d'autres morts qui eux aussi vivaient encore, et ce pour l'éternité. L'arrière-monde fut alors créé. Il se détacha de l'ici-bas où les esprits pouvaient encore animer les choses, les objets, au profit d'un espace mythique que son délire se mit à peupler d'histoires, de mythes, de légendes, d'aventures – autant d'histoires pour les enfants qui avaient le mérite de consoler les âmes en peine.

Le maître de ce monde est maître du monde. Tout prêtre qui comprend qu'en prétendant le connaître il dispose des moyens de s'y rendre et d'en revenir ne s'est alors pas interdit de jouir de son pouvoir après en avoir constaté l'efficacité. Le chamane, ce prêtre de toute religion fossile, dispose de techniques à l'aide desquelles, quittant la trivialité de ce monde-ci, il entre dans le monde des paradis artificiels qu'il identifie à un autre monde autonome. D'où ces rites : jeûnes sexuels et alimentaires, consommation de substances hallucinogènes ou alcoolisées, longues privations de sommeil, musiques rythmiques envoûtantes, danses jusqu'à épuisement, puis, finalement, entrée dans un prétendu arrière-monde.

Revenu de celui-ci, le prêtre, le chamane, le compagnon de route des esprits informe le païen de ce qu'il aura vu. Dès lors, l'onction sacrée l'autorise à installer autrui dans une relation de servitude ontologique, métaphysique, existentielle. Au pôle Nord, la baleine, l'ours, le phoque, le corbeau et l'homme s'épousent sous les eaux, dans les airs, sur les rochers, dans la glace. Les esprits transmigrent. Rien ne meurt, tout va et vient, repart. L'ancêtre devenu cadavre réapparaît ailleurs omble chevalier dans l'onde glacée. Le fils éploré reconnaît dans le dandinement de l'ours la démarche de l'ancien trépassé la veille. Le père donne le prénom de la grand-mère au petit garçon qui naît sous la voûte glacée de l'igloo puisqu'il est la grand-mère réapparue sous cette forme. Le chamane prétend maîtriser les mécanismes de cette logique des métamorphoses. Le laïc, ici, sourit, doute, refuse, récuse.

Le chamane raconte des histoires sur l'origine du monde, il convoque des copulations magiques ; il rapporte les aventures mirifiques d'oiseaux et de poissons séparés dans la vie mais réunis dans une même figure chimérique de ce monde ; il explique les cosmogonies avec la première femme qui pêche dans un trou de la glace la totalité des animaux qu'elle en sort ; il expose à l'assistance muette et confondue la création des eaux et de la terre, des icebergs et des fonds marins ; il dit comment l'homme a couché avec le phoque et ce qui est né de cette union-là. Le laïc ne croit pas à ces histoires racontées à la lumière vacillante dans l'igloo. Il laisse parler celui qui dit qu'il sait, mais lui sait que l'autre croit savoir, mais ne sait pas. Le laïc nomme alors ce que plus tard on appellera l'esprit fort. Celui qui ne s'en laisse pas *conter*...

Le chemin qui mène de l'animisme au polythéisme conduit du sentiment cosmique naturel au récit théologique culturel. Combien d'années ? De siècles ? Sinon de millénaires ? Nul ne sait... Mais le passage s'effectue sans doute de l'instinct à la raison, de la sensation à la logique, de l'expérience à la démonstration, du sentiment à la logique, de l'émotion au discours. Le religieux laisse place à la religion. Le sacré recule pendant qu'avance le rituel. Le sentiment océanique et cosmique disparaît au profit du mécanique, de la réitération, de la compulsion de répétition. De l'extase existentielle à la soumission, puis à la prosternation, donc à la servitude, le chemin témoigne de la séparation de l'homme d'avec le cosmos, puis la nature. Le corps entendu comme une grande raison laisse place aux ébullitions microscopiques du cerveau. Le voilà devenu bétail à mots.

Du polythéisme au monothéisme

Aucune date, aucun événement ne permet de signifier que, dans les longues durées préhistoriques, on passe de l'animisme au polythéisme, ou bien encore du polythéisme au monothéisme. Le tuilage dure probablement de longues années, sinon des siècles. Pendant qu'existent encore ceux qui interrogent une plante pour y trouver réponse à leur question persistent ceux qui nomment d'un nom particulier le dieu qui préside à la guerre, à la fécondité, à l'amour, au sommeil, à la mort, etc. L'esprit des pierres et des bêtes, des plantes et des eaux cohabite avec le panthéon de dieux qui incarnent la totalité en évoluant dans le seul esprit des hommes : une chair spirituelle, une carnation éthérée, un territoire mouvant, un assemblage de nuages aussitôt disparus...

En revanche, si la frontière entre l'âme des pierres et la multiplicité des dieux paraît imprécise, celle qui sépare une quantité infinie de divinités et le temps du Dieu unique semble plus facile à délimiter. Dans l'habituelle litanie des monothéismes, on commence avec le judaïsme, on poursuit avec le christianisme et on termine avec l'islam. Mais, avant le commencement, d'aucuns disent qu'il existait déjà ce que l'on présente comme avènement... Car le monothéisme juif, dont les dates suscitent des polémiques, passe non pas pour une cause incausée mais pour l'effet d'une cause plus ancienne qui aurait pour nom Akhenaton.

N'entrons pas dans le détail, retenons seulement la date qui permet, dans l'histoire, de disposer d'un repère clairement identifiable : vers 1355 avant l'ère commune, ce neuvième pharaon de la dix-huitième dynastie décrète le culte du soleil – faut-il s'en étonner ? Ainsi se trouve assurée la continuité avec les cultes de la préhistoire : de l'homme des cavernes qui oriente l'entrée de ses grottes vers la lumière solaire au Pharaon qui instaure la religion du soleil, il n'y a que variations sur un même thème : la lumière fait la loi, encore et toujours. De façon empirique, les hommes savent que la clarté de l'astre solaire rend possible toute vie sur terre, il suffit de se pencher sur les plantes et les fleurs, les arbres et la végétation. La religion est alors célébration de la vie, elle s'épanouit ainsi aux antipodes du culte de la mort dans lequel le christianisme brille de ses feux noirs.

Le prêtre solitaire qui officie dans la tribu, le chamane associé à une petite communauté nomade ou sédentaire laissent place à une assemblée de pairs : le clergé. Ce qui fonctionnait à bas bruit dans une horde, une peuplade, produit des effets symphoniques dans la configuration théologique égyptienne. Le pharaon et le prêtre agissent de conserve : le pouvoir temporel du premier s'appuie sur le pouvoir spirituel du second – qui en retire d'évidents bénéfices temporels. L'un découle de l'autre et le justifie. Les deux comparses tirent l'un de l'autre leur existence, leur crédit, leur durée. D'où une logique contrapuntique : ce qui s'exprime par la bouche du souverain devient parole divine, céleste, sacrée.

Le laïc, une fois de plus, nomme celui qui refuse et récuse cette complicité. Où le trouve-t-on dans la société égyptienne ? Dans cet espace qui rassemble le sage, le philosophe, le penseur, le scribe comme autant d'individus libres et autonomes, non soumis. Des esprits forts qui veulent bien que la plupart sacrifient aux mythes et aux histoires avec lesquelles on emporte des enfants dans ses filets, mais qui, pour eux, se refusent à sacrifier à ces sornettes, à ces balivernes. Les témoignages manquent pour savoir qui, quand, comment et de quelle manière se définissaient ces individualités rebelles, mais nul doute qu'en ces temps il a existé des laïcs soucieux de pensée autonome plus que de mots d'ordre à dupliquer.

Le monothéisme juif passe habituellement pour inaugurer la religion du dieu unique. Mais l'histoire témoigne, les juifs n'inventent pas, ils se contentent de réactiver une façon de penser qui, si l'on défend l'hypothèse du monothéisme égyptien, dispose déjà de mille ans d'existence. Dans *L'Invention du monothéisme*, l'excellent Jean Soler propose une lecture révolutionnaire des études bibliques et défend l'idée qu'Akhenaton n'est pas l'inventeur du monothéisme, mais celui de la monolâtrie, moment intermédiaire entre le polythéisme et le monothéisme. Si l'on veut une date de naissance au monothéisme juif, Jean Soler propose : deuxième moitié du IVe, début du IIIe siècle avant l'ère commune… Une invention dès lors très récente, très postérieure à Platon, contemporaine d'Épicure !

Cultes solaires de la préhistoire, animisme et polythéisme pour un sacré de la nature, monolâtrie solaire égyptienne, balbutiements du monothéisme juif, un long parcours achève l'époque dans laquelle la religion propose une transcendance explicative du monde, certes. Mais, paradoxalement, cette transcendance est encore immanente, elle se manifeste dans le cœur même des choses et du monde. Le réel n'est pas séparé du sacré, l'homme n'est pas coupé du réel, donc du sacré qui coïncide avec l'immédiateté de ce qui est : la matière se double d'une antimatière qui ressemble à l'âme des choses.

Le temps n'est pas venu de la religion comme abrutissement des hommes. Le laïc n'a pas encore véritablement de raison d'émerger comme une figure de combat clairement identifiable. Il désigne tel ou tel perdu dans la masse qui préfère lire le monde selon la pure logique matérialiste, sans recourir au sacré, au divin, à l'aura, au mana, à l'esprit des choses. Les traces manquent pour les opinions dominantes, on ne s'étonnera donc pas qu'elles fassent plus défaut encore pour les pensées libres et autonomes, rares par définition, et probablement clandestines, ésotériques.

Du monothéisme au paulinisme

En matière de laïcité, les choses sérieuses commencent avec le monothéisme juif, le premier des trois, comme chacun sait. Le paganisme, religion des paysans qui connaissaient et aimaient la nature, laisse place au théisme, religion de citadins auxquels le monde apparaît dans le prisme de leurs grimoires et de leurs bibliothèques, médiatisé par le verbe. Le païen lit le ciel, se déplace dans la voie lactée, déchiffre le langage des astres, décode le firmament, il maîtrise la météorologie, au sens d'Aristote, il dispose de la sagesse de qui sait l'enseignement de la lune et du soleil, des saisons et de leurs logiques.

Le monothéiste lit son livre sacré, il crée des écoles pour lire et déchiffrer, interpréter, il invente la théologie, le discours sur Dieu, il raffine et pinaille, il met au point des outils redoutables pour imposer sa fiction, en l'occurrence la rhétorique et la dialectique, la sophistique et la logique. Il baisse la tête, ne regarde plus la voûte céleste, se courbe sur ses ouvrages, se replie physiquement et ontologiquement sur lui. Écoles talmudiques, universités, madrasas, le monde passe désormais par l'écriture, la parole, le texte, les mots, le verbe, donc par *ceux qui* enseigneront à lire et à écrire, à déchiffrer et à penser, à méditer et à réfléchir. Ce clergé dispose des clés du monde. Il peut accéder à l'âme et au corps de ceux qu'il enseigne. Le laïc résiste à cet empire considérable des gens de Dieu sur le destin des hommes.

Le sentiment religieux quitte donc *la longue formule cosmique et naturelle* consubstantielle aux hommes sans écriture pour sa *brève formule théologique et culturelle*. Dans sa forme primitive, les dieux ne font pas la loi des hommes, ils expriment des forces de la nature, ils nomment les choses du monde sur le mode poétique et mythologique ; dans sa forme évoluée, les dieux laissent place à un Dieu construit par les hommes à l'inverse de leur image, d'où un anthropomorphisme qui débouche sur un Dieu capable de colère ou de douceur, de vengeance ou de magnanimité, de châtiment ou de récompense.

Dans *L'Essence de la religion* et *L'Essence du christianisme*, Ludwig Feuerbach montre d'une manière définitive quelles logiques présidaient à la construction du Dieu monothéiste et de la religion. Pour la construction de Dieu : les hommes constatent qu'ils sont limités, finis, qu'ils ne savent pas tout, qu'ils ne peuvent pas tout, qu'ils naissent, subissent les outrages du temps, vieillissent et meurent, qu'ils n'ont pas le talent de l'ubiquité, car s'ils sont ici ils ne sont pas ailleurs. Ces impuissances supposent que leur contraire soit des puissances. Les hommes impuissants construisent alors une figure dotée de toutes les qualités qui leur font défaut, puis ils se mettent à adorer cette force qu'ils constituent de toutes pièces pour vivre avec leur faiblesse.

Dès lors, cette puissance susceptible de les aider à vivre malgré leur impuissance, les hommes la nomment Dieu. En vertu de cette transmutation ontologique, Dieu est illimité, infini, omniscient, omnipotent, incréé, inaccessible au temps, immortel, omniprésent. Selon cette même logique, la cité terrestre dans laquelle triomphent la mort, la violence, la guerre, le mal, le péché, la vilenie des hommes et la toute-puissance de leurs passions tristes (à cause du péché originel...) dispose d'un double inversé : la cité céleste où règnent la vie éternelle, l'immortalité, l'immatérialité, la douceur, la joie, la béatitude, le bonheur illimité. Tant que l'homme durera, la logique de fabrication des dieux persistera sur ce principe, puisque la nourriture céleste apaise la faim existentielle des hommes.

Pour la construction des religions, Feuerbach enseigne ceci : les hommes ont peur de la mort, ils la refusent et la considèrent comme un scandale alors qu'elle est le sens naturel de la vie. Leur déni se double de la création d'un arrière-monde dans lequel la mort n'existe pas puisque triomphe la vie éternelle. Toute négativité sur terre, toute entropie dans le monde des vivants laisse place à la positivité la plus grande dans le ciel. Les défunts y jouissent de l'immortalité, les morts vivent pour toujours, les squelettes virevoltent dans des danses macabres.

Le ciel a pour corrélat l'enfer. Car l'un et l'autre se méritent et, du moins dans l'orthodoxie catholique, faire le bien sur terre ouvre les portes du paradis, s'adonner au mal, en revanche, précipite aux enfers. Cette partition bien/mal, paradis/enfer, Dieu/Satan sur laquelle se construisent ensuite d'autres couples constitutifs du mode de pensée occidental (âme/corps, esprit/matière, homme/femme, beau/laid, haut/bas, avec, bien sûr, valorisation du premier terme et dévalorisation du second) fournit l'occasion du pouvoir au clergé : c'est lui qui, sur terre, se prétend l'interprète de la volonté de Dieu. Dès lors, ce que le prêtre dit est assimilable à ce que professe le fils de Dieu. S'opposer au curé, c'est se rebeller contre l'ordre chrétien tout entier en général et contre Dieu en particulier.

Cette crainte constitutive de la religion se trouve recyclée par le clergé : les hommes et les femmes ne craignent plus de mourir (encore que), mais, après la mort, de ne pas être élus par Dieu pour prendre place à ses côtés. L'invention du purgatoire au XIIe siècle augmente cet usage de la peur puisque le trépassé expérimente l'état intermédiaire entre ciel et enfer qui exige que les tiers restés sur terre intercèdent en faveur de son âme pécheresse afin d'influencer par leur dévotion le basculement de la psyché catholique vers le paradis...

La logique de la confession auriculaire suivie d'une absolution, celle des indulgences partielles et plénières qui permettait aux dominicains d'en distribuer à profusion moyennant finances, celle des prières ou des processions qui, par la voix et le geste des hommes, sont dites susceptibles d'influencer le cours des choses, tout ceci permet d'envisager la construction d'un pouvoir puissant du clergé qui assujettit l'âme donc le corps des fidèles avec des voies d'accès à leur intimité spirituelle. Le prêtre dispose sur terre de plus grands moyens que le prince, puisqu'il règne sur un double royaume : la cité céleste et la cité terrestre.

La théocratie repose sur la peur des hommes et sur la manœuvre du clergé qui déplace la peur de mourir vers la peur de ce qu'il adviendra de l'âme immortelle après la mort du corps. On mesure combien, jouant sur la crainte, un ressort considérable pour mener les hommes, les prêtres s'assurent les pleins pouvoirs sur l'humanité. Le laïc définit ici celui qui refuse et récuse l'usage de la crainte et de la peur, le jeu avec l'angoisse existentielle et l'inquiétude, pour leur préférer l'usage de la raison, de la conscience, de la réflexion, de l'analyse et de tout ce qui constitue l'arsenal philosophique de base. Tout philosophe digne de ce nom est un laïc.

Le premier moment du monothéisme est théocratique. Tant que le christianisme existe comme une petite secte parmi des centaines dans un Empire à vau-l'eau, il ne présente aucun danger et fournit son contingent de victimes au Léviathan politique. Du Christ, le premier martyr de la cause, jusqu'à la conversion de Constantin qui marque la fin de toute persécution des chrétiens, en passant par Étienne, le premier après Jésus (le futur saint Paul participe à son lynchage suivi de sa mise à mort), les sectateurs du Nazaréen communient plus dans la pulsion de mort que dans la pulsion de vie. Le Crucifié sert en effet de modèle qu'on propose à l'imitation. Or, qui est-il ? Un homme fixé sur une croix par trois gros clous, couvert de sang et de crachats, le flanc percé par une lance, le front déchiré par une couronne d'épines... Le christianisme, religion de mort, invite donc à l'imitation d'un cadavre – saint Paul se trouve à l'origine de cette orientation de la religion vers son versant sombre.

Car, dans la logique des deux Jésus, celui des marchands du temple et celui des béatitudes, se joue un débat majeur entre le *Jésus de la colère*, de la haine, des passions tristes, de la méchanceté, du fouet (Luc 19.45-46 – pour une version sans fouet : Marc 11.15-17, Jean 2.14-16 ; Matthieu 21. 12-13), donc de la pulsion de mort, et le *Jésus de la douceur*, de la tendresse, du pardon, de la compassion (avec la femme adultère, par exemple Luc 6.20-22), de la bienveillance, de l'autre joue tendue au soufflet (Matthieu 5.39), celui de la pulsion de vie. Quand l'Empereur se convertit à cette secte, il sait qu'on ne crée pas un Empire avec la pulsion de vie, car le fouet et le sang constituent des arguments bien plus probants. Les créateurs d'Empire sont thanatophiles.

Saint Paul excelle en grand serviteur du christianisme dans sa version pulsion de mort : cet homme se déteste, probablement à cause de son impuissance sexuelle, sa fameuse « écharde dans la chair » (2 Co. 12) ; il retourne contre lui, puis contre le monde, toutes ses pulsions agressives ; il hait le corps, les désirs, les passions, la chair, la sensualité, la sexualité ; il méprise les femmes ; il déteste la vie et préfère la mort. L'imitation du cadavre christique, voilà sa vie. Ce qui ne serait pas bien grave s'il n'avait la prétention d'universaliser sa maxime afin de transformer l'humanité tout entière en un cheptel impuissant voué à pratiquer la macération ascétique, la chasteté, le renoncement à la sexualité. Une fois des millions d'hommes sur la planète castrés par conviction religieuse, voilà Paul enfin devenu normal – mais au prix d'un devenir taré de la planète entière...

Pour assurer cet empire du ciel sur terre, Paul élabore la théorie de la théocratie. Lors de ce processus politique, l'indexation de sa pensée sur la pulsion de mort ne fait aucun doute : le fait qu'on le représente toujours avec un glaive, même si on proteste qu'il s'agit d'une métaphore, d'une allégorie, d'une image, renseigne sur les intentions du personnage. Ce Paul-là est bien celui du Christ des marchands du temple, c'est également celui qui enseigne selon Matthieu l'évangéliste : « Ne croyez pas que je sois venu apporter la paix sur la terre ; je ne suis pas venu apporter la paix, mais le glaive » (10. 34). Dès lors, le Jésus de la douceur et de la pulsion de vie ne saurait être le Christ du glaive et de la pulsion de mort : Paul a choisi, Constantin a opté pour Paul ; l'Empire peut bel et bien se constituer.

La formule paulinienne de la théocratie se trouve dans l'Épître aux Romains : « Que toute personne soit soumise aux pouvoirs établis ; car il n'est de pouvoir que de Dieu, et ceux qui existent sont institués par Dieu. Ainsi celui qui s'oppose au pouvoir résiste à l'ordre voulu par Dieu, et ceux qui résistent s'attireront la condamnation » (13. 1-7). Les choses ont ainsi le mérite d'être claires : le Roi, le Prince, le Souverain, l'Empereur incarnent sur terre le pouvoir de Dieu dans le Ciel. Le schéma de la Cité céleste fournit l'Idée de la Cité terrestre. Mettre le trône en question, c'est, de facto, se faire le complice de Satan et de Lucifer.

Dans cet ordre d'idée, le laïc triomphe en compagnon de Lucifer car, l'étymologie témoigne, Lucifer porte la lumière dans un monde d'obscurité, donc d'obscurantisme : celui de la religion. Contre la logique paulinienne qui appelle à l'obéissance ici et maintenant sous prétexte de soumission à Dieu, Lucifer annonce les Lumières historiques, autrement dit le pouvoir de la rébellion, la puissance de la révolte, la grandeur du refus et tout ce qui réactive le geste d'Ève qui dit non à la règle du jeu édictée par Dieu.

Dans le récit mythologique, le premier laïc est une laïque : il s'agit en effet d'Ève qui refuse la soumission et, symboliquement, goûte le fruit défendu de l'arbre de la connaissance. Il ne s'agit nullement de sexualité, c'est plus tard, avec Augustin, que la prétendue faute originelle devient péché de chair, car, si l'on se contente du texte de la Genèse, voici ce que dit le Serpent à Ève qui renvoie à l'interdit divin (pourtant, quand Dieu le pose, elle n'existe pas encore, c'est ensuite qu'il la tirera de la côte d'Adam) : « Pas du tout ! vous ne mourrez pas ; mais Dieu sait que le jour où vous en mangerez, vos yeux se dessilleront et vous serez comme des dieux, connaissant le bien et le mal » (3.4). Ève décide alors d'« acquérir l'intelligence » (3.6). *Décider d'acquérir l'intelligence*, voilà la définition de la démarche laïque, alors que *se soumettre à la loi divine* désigne le tropisme croyant. L'intelligence contre l'obéissance, la raison contre la foi, la philosophie contre la théologie, et, conséquemment, sur le terrain politique, la démocratie contre la théocratie – voilà les enjeux d'hier, d'aujourd'hui et de demain.

Du paulinisme au fidéisme

Quand l'empereur Constantin se convertit au christianisme, c'est l'Empire tout entier qu'il soumet à cette religion. L'histoire est connue : la secte persécutée dans l'opposition devient religion persécutrice au pouvoir. Saint Paul jadis moqué sur l'agora d'Athènes, puis probablement décapité dans une geôle de Rome, devient l'icône politique de l'Église catholique apostolique et romaine pendant que saint Pierre en représente l'icône spirituelle.

Paul et son glaive président à toutes les opérations par lesquelles le christianisme s'impose par la violence : temples païens rasés, fermeture des écoles philosophiques, destruction des statues polythéistes, incendie de bibliothèques, destruction de manuscrits, falsification de textes anciens par les moines copistes, avantages légaux et fiscaux accordés aux chrétiens, inscriptions dans la loi de la préférence catholique, interdictions professionnelles pour les non-chrétiens, etc. Les codes de Théodose (438) et de Justinien (529), bien avant le Code noir (1685) ou les lois de Vichy (1940), écrivent dans le marbre de la loi qu'il existe des individus que la loi ne protège pas ou plus – les païens jadis, les Noirs plus tard, les juifs au XXe siècle.

Le paulinisme, ce sont également les crimes de l'Inquisition, les expéditions punitives des Croisades, la mise à l'Index des livres prohibés, la colonisation et l'impérialisme dans le Nouveau Monde, la destruction de civilisations indigènes, le procès opposant un Sepulveda soutenant la thèse de l'inexistence de l'âme chez les sauvages à Las Casas affirmant que les gens de couleur sont également des créatures de Dieu (au même titre que les Blancs descendus de leurs galions avec leurs armes et leur syphilis pendant que des prostituées venues avec eux les attendaient dans les bateaux), la peine de mort infligée à deux philosophes : Giordano Bruno en 1600 et Vanini dix-neuf ans plus tard.

Le paulinisme, plus récemment, ce fut aussi la condamnation du socialisme à l'époque industrielle, la haine viscérale du communisme et, conséquemment, le compagnonnage avec les régimes antibolcheviques européens, autrement dit les fascismes de Mussolini, de Franco, de Pétain, mais également le national-socialisme d'Hitler – aucun nazi n'a été excommunié, contrairement à tous les communistes, et *Mein Kampf* ne fut jamais mis à l'index au contraire de Bergson le juif par exemple, Beauvoir la féministe ou Sartre le communiste.

Plus tard, le paulinisme, ce sera également le soutien au régime des colonels en Grèce, le compagnonnage avec les dictatures d'Amérique du Sud ou la complaisance à l'endroit des génocidaires hutus au Rwanda. Récemment, le paulinisme, ce fut aussi la réintégration d'évêques intégristes et traditionalistes dans le giron de l'Église, le projet de béatifier Pie XII malgré sa complaisance avec le IIIe Reich, la transformation du préservatif en cause du sida, la chape de silence sur la pédophilie de nombreux vicaires du Christ, l'interdiction de l'avortement pour une petite fille régulièrement violée par son père dont elle était enceinte, autant de souscriptions à la pulsion de mort aux antipodes du Jésus de la douceur et de la paix, de la bonté et de la vie.

Voilà l'Europe très chrétienne construite par l'empereur converti à l'Église catholique et ses suivants assis sur son trône. Ce christianisme impérial avait évidemment besoin de la justification théocratique de saint Paul : quiconque refuse le pouvoir du Prince récuse le droit de Dieu à exiger qu'on se soumette à sa volonté, voilà un argument de philosophie politique considérable au nom duquel se justifie tout le trajet sombre de l'Église catholique. On comprend que d'aucuns, catholiques aussi, catholiques pourtant, aient eu le désir héroïque et solitaire d'un écrin métaphysique biophile à leur foi. Ceux-là personnifient le trajet laïc durant plus de mille ans.

Pendant que se constitue un christianisme paulinien, il existe en effet un christianisme hédoniste. Aussi paradoxal que cela puisse paraître, les gnostiques licencieux et les Frères et Sœurs du Libre Esprit incarnent un millénaire au moins de pensée libre à l'endroit du dogme de l'Église catholique. Le christianisme est une secte parmi des dizaines d'autres sectes gnostiques. Dans cette constellation, des philosophes (Siméon, Basilide, Carpocrate, Valentin) défendent l'idée d'un monde créé par un mauvais démiurge et croient en une divinité, le « Pro-Père », avec lequel l'union peut s'effectuer via le corps : la prière est une orgie, la communion s'effectue avec le sperme, la Cène a lieu autour d'une table à laquelle on sert des pâtés de fœtus. Chez eux, la vie s'écrit sous le signe de la dépense jubilatoire.

C'est une même logique qui anime Cornelisz d'Anvers, Bentivenga de Gubbio, Walter de Hollande, Jean de Brno, Heilwige de Bratislava, Willem Van Hildervissem de Malines, Éloi de Pruystinck, autant de philosophes que l'historiographie dominante a pris soin de gommer pour leur préférer la noria de Pères de l'Église et de philosophes scolastiques médiévaux qui mirent leur talent à fournir la sophistique et l'idéologie de l'Église catholique. Pour les premiers, les caves de l'historiographie, pour les seconds, les ors de l'université.

Cette pensée subsiste sous forme de fragments car elle a été détruite, persécutée, brûlée par les tenants de l'idéologie dominante. Les pleins pouvoirs sur un peuple supposent la mainmise sur l'idéologie de ce peuple. L'historiographie reste discrète sur les modalités du passage du paganisme romain au monothéisme judéo-chrétien. On parle d'un Empire épuisé, d'un kaïros historique, d'une bonne heure pour l'épiphanie de cette religion révélée. Même les historiens qu'on aurait pu croire épargnés par le poison de l'idéologie chrétienne se retrouvent parfois, l'âge aidant, défenseurs de cette thèse fantasque d'un passage pacifique de Jupiter à Chrestos.

Je songe ainsi à Paul Veyne, qui fut dans une autre vie l'ami de René Char et de Michel Foucault, deux nietzschéens en acier trempé, et qui, dans *Quand notre monde est devenu chrétien* (2007), défend l'idée que le christianisme s'est imposé par la grâce d'un « grand » (!) empereur converti « sincèrement » (!) à cette religion nouvelle – on croit rêver... Constantin aurait converti l'Empire sans violence : « Cette christianisation de cent millions de personnes n'a pas fait de martyrs », annonce la quatrième de couverture. La thèse du livre ? « C'est par cet amour, par le rayonnement de son Seigneur et par une conception sublime du monde et de l'homme que la nouvelle religion s'est imposée » (39)...

On invitera le vieux professeur au Collège de France à lire en bibliothèque soit *L'Intolérance religieuse et la politique* de Bouché-Leclercq, soit *Les Crimes du cléricalisme* de Jules Lermina à la « Bibliothèque anticléricale du radical », deux vieux livres dans lesquels il y apprendrait que son grand empereur a assassiné son frère Licinius sous prétexte qu'il aurait persécuté les chrétiens, exilé Arius et fait brûler ses écrits, fait tuer son propre fils, puis son neveu, enfin fait étouffer sa femme (ce que m'avait appris mon vieux maître Lucien Jerphagnon dans son cours à l'université de Caen sur Julien l'Apostat, ce qui, devenu vieux lui aussi, ne l'empêche pas d'accepter l'hommage du livre du professeur au collège de France). La christianisation de l'Empire s'est faite par le glaive, dans le sang et la violence, par la persécution et la brutalité.

Si l'on a pu parler de l'obscur Moyen Âge, c'est en regard des effets de ce christianisme paulinien et du triomphe de ce Jésus au fouet qui n'a pas manqué de générer une réaction critique de la part des défenseurs du Jésus de douceur et de tolérance. La scolastique ne se soucie pas d'autre chose que de disserter sans fin sur les noms et les qualités de Dieu, puis sur les modalités d'une théocratie. Querelles de détails qui épargnent l'essentiel : comment penser un pouvoir temporel indépendant de la cité de Dieu ? De quelle manière élaborer une philosophie politique laïque ?

Dans l'univers chrétien, la royauté semble la forme la plus adéquate en politique pendant très longtemps. D'Augustin à Bossuet en passant par Thomas d'Aquin et Dante, la chose ne pose aucun problème. Marsile de Padoue écrit également dans son *Défenseur de la paix* (1324) que la meilleure forme de gouvernement est le pouvoir d'un seul, certes, ce qui est attendu à cette époque, mais, révolution radicale dans l'histoire de la philosophie politique, il précise que « l'élection est la règle la plus sûre de tout gouvernement » (1re partie, chapitre IX, § 9), une idée que le philosophe martèle tout le long des cinq cents pages de son livre.

La laïcité trouve ici sa formule politique : le pouvoir peut bien venir de Dieu, si l'on veut, concession faite au temps, mais sur terre il doit provenir des hommes, et plus particulièrement de l'élection. Car l'élection fonde la démocratie, au sens étymologique du terme, elle exprime la séparation du temporel et du spirituel, puisque la souveraineté se constitue avec la volonté des électeurs et non en vertu d'un hypothétique droit dit naturel qui dissimulerait en fait une violence chrétienne devenue droit positif...

Marsile reconnaît au Prince le pouvoir exécutif, mais il donne au peuple le pouvoir législatif. Le peuple, autrement dit l'ensemble des citoyens, moins les femmes, les enfants, les étrangers et les esclaves (nous sommes au XIVe siècle), a le pouvoir de déposer le gouvernement. Si tout pouvoir vient bien de Dieu, il n'empêche, *premier temps de l'émancipation laïque*, que le clergé est entièrement soumis au pouvoir civil qui, rappelons-le, est l'émanation laïque du peuple.

Le défenseur de la paix attaque le Pape et ses prétentions au pouvoir temporel. Marsile critique l'Église de son temps qui vit dans le luxe, la richesse, l'opulence, l'or, les apparats, le mensonge, tournant le dos à la pauvreté, à l'humilité et à la simplicité des premiers disciples du Christ. Certains Princes ont consenti à se faire couronner par l'« Évêque de Rome », comme il nomme le pape, dès lors, celui qui confère l'onction dispose d'un ascendant sur celui qu'il aura fait roi.

Ainsi, le pape décide de qui est orthodoxe ou hétérodoxe, conforme à son désir ou schismatique, vrai fidèle ou hérétique. Et, joignant le geste à la parole, il envoie des soldats pour combattre les individus qui résistent à son pouvoir. Les guerriers, convaincus qu'ils agissent au nom de Dieu, en faveur de Dieu, pour Dieu, en défense de la cause de Dieu, s'autorisent à tuer et massacrer – puisqu'ils agissent en bras armé de la volonté divine… D'où rapines, incendies, massacres, viols, vols, homicides, fornications, adultères et autres crimes qui devraient ouvrir les portes du paradis aux soldats du pape !

Marsile refuse cette façon de faire : l'onction ne saurait être transcendante, via le clergé, elle est immanente, car elle procède du peuple. Il proclame sans ambages la nécessité d'interdire au pape de se mêler des affaires politiques ici-bas. Son domaine est le spirituel, qu'il s'y cantonne. La force coercitive ne doit pas être confiée aux détenteurs du pouvoir spirituel. Le pape et le prêtre ne disposent que d'un pouvoir verbal et pastoral : qu'ils s'occupent de l'âme des hommes et de leur salut après la mort par des prédications. Pour le dire dans ses mots : « C'est une nécessité pour la paix civile ou (pour) la société politique que tout évêque et prêtre et clerc soient soumis au jugement des princes selon la loi humaine » (2ᵉ partie, chapitre 30, § 5). Rien dans les Écritures ne légitime que prêtres et évêques exercent le pouvoir temporel directement ou indirectement. La revendication du glaive immanent au nom d'une religion transcendante est la cause des guerres. Croirait-on lire un livre datant du premier quart du XIVᵉ siècle ?

Marsile de Padoue enseigne la nécessité d'une vie évangélique : l'imitation du Jésus des vertus de paix et de douceur. L'Église, pour lui, nomme l'assemblée des fidèles. L'Ancien Testament ne présente aucun intérêt existentiel, en revanche les Évangiles fournissent la matière d'une vie chrétienne. On retrouve toutes ces préoccupations chez Érasme, bien sûr, qui ouvre grandes les portes de la Renaissance en proposant de lire les Évangiles en compagnie des auteurs de l'Antiquité grecque et romaine.

Dans la perspective d'un christianisme débarrassé de son paulinisme, Érasme pratique le droit d'inventaire : il moque la vie de ripailles et de richesse des moines ayant fait vœu de pauvreté, de chasteté et d'obéissance ; il critique la superstition en général et le culte des reliques en particulier ; il raille les palinodies que sont la confession, la dévotion, les pèlerinages, l'usage des cierges, les prières, les statues des saints ; il effectue une lecture critique des Écritures et pense en historien des religions, non en dévot d'une secte ; il s'oppose aux guerres dites justes parce qu'elles seraient saintes et se bat pour imposer la paix entre les nations via l'éducation des Princes ; il exècre les fastes du Vatican, une contradiction flagrante avec l'enseignement de Jésus ; il défend le mariage des prêtres parmi tant d'autres révolutions intellectuelles...

À quoi il ajoute, *moment majeur dans la naissance de la laïcité européenne*, un usage combattant et militant d'Épicure. Le philosophe matérialiste entre en effet comme un cheval de Troie dans la forteresse chrétienne occidentale. L'histoire de la laïcité se confond avec l'usage guerrier d'Épicure dans les cinq derniers siècles. Après Démocrite et Leucippe, les deux initiateurs de la pensée atomiste, Épicure propose une philosophie intégralement matérialiste qui réduit toute réalité à des agencements d'atomes dans le vide. Lucrèce en donne une formule plus complète que ses prédécesseurs parce que son œuvre nous est parvenue moins abîmée. Dans cette configuration philosophique, tout est matière. Dès lors, si Dieu existe, il ne peut être lui aussi que combinaison de particules. Épicure défend l'idée d'une pluralité de dieux matériels, constitués d'atomes subtils, situés dans les intermondes, puis il souscrit à l'idée (juste) de la pluralité des mondes.

Le matérialisme empêche les fictions religieuses d'âmes immatérielles ou immortelles destinées à subir le jugement de Dieu avant condamnation aux enfers pour l'éternité ou béatitude céleste pour toujours. La laïcité trouve dans le monisme matérialiste un allié philosophique de poids susceptible de faire reculer le dualisme chrétien. Dieu, si l'on veut, mais dans la configuration cosmologique étayée par les découvertes de l'astrophysique ou de la cosmologie des astronomes et non dans les brouillards de la métaphysique.

Érasme défend alors un Christ épicurien, un Jardin chrétien dans lequel Jésus est présenté comme un philosophe susceptible d'être copié. Le christianisme ? L'imitation de la vie philosophique de Jésus, autrement dit une sagesse pratique, une proposition existentielle, une théorie de l'action juste et pacifique, charitable et généreuse, bonne et douce, compassionnelle et miséricordieuse. La vie religieuse concerne soit le moine, qu'Érasme invite au dépouillement et à l'humilité des premiers chrétiens, à la pauvreté et à la modestie ; soit le laïc, qui peut mener une vie philosophique épicurienne – donc chrétienne et chrétienne parce que épicurienne.

Éduqué selon les principes pédagogiques du philosophe de Rotterdam, Montaigne lui aussi concilie christianisme et philosophie antique, notamment Épicure. S'il doute de la physique matérialiste du philosophe d'Athènes et tient les Atomes pour une idée équivalente au Nombre de Pythagore ou à l'Idée de Platon, il croit possible néanmoins d'associer sa propre foi chrétienne, indubitable, et une existence inscrite sous le signe épicurien d'une volupté bien comprise, d'une diététique des désirs et d'une technique des plaisirs sobres – boire, manger, dormir, lire, écrire, penser, converser, lutiner les dames, voyager, chevaucher dans la campagne... Ce qui n'empêche pas, le soir venu, de prier !

Montaigne a joué un rôle majeur dans la pensée occidentale et dans la construction des mœurs modernes. Lui qui a vécu les guerres de Religion, lui dont la page du jour de la Saint-Barthélemy a disparu de son éphéméride, lui qui fait silence sur cet événement dans ses *Essais*, il a reçu le roi à son domicile, participé à des missions diplomatiques, connu la fracture entre catholiques et protestants au sein de sa propre famille. Quoi qu'on en dise, le philosophe bordelais a pratiqué un catholicisme romain sans ostentation : une chapelle dans sa tour, un pèlerinage à Notre-Dame-de-Lorette avec offrandes votives, la récitation quotidienne du Notre Père, des messes à son autel privé.

Contrairement à ce que nombre de ses adversaires ont bien pu dire, Montaigne n'est pas athée, ni même agnostique. Il croit et pratique. Mais nullement en bigot : en philosophe... Dans *Des prières* (I.56.318), il écrit clairement : « L'Église catholique, apostolique et romaine en laquelle je meurs et en laquelle je suis né. » La tradition voudrait que Montaigne meure au moment même de l'élévation, lors d'une messe demandée à son domicile. Une petite peinture du XIXe siècle représente d'ailleurs ce moment funeste dans la tour même de Montaigne aujourd'hui.

Lors de son voyage en Italie, Montaigne effectue une visite au Vatican pour solliciter l'imprimatur de son livre. Le pape le reçoit et lui conseille des amendements. Montaigne n'en tiendra pas compte. Voilà l'anecdote qui résume l'homme et l'époque : le paulinisme de Grégoire XIII s'oppose au fidéisme de Montaigne. Le temps passant, le pape va perdre de son influence pendant que Montaigne augmentera la sienne. Le déclin du paulinisme va de pair avec le progrès du fidéisme, qui agit en moment dialectique dans le passage du théisme au déisme – un pas de plus vers l'athéisme, donc.

Qu'est-ce que le fidéisme ? Le fidéisme suppose une croyance, mais en rapport avec le déterminisme du lieu de naissance, à la faveur géographique de l'endroit dans lequel on voit le jour. Chacun connaît cette célèbre autre phrase des *Essais* : « Nous sommes chrétiens à même titre que nous sommes ou Périgourdins ou Allemands » (II.12.445). On imagine l'effet produit dans le clergé de l'époque, qui défend l'universalité de cette religion révélée alors que Montaigne affirme qu'une religion dite révélée l'est d'abord dans un pays, dans un lieu, dans un temps, dans une époque et qu'elle nous concerne moins par sa vérité intrinsèque supposée anhistorique que par son existence historique relative avérée. Autrement dit, en Perse Montaigne aurait été adepte de Zoroastre, animiste dans le Royaume du Niger, mahométan dans la péninsule Arabique. En France, il sera donc catholique.

Le mot fidéiste date du XIXe siècle, mais la chose lui préexiste, comme toujours. L'Église condamnera cette position, on s'en doute, car elle suppose que la raison ne peut rien pour parvenir aux vérités religieuses. Impossible, dès lors, de formuler quoi que ce soit de précis en matière de religion. Or le Vatican a besoin de discours, de logos, de verbe, de dissertations, de démonstrations, de sophistique, de scolastique, d'arguments pour soutenir ses affabulations. Le fidéisme suppose la confiance en Dieu, la foi, et non la souscription aux dogmes de l'Église. Pour un adepte de cette option philosophique, la révélation garantit la vérité des assertions et cette révélation s'effectue dans un contexte historique précis. Si l'on voulait une formule simple et claire, le fidéisme se nommerait foi du charbonnier.

Du fidéisme au panthéisme

On comprend que les *Essais* de Montaigne puissent être mis à l'Index par l'Église en 1676, notamment à cause de l'*Apologie de Raymond Sebond*, qui formule l'idéal des libertins du siècle suivant. En effet, le scepticisme qui sous-tend le fidéisme agit en corrosif très puissant sur l'acier chrétien. Si la raison ne peut rien pour la religion, le scepticisme peut beaucoup contre. Dès lors, le travail de Montaigne passe pour athée, ce qu'il n'est pourtant pas, ce que n'était pas non plus son auteur, qui, malgré tout, et à son corps défendant, agit en propédeutique à l'athéisme. La démission de la raison sur le terrain apologétique laisse la religion dépourvue d'arguments. Dans *Des prières*, Montaigne s'exprime d'« une manière laïque, non cléricale. Mais très religieuse toujours » (I. LVI). Cette laïcité coupe la philosophie en deux : avant et après Montaigne.

Montaigne affirmait ne pas croire à une immortalité anthropomorphe après la mort ; il critique les miracles ; il récuse l'idéal ascétique catholique, les autodafés des chrétiens parvenus au pouvoir, l'option théiste selon laquelle Dieu veut tout ce qui advient dans le réel, à laquelle il préfère le règne des causalités rationnelles ; il fait l'éloge de Julien dit l'Apostat, qui tenta de restaurer le paganisme dans l'Empire devenu chrétien ; mais, malgré tout, il confie faire sa prière tous les soirs, le Notre Père, et ce pour cette unique raison : « Nous prions par usage et coutume » (*Des prières* I. LVI). Son credo ? « C'est la foi seule qui embrasse vivement et certainement les hauts mystères de notre religion », affirme-t-il dans l'*Apologie de Raymond Sebond*.

Une authentique profession de foi fidéiste, sa formulation canonique. Être chrétien, pour lui, se résume tout simplement à cette formule : être *juste, charitable et bon*...

L'auteur des *Essais* a reçu le legs de la bibliothèque de son ami La Boétie, disparu trop tôt. Marie de Gournay, sa « fille d'alliance », comme il dit, a hérité de cette bibliothèque qui est allée, à sa mort, à François de La Mothe Le Vayer, libertin emblématique. L'historiographie dominante propose un XVIIe dit « Grand Siècle » par Voltaire qui le nomme ainsi pour humilier Louis XV, qui a l'impudence de lui refuser une pension, d'où le coup de pied de l'âne qui consiste à célébrer *le* Monarque : le Roi-Soleil... Dans ce siècle selon Voltaire, Descartes et Pascal, Racine et Corneille, Boileau et Bossuet, La Fontaine et Molière dominent en classiques. On passe sous silence ceux qui se trouvent groupés sous la rubrique « Libertins », un mot a priori infamant – du moins une bonne occasion d'éviter d'en faire des philosophes dignes de ce nom...

Or Charron, Fontenelle, Gassendi, Cyrano de Bergerac, La Mothe Le Vayer, Saint-Évremond utilisent la philosophie antique en général, et souvent Épicure en particulier, comme une machine de guerre pour abandonner la religion à son monde, celui de la spiritualité privée, de la foi personnelle, et lui laisser libre cours dans ce registre, mais l'évincer du politique ou de la gestion de la vie quotidienne de chacun. Dieu, oui ; la religion, si l'on veut ; mais sûrement pas la théocratie, le paulinisme et l'idéal ascétique ou la morale renonçante. Le libertinage constitue un grand moment dans la fabrication de l'idéal laïc moderne.

Aucun des grands noms de ce courant que j'ai nommé les *libertins baroques* dans ma *Contre-Histoire de la philosophie* n'est athée, négateur de Dieu ou n'affirme franchement que Dieu est une fiction. En revanche, si Dieu se trouve épargné, la religion, le clergé, les dogmes, les mystères, l'Église, les miracles, les prières et beaucoup d'autres éléments constitutifs du christianisme appelés très tôt « superstition » (chez Charron, par exemple, dans *De la sagesse)* ne sont pas ménagés. La fracture véritable s'effectue au moment du passage entre théisme et déisme.

Montaigne a précédé les libertins dans la critique du théisme. Dans *Qu'il faut sobrement se mêler de juger des ordonnances divines* – tout un programme montanien –, il déconseille d'en appeler à Dieu pour justifier, par exemple, une victoire militaire. Même si le nom ne s'y trouve pas, on songe bien évidemment à Constantin se réclamant du Dieu des chrétiens pour justifier sa victoire sur Maxence au pont Milvius, un succès militaire et historique enclencheur de la logique théocratique. Ce bref chapitre des *Essais* l'affirme clairement : rendre Dieu responsable de ce qui advient pose le problème du statut ontologique de l'événement catastrophique. Si Dieu veut tout ce qui a lieu, pourquoi, par exemple, veut-il la mort d'un enfant ? « Somme, il est malaisé de ramener les choses divines à notre balance, qu'elles n'y souffrent du déchet » (I. XXXII), conclut-il en ouvrant ainsi la voie au déisme.

Avant d'en arriver au déisme, il existe un moment philosophique important : le panthéisme. En présence d'une pareille conception du monde, on songe bien évidemment à Spinoza et à son fameux « Dieu c'est-à-dire la Nature » qu'on peut lire sous sa plume à la parution posthume de son *Éthique* en 1677. Pour ce philosophe majeur, il n'existe qu'une seule substance diversement modifiée et, s'il recourt au mot « Dieu », il prend bien soin de le dissocier de toute contamination judéo-chrétienne, de ne jamais le penser sur le terrain de la transcendance et d'en donner une formule radicalement immanente. Là où on lit « Dieu », il faut comprendre « la Nature », dès lors, cette éthique selon l'ordre géométrique avalise la possibilité d'une morale sans Dieu, dans l'esprit d'un Descartes lui-même tellement nourri de Montaigne.

Dans une lettre sans date à Hugo Boxel, Spinoza écrit qu'il existe deux lignes de force dans la philosophie, l'une passe par Platon / Aristote / Socrate. De son aveu, elle lui importe peu. L'autre rassemble Épicure / Démocrite / Lucrèce, celle des « atomistes et partisans des atomes », dont il ne nous dit pas clairement qu'elle a sa faveur, mais puisque l'une « n'a pas grand poids pour (lui) », comment l'autre pourrait-elle également valoir pour rien ? Non pas que Spinoza soit matérialiste, mais il n'est pas idéaliste... Et cette position singulière fait de lui un philosophe de la pure immanence. La nature est Dieu ; Dieu est la nature. Comme dans les visions du monde monistes, il ne saurait y avoir de place pour un Dieu séparé du monde, il ne reste, ontologiquement parlant, que la possibilité d'identifier le réel à la divinité.

Cette curieuse formule qui fit la réputation de Spinoza, « Dieu ou la nature », se retrouve étrangement quelques années plus tôt, soixante-seize ans pour être précis, sous la plume de Charron, chanoine et libertin, ami de Montaigne et prêtre catholique, qui, dans *De la sagesse*, refuse qu'on puisse être contre « Dieu ou Nature »… (II. 8). Car la lecture des philosophes de l'Antiquité, les stoïciens en particulier, permet de penser cette identification de Dieu et la Nature avant d'inviter à connaître les lois de la Nature par la science afin de s'y soumettre, ce qui définirait alors paradoxalement l'obéissance à Dieu ! Obéissez à la Nature, et vous serez fidèle à Dieu. Aimez la Nature, alors vous aimerez Dieu… De ce fait, la science devient la voie royale qui mène à Dieu – et non la théologie !

Une année auparavant, en 1600, sur l'ordre du tribunal de l'Inquisition, Giordano Bruno est brûlé sur le bûcher chrétien du Campo dei Fiori pour avoir affirmé la divinité de la matière. La sagesse, pour ce philosophe comme pour tous les panthéistes, consiste à connaître l'unité de la Nature, y consentir et l'aimer. Le panthéisme détruit radicalement les deux piliers de la religion chrétienne que sont la *transcendance*, l'existence d'un arrière-monde, donc, et le *dualisme*, la croyance à l'existence de deux substances, dont une, immatérielle et éternelle, serait un genre de fragment de divinité capable de réaliser l'union avec elle.

L'*immanence* et le *monisme* des panthéistes rendent totalement inutiles le clergé, la papauté, l'Église, la piété, la croyance, la religion, la prière, l'idéal ascétique, la morale moralisatrice, l'enfer et le paradis, l'hypothèse d'un jugement dernier – parmi d'autres billevesées. La nature et ses lois, voilà ce qui doit remplacer Dieu et ses noms : la philosophie, aidée par la science, supplante la théologie, structurée par la sophistique et la scolastique, en invitant à une sagesse existentielle pratique. Le laïc trouve ici son champ d'expression le plus accompli : la raison fonctionne en reine. La foi et la croyance n'ont plus droit de cité... Reste cette étrange idée : ce Dieu panthéiste a si peu à voir avec le Dieu des théistes qu'on se demande pourquoi conserver malgré tout ce signifiant sans signifié. Prudence ? Possible. Spinoza, pour en avoir manqué, a failli perdre la vie sous le coup d'un poignard.

Du panthéisme au déisme

Le XVIIIe siècle a beaucoup lu Spinoza, dont l'œuvre circulait sous le manteau. Son nom agissait en signe de ralliement. Contrairement à l'idée admise, le siècle des Lumières n'est pas un siècle athée, il est en revanche un siècle déiste. Franchement déistes, par exemple : Voltaire et Rousseau, Montesquieu et Casanova, Franklin et Kant, Robespierre, bien sûr, mais également, contrairement à ce qui est souvent enseigné, La Mettrie et Helvétius, habituellement présentés comme des matérialistes athées. L'article « athée » de L'*Encyclopédie* est rédigé par un curé croyant (à cette époque plus encore qu'aujourd'hui, il faut préciser) : l'abbé Yvon, qui réclame la peine de mort contre les sans-dieu !... Hormis Jean Meslier, sur lequel je reviendrai, le seul athée vraiment conséquent dans ce siècle, c'est d'Holbach.

Le déisme (sous l'égide duquel, rappelons-le, se proclame la Déclaration des droits de l'homme et du citoyen : « L'Assemblée nationale reconnaît et déclare, en présence et sous les auspices de l'Être suprême, les droits suivants de l'Homme et du Citoyen ») est donc la vérité religieuse du siècle dit des Lumières. Est déiste quiconque croit que Dieu existe, certes, mais qu'en plus il ne se soucie pas des affaires des hommes. En 1755, le tremblement de terre de Lisbonne est en effet l'occasion de philosopher sur l'articulation entre l'existence de Dieu et celle du mal.

Si Dieu existe, comment peut-il vouloir tant de misères infligées à des innocents ? D'aucuns développent l'idée des voies impénétrables du Seigneur, de la liberté absolue de Dieu, du châtiment obéissant à son seul vouloir, des conséquences du péché originel ; certains affinent, comme Leibniz, et développent une théodicée dans laquelle, pour des raisons dialectiques, la négativité ne pourrait manquer à un monde parfait, puisqu'il en va justement de la définition de la perfection de tout contenir, y compris le mal ; d'autres, enfin, trouvent *la* solution et décrètent que Dieu n'a rien à voir avec le détail du fonctionnement du monde qu'il a créé. Chacun connaît l'histoire du Grand Horloger qu'on ne saurait tenir pour responsable des retards de ses pendules ou du dysfonctionnement de ses mécanismes. Ceux-là donnent une consistance théorique et doctrinale au déisme.

Kant ne conçoit pas que Dieu ne soit pas. Dès lors, quand il se propose d'effectuer une *Critique de la raison pure*, probablement effrayé par les potentialités de son travail de déconstruction de la théorie de la connaissance, il se sent obligé de le postuler – avec la liberté et l'immortalité de l'âme. Tout ça pour ça ! Cinq cents pages denses qui, en toute logique, conduisent naturellement vers le largage de la religion comme une chose inutile, accouchent de ces trois piliers de la sagesse chrétienne miraculeusement épargnés par la critique kantienne !

Avec *La Religion dans les limites de la simple raison*, Kant se propose de dissocier morale et religion en décrétant paradoxalement le christianisme religion rationnelle purement... morale. Avant toute expérience, il existe en l'homme un « mal radical », l'autre nom du péché originel. Il coexiste avec une propension à faire le bien, puisqu'il affirme l'inscription de la « loi morale en nous ». Puisque nous sommes pourvus d'un libre arbitre, postulat de la raison pure pratique, nous pouvons vouloir le bien – ou ne pas le vouloir. La religion n'est pas obéissance à une Église extérieure (comprendre : le Vatican des catholiques), mais participation à une « Église invisible », autrement dit : obéissance à la loi morale. Le Messie est moins un Dieu fait homme qu'un homme fait Dieu, un modèle à suivre, un exemple.

Cette pensée servira aux fondateurs de la morale républicaine qui n'excluront pas Dieu de leur éthique, mais le définiront comme le Grand Architecte de l'univers insoucieux de ce qui advient aux hommes, à charge pour eux de construire une morale utile pour constituer une communauté. Les manuels d'éducation morale et civique de la IIIe République se contentent de démarquer le Décalogue judéo-chrétien en invitant aux mêmes devoirs : aimer son prochain, respecter son père et sa mère, honorer ses professeurs, se soumettre aux autorités (de l'instituteur au patron en passant par l'officier), célébrer le travail, fonder une famille, être prêt à mourir pour la patrie. Saint Paul pourrait souscrire à une telle République !

Dans les manuels rédigés par Jean-Marie Guyau, le beau-fils d'Alfred Fouillée, le penseur emblématique de la République (qui est également le mari d'Augustine Fouillée, l'auteur féminin du *Tour de la France par deux enfants*, qui signe, on ne s'en étonnera pas, G. Bruno...), on ne manque pas de renvoyer au déisme de Benjamin Franklin, qui, la chose mérite d'être dite, présente également l'avantage, pour les initiés, d'être franc-maçon, autrement dit de singer le culte chrétien avec un rituel qui ressemble aux messes catholiques, tout en se réclamant de la philosophie pour défendre une même vision du monde que la théologie... À cette époque, un franc-maçon est le fidèle d'un culte rendu à Dieu selon un rituel qui seul le distingue de l'Église catholique apostolique et romaine.

Dans ce manuel utilisé dans les écoles publiques, Jean-Marie Guyau met en scène Benjamin Franklin avec une petite fille qui le questionne pour savoir où est Dieu qu'elle n'a jamais vu et voudrait pourtant voir ! Le vieil homme montre le soleil et invite l'enfant à le regarder. Face à son éblouissement, il affirme qu'il en va de même avec Dieu qu'on ne peut voir en face, ni même avec ses yeux : « Dieu est la bonté même ; deviens meilleure tous les jours, tu te rapprocheras de lui et tu verras alors se refléter dans ton cœur comme une lointaine image de la Perfection infinie. » Voilà comment, dans la France de la IIIe République (mon édition date de 1883), on enseigne Dieu dans l'école laïque : on n'y trouvera rien de plus concernant la religion, juste la morale républicaine qui se confond à la morale chrétienne dont elle propose la formule laïcisée.

Du déisme à l'athéisme

Pendant des siècles, l'athéisme a beaucoup servi d'insulte ou d'épithète infamante : l'athée désignait non pas tant le *négateur de l'existence de Dieu*, sa définition exacte, mais celui qui ne croyait pas en Dieu de façon orthodoxe. Autant dire que l'athée nomme toujours le croyant d'en face. Or l'athéisme a son histoire. Elle ne coïncide pas toujours avec celle que donnent des historiens contemporains du concept reproduisant l'erreur qui consiste à nommer athée quiconque ne croit pas en Dieu d'une façon officielle, canonique, arrêtée par le pouvoir en place. En son temps déjà, Sylvain Maréchal avait ouvert le bal avec son *Dictionnaire des athées* (1800), dans lequel, tout à son obsession de voir des athées partout, une façon pour ce négateur de Dieu de prendre ses désirs pour la réalité, il retient les noms d'Épicure, Érasme, Montaigne, Montesquieu ou Helvétius, ce qui est attendu, mais, plus étonnant, Pascal, Bossuet ou Fénelon et quelques autres chrétiens célèbres sous prétexte qu'ils auraient eu, selon son expression, des idées athées *derrière la tête*.

La franche et claire négation de Dieu est récente dans l'histoire des idées. Il faut en effet attendre Jean Meslier, curé d'Étrépigny dans les Ardennes, et la découverte, à sa mort, d'un volumineux *Testament* manuscrit, pour accéder à la première pensée, du moins en France, d'un philosophe athée. Meslier l'écrit nettement : « Il n'y a point de Dieu » – voilà les choses enfin dites clairement, nettement, pour la première fois en langue française. Meslier en appelle par ailleurs aux « seules lumières de la raison humaine », il parle des « lumières de la raison » ou bien de la « raison naturelle » dès 1729, autrement dit, un demi-siècle avant la ribambelle de philosophes dits des Lumières.

Meslier produit une authentique exégèse critique athée du texte biblique : il en montre l'incohérence ; il pointe un nombre incroyable d'invraisemblances et de contradictions ; il déconstruit savamment et patiemment la mythologie chrétienne : le péché originel, la divinité de Jésus, le Dieu anthropomorphe, l'eucharistie, l'existence de l'enfer, l'immatérialité de l'âme ; il critique les miracles, les dogmes, la Sainte Trinité, l'incarnation ; il établit le recyclage de nombre d'idées païennes dans la religion chrétienne ; il peste contre l'idéal ascétique de l'Église ; mais, surtout, il a compris combien la religion agit en instrument de domination politique par excellence. Voilà pourquoi Meslier rapporte les propos d'un homme du peuple, pour y consentir, qui « souhaitait que tous les grands de la terre fussent pendus et étranglés avec les boyaux des prêtres »...

Ce curé de campagne qui travaille sans bibliothèque, sans conversations intellectuelles, seul dans son presbytère, invente le XVIIIe siècle des Lumières radicales : matérialiste et sensualiste, athée et communiste, anarchiste et internationaliste, libertin et révolutionnaire, rationnel et philosophique, hédoniste et égalitaire, cet homme fournit une formidable boîte à outils dans laquelle pilleront tous les auteurs associés à la carte postale du siècle de la Révolution française, Voltaire le premier qui falsifie le texte du *Testament* qui a longtemps circulé sous le manteau pour enrôler Meslier l'athée dans son combat déiste... Restauré dans son intégrité et dans sa totalité, cet immense manuscrit constitue la généalogie française de l'athéisme.

Ce que Meslier fit sur le papier, la Révolution Française l'effectua sur le terrain, du moins le temps de la déchristianisation. La décapitation de Louis XVI le 21 janvier 1793 sur la place de la Révolution constitue un moment majeur dans l'histoire de la laïcité. Depuis plus de mille ans, le pouvoir est pensé sur le mode paulinien : il vient de Dieu et, sur terre, le monarque est le représentant de Dieu. La cité terrestre doit prendre modèle sur la cité céleste, le roi est l'intercesseur de cette dialectique ascendante et descendante. Dès lors, couper ici-bas la tête du Roi, c'est au-delà décapiter Dieu, le mettre à mort.

Or, que fit Dieu de cette décollation de son intercesseur sur terre ? Rien. Aucune vengeance, aucune punition, aucunes représailles, nul châtiment, pas de riposte : rien. Preuve de l'inexistence de Dieu ? Possible. Du moins, ce silence de la divinité ne fit pas beaucoup en sa faveur, on s'en doute, dans la suite immédiate des événements et dans celle du siècle de ce forfait – puis des suivants. Le 20 janvier, tout pouvoir venait de Dieu ; le 21, on met à mort le détenteur du pouvoir venu de Dieu ; le 22 janvier, rien n'a changé, rien n'a bougé, tout demeure.

La déchristianisation s'en donne à cœur joie : les églises sont transformées en hôpitaux, le calendrier grégorien laisse la place à sa formule révolutionnaire, on vient en aide aux mères célibataires, on autorise le divorce, les prêtres doivent prêter serment, ils ont le droit de prendre femme et de fonder une famille, les anciens lieux de cultes chrétiens deviennent des temples de la raison, la superstition laisse la place à la philosophie, les laïcs achètent des églises, les biens du clergé sont confisqués, on brise des croix et des calvaires, on profane des objets sacrés, on fond les cloches et l'or des fétiches catholiques...

Mais la superstition et la bigoterie veillent avec pour grand homme un certain Maximilien Robespierre, dévot de Rousseau le déiste et surtout pas de Meslier l'athée. Cette grande période pour la laïcité moderne s'arrête brusquement le soir du 1er frimaire (le 21 novembre 1793), lorsque le prétendu Incorruptible déclare la guerre aux déchristianisateurs, en disciple zélé de l'abbé Yvon qui, dans l'article « Athée » de l'Encyclopédie, promet la peine de mort aux athées sous prétexte qu'ils nuisent à la société. Comment mieux dire l'utilité de la religion pour mener les hommes et les conduire en ordre dans l'obéissance ?

La fin de Robespierre achève paradoxalement la Révolution dans le sens robespierriste : la version libérale et bourgeoise, déiste et propriétaire, l'emporte sur la version égalitaire et populaire, athée et partageuse. Triomphe de Rousseau sur Meslier, avantage de Robespierre sur les Sans-culottes, succès de la superstition philosophique sur la philosophie de la superstition. Devenue temple de la raison robespierriste, l'ancienne église recouvre ses droits avec l'Empire, car Napoléon le mécréant n'ignore pas quel précieux soutien on peut obtenir du clergé pour mener une politique autoritaire.

L'Église du XIXe siècle reprend du poil de la bête. En chaire, les prêtres défendent l'amour du prochain, le pardon des offenses, la tolérance, mais le Vatican mène clairement une politique de reconquête agressive contre le communisme et le socialisme, l'athéisme et le matérialisme, la révolution prolétarienne et les syndicats ouvriers. Complice des maîtres de forge, associée à la bourgeoisie, clairement engagée aux côtés des propriétaires, servante des puissances de l'argent, l'Église à son sommet pratique à rebours des vertus du Jésus de la femme adultère mais, en revanche, très en phase avec le Christ des marchands du temple. Pendant tout le XIXᵉ siècle, siècle de la révolution industrielle, saint Paul et son glaive vengent le cou coupé de Louis Capet.

La fameuse loi de séparation *des* Églises – et non *de* l'Église – et de l'État de 1905 manifeste un moment fort pour la laïcité : la République assure la liberté de conscience ; elle garantit le libre exercice des cultes sous réserve que soit respecté l'ordre public ; elle ne reconnaît aucun culte et donc n'en salarie ni n'en subventionne aucun ; elle autorise la présence religieuse sous forme d'aumônerie dans les écoles publiques, les hospices, les asiles, les prisons ; les signes religieux disparaissent de tous les monuments publics ; l'enseignement religieux est dispensé en dehors des heures de classe ; et cette instruction procède de l'État. Chacun chez soi, donc. Pas question de nourrir le temporel politique avec le spirituel chrétien. La foi devient affaire privée, intime.

La déchristianisation marque le XXᵉ siècle : Auschwitz montre que Dieu, s'il existait, n'aurait pas empêché la solution finale et la destruction de millions de femmes et d'hommes. Outre la barbarie nationale-socialiste et ses millions de morts, la terreur bolchevique, le Goulag soviétique, les victimes de Hiroshima, les guerres coloniales, le génocide rwandais prouvent au croyant que son Dieu fait silence sur la marche nihiliste du monde pendant au moins un siècle. Ontologiquement, Dieu devient problématique et politiquement, inutile : l'argent fait la loi, le marché triomphe, le capitalisme détruit, broie des millions d'hommes et de femmes au quotidien, et toujours ce silence de Dieu.

Mai 1968 agit comme un accélérateur du processus de déchristianisation. La mise en question de toute autorité met à mal la thèse de saint Paul : si tout pouvoir vient de Dieu, le pouvoir de l'homme sur la femme, du mari sur l'épouse, du père de famille sur ses enfants, du patron sur ses employés, du professeur sur ses élèves, du chef de l'État sur ses sujets, du bourgeois sur le prolétaire, de l'ancien sur le jeune, du mandarin sur ses étudiants, procède lui aussi de Dieu et d'une certaine transcendance. Mai 1968 détruit la transcendance et proclame l'immanence la plus radicale.

Les femmes s'émancipent, les épouses prennent leur autonomie, les enfants désobéissent, les ouvriers se révoltent, les élèves récusent l'autorité de leurs enseignants, la rue brandit les portraits de dictateurs marxistes et traite de fasciste un vieux monarque républicain qui a restauré deux fois la République, l'autorité se trouve partout battue en brèche, c'est le règne généralisé de la fraternité ingénue, de l'égalitarisme naïf, de la communauté innocente – avant le retour du bâton capitaliste. Comme la Révolution française accouche de l'ordre bourgeois, la révolution de Mai enfante la version libérale du capitalisme, la société de consommation devient religion d'après la religion.

De l'athéisme à l'islamisme

La fin du bloc de l'Est, la chute du Mur en 1989, l'effondrement de l'Union soviétique marquent le triomphe absolu du capitalisme qui se trouve privé d'ennemis. La guerre froide est perdue par Marx, Tocqueville triomphe. Des pans entiers de bibliothèques s'effondrent : des œuvres complètes de Lénine à celles de Mao en passant par les pinaillages normaliens d'Althusser, mort d'hier, ou de Badiou et Zizek, embaumés d'aujourd'hui, tout ce qui croit que le « communisme », cette mauvaise idée d'hier, sera la bonne idée de demain, excellent dans l'art de rendre révolutionnaire ce qui, l'histoire aidant, se révèle désormais réactionnaire.

Sartre, leur maître à tous, fut le héros de la chouette de Minerve : il a toujours pris son envol à la nuit tombée, une fois l'histoire accomplie, achevée. Et comme l'homme ne manquait pas d'intelligence (même si la perspicacité lui faisait défaut...), celui qui est passé à côté de la montée des fascismes européens dans les années 20-30, qui a manqué la Résistance en 40, qui a compensé avec un rôle actif dans l'épuration en 45, puis développé théoriquement une excellente théorie de l'engagement (!), a décidé, une fois la guerre terminée, comme après avoir été fouetté aux orties de l'histoire, de ne plus jamais manquer un train en tâchant désormais de devenir un précurseur activiste – ce qu'il ne fut que dans la négativité.

Dès lors, pour éviter de passer à côté de l'histoire, il fut l'idiot utile du marxisme-léninisme planétaire dans les années 50, le défenseur de la peine de mort pour les patrons, les bourgeois, les colons, les notaires de province transformés en violeurs d'adolescentes, le dénonciateur du « fascisme » (!) gaulliste qui adhérait en retour aux fascismes rouges, le compagnon des égorgeurs nationalistes algériens et puis, pour finir, l'homme qui nous fit savoir, en compagnie de Benny Lévy, que, globalement, nonobstant son soutien à l'OLP terroriste d'Arafat, il avait toujours été juif – ce qu'en son temps la simple lecture des *Réflexions sur la question juive* ne nous aurait pas permis de constater puisque alors le juif y était défini comme une création de l'antisémite ! Sartre l'athée finit donc sa carrière philosophique dans la peau d'un juif, ce qui fit s'étrangler Simone de Beauvoir, qui, avec raison, hurla au détournement de vieillard dans *La Cérémonie des adieux*. Ce faisant, après les entretiens de 1980 avec Benny Lévy parus sous le titre *L'Espoir maintenant*, BHL put dès lors se proclamer sartrien.

Ce trajet sartrien ne manque pas d'intérêt, car il inaugure un cheminement singulier : nombre de maoïstes, sartriens donc, effectuèrent le même virage en devenant des thuriféraires du sacré, pourvu qu'il fût musulman – je songe à Christian Jambet devenu, sous l'influence d'Henri Corbin, un islamologue chevronné. On peut également songer aux errances de Michel Foucault, qui couvrit la révolution iranienne pour différents supports de presse en France et en Italie et fit un long éloge du pouvoir islamique comme réponse de la sainteté à la dictature du Roi...

Dans « A quoi rêvent les Iraniens ? », un article paru dans *Le Nouvel Observateur* daté 16 au 22 octobre 1978, Foucault écrit : « Un fait doit être clair : par "gouvernement islamique", personne, en

Iran, n'entend un régime politique dans lequel le clergé jouerait un rôle de direction ou d'encadrement. » Concluant ce long reportage, le philosophe affirma en 1978 que le retour de l'ayatollah Khomeyni « rappelait quelque chose que l'Occident avait oublié depuis la Renaissance et les grandes crises de la chrétienté, c'est-à-dire, la possibilité d'une spiritualité politique ». Puis il envoie cette dernière phrase comme le bretteur touche : « J'entends déjà des Français qui rient, mais je sais qu'ils ont tort. » En effet... Le mois suivant, dans le *Corriera della sera* du 26 novembre, on peut lire ceci dans l'article intitulé « Le chef mythique de la révolte de l'Iran » : « Il n'y aura pas de parti de Khomeyni, il n'y aura pas de gouvernement Khomeyni ». En effet – bis.

Le penseur des dispositifs carcéraux devenait ainsi une étonnante caution pour les antilaïcs qui militaient, en dévots de la contre-révolution et en disciples musulmans de Maistre et Bonald, pour un nouveau compagnonnage entre le spirituel et le temporel. Ces intellectuels de gauche qui, jadis, transformaient de Gaulle en fasciste tout en célébrant Mao, en viennent à faire d'un ayatollah un sauveur politique sous prétexte qu'il inscrirait la politique dans la zone du religieux. On comprend que ce même Foucault soit défendu avec toute l'ardeur dont un normalien est capable par BHL dans *Les Aventures de la liberté*. Leur combat antilaïc est le même.

Rappelons pour mémoire que Maurice Clavel, ce normalien agrégé de philo, fils de pharmacien qui commence son existence en maurrassien et la continue au PPF de Doriot, travaille avec Pierre Boutang à Vichy pour l'aider au secrétariat d'un ministre de Pétain, s'engage dans le Camp école pétainiste, puis entre dans la Résistance en novembre 1942 (comme tous ceux qui ont compris que le vent a tourné : Mitterrand, Duras, Malraux...), participe à la libération de Chartres et accueille le général de Gaulle sur le parvis de la cathédrale ! Joli trajet... En 1965, il se convertit au christianisme, ce qui ne l'empêche pas de devenir maoïste avec Sartre et ses épigones. On voit ensuite ce chroniqueur au *Nouvel Observateur* fondateur de *Libération* critiquer l'avortement, la révolution sexuelle, le féminisme (ce qui n'aurait pas déplu à Khomeyni et aux siens !) avant de devenir le maître à penser des Nouveaux Philosophes, dont, comme par hasard, BHL, Lardreau et Jambet.

Clavel, mais également Philippe Sollers et Jacques-Alain Miller, sinon Catherine Millet et Jacques Henric apportant *Art-press* dans la corbeille de mariage, sont passés du maoïsme au catholicisme apostolique et romain, non sans utiliser un certain Jacques Lacan comme intercesseur puisque ce dernier, chamane en chef à Saint-Germain-des-Prés, maurrassien de formation lui aussi, fit en 1953 des pieds et des mains pour obtenir une entrevue avec le pape afin de lui montrer que la psychanalyse, sa psychanalyse, n'était surtout pas incompatible avec le message chrétien, bien au contraire. On lira pour s'en convaincre *Le Discours aux catholiques*, une conférence donnée à Bruxelles par Lacan en 1960. De leur côté, Sartre et BHL militaient pour le monothéisme juif – lire *L'Espoir maintenant* du premier et *Le Testament de Dieu* du second puis Jambet & Foucault pour sa version musulmane, lire *L'Ange* de l'un et les *Dits et écrits* de l'autre. Les trois monothéismes n'étaient donc pas morts...

Ce retour du religieux prend des formes insidieuses. Ainsi, quand BHL et Badiou se choisissent mutuellement comme adversaires pour occuper le champ médiatique français, ce sont deux maoïstes honteux (du moins qui savent cacher leurs relations authentiques à cet idéal tout en délivrant quelques bribes pour informer qui veut l'être vraiment dans *Comédie* pour le premier et *Le XXe siècle* pour l'autre) qui s'affrontent à partir d'un même terreau, l'École normale supérieure pour deux maurrassismes singuliers.

Qu'est-ce que je nomme ici *maurrassisme* ? Cette façon d'affirmer en même temps qu'on est l'athée d'une religion et de la défendre pour l'unité nationale qu'elle permet. Ainsi, BHL et Badiou sont athées, certes, mais le premier avoue toute son admiration pour le treizième apôtre dans son *Saint Paul. La fondation de l'universalisme* (1997) et le second combien il tient l'Ancien Testament pour la vérité passée de demain : du *Testament de Dieu* (1978) à *Pièces d'identité* (2010), notamment dans les presque trois cents pages regroupées sous le titre « génie du judaïsme ». L'enjeu de ces deux maurrassiens issus de Normale sup, un chrétien sans dieu et un juif sans dieu, c'est bien la vérité d'un sacré *platonicien* pour Badiou, *lévinassien* pour BHL, mais sûrement pas laïc, car Platon et Levinas prennent des nouvelles de ce monde-ci dans l'autre monde de leurs fantasmagories idéales.

Ce siècle nihiliste se joue-t-il donc entre le judaïsme, le christianisme ou l'islam ? Un bruit de fond régulier, à bas bruit, certes, mais bruit de fond tout de même, pourrait le laisser croire. Le franc athéisme, le matérialisme radical et l'absence totale de référent à quelque positivité religieuse que ce soit est, sinon rare, du moins inexistant dans le débat contemporain. On peut ne vouloir ni du Talmud de Sartre et Benny Lévy, ou bien de Levinas et BHL, ni du Nouveau Testament de Clavel (sinon de Jean-Luc Marion ou de René Girard), ni même du Coran de Foucault et Jambet infusés de Corbin...

Avec un rapide état des lieux, on peut considérer que le christianisme européen n'est guère en forme, même si Benoît XVI, intellectuel haut de gamme formé à l'herméneutique allemande et accessoirement pape, a fait le travail nécessaire pour le remettre à flot. La déchristianisation a eu lieu même chez les chrétiens qui entretiennent avec leur religion un rapport consumériste et prélèvent ce qui leur convient tout en écartant ce qui les gêne : la plupart du temps, ils gardent le sacré et le mystère, le déraisonnable superstitieux, le rite comme conjuration, la croyance à des arrière-mondes flous, puis ils renoncent aux obligations morales ou cultuelles, aux défis de l'exigence éthique, aux brûlures de l'idéal ascétique. La menace chrétienne est derrière nous. Le christianisme est devenu tolérant car il ne dispose plus des moyens d'être intolérant. Il fait de nécessité vertu.

Le judaïsme, en tant qu'il n'est pas une religion prosélyte à vocation universelle, mais une religion identitaire, sinon nationale (si l'on consent à un nationalisme ontologique avec ou sans terre), ne menace pas au-delà du conflit israélo-palestinien, ce qui, tout de même, et pourtant, chacun le sait, n'est pas sans implications planétaires. La conversion au judaïsme n'a guère de sens dans l'économie de cette confession et le génie culturel de cette religion n'a pas besoin d'une conversion pour que se manifeste un compagnonnage réel.

Les juifs ont d'autres soucis que de convertir la terre entière… Ce qui n'est pas le cas du christianisme, qui n'en a plus les moyens, ni de l'islam, qui, lui, en revanche, en a le désir et s'en donnera les moyens.

Le discours dominant d'une civilisation épuisée est toujours l'aveu de cet épuisement : le politiquement correct, nonobstant l'enseignement du Coran, des hadiths du Prophète ou d'une simple biographie de Mahomet, affirme à qui veut bien l'entendre que l'islam serait une religion de paix, de tolérance et d'amour. Si l'islam est sollicité pour justifier des guerres, légitimer des intolérances mortelles et soutenir des haines allant jusqu'à l'appel à la destruction d'une Nation (Israël par l'Iran), c'est toujours, dixit la vulgate, en vertu d'une confusion dommageable entre islam et islamisme, islam modéré et islam radical. Quiconque récuse cette distinction d'école pour affirmer qu'il s'agit d'une sophisterie dangereuse se fait immédiatement traiter d'islamophobe.

Il est étrange que ce signifiant utilisé par certains démocrates épuisés (à moins qu'il ne s'agisse d'antidémocrates rusés) provienne de l'arsenal logomachique de l'islam politique iranien de Khomeyni, qui a construit le mot pour combattre et détruire toute opposition à sa politique temporelle bâtie sur le spirituel que l'on sait. « Islamophobe » relève du registre dans lequel se trouvait

« judéo-bolchevique » dans l'Europe des années 20 à 45 : quiconque emprunte cette expression cautionne le régime qui l'a créée dans le dessein que l'on sait et du même coup avalise son sens polémologique...

Je lis le Coran et j'y vois ce qui s'y trouve, non mes fantasmes. Je n'ai pas à prendre parti, dans cette analyse, pour les intérêts juifs d'Israël ou ceux de la cause palestinienne, je ne défends ni les rabbins ni les imams, encore moins les prêtres ou le pape. Je suis un homme libre, sans Dieu, un *laïc* qui effectue son travail en pointant les affabulations, les mythes, les superstitions et autres histoires pour enfants. Je ne communie ni dans l'*islamo-gauchisme* d'un Nouveau Parti anticapitaliste dont le héraut intellectuel est Tariq Ramadan, ni dans le *judéo-libéralisme*, si l'on veut un concept construit sur le même principe, des néoconservateurs américains ou européens. Le *christiano-capitalisme* ayant fait son temps en Europe, je passe rapidement sur cette autre figure possible de la déraison théocratique.

Pas plus que je n'aurais consenti, du moins je l'espère, au manichéisme qui, avant guerre, sommait de choisir entre le bolchevisme et le fascisme, contraignant finalement à choisir la modalité de son fascisme, je ne souhaite aujourd'hui opter pour l'islamo-gauchisme ou le judéo-libéralisme qui sont deux modalités néothéocratiques et politiquement nocives de la modernité présente et à venir, car on ne compte plus les morts de cette nouvelle guerre des religions planétaire. Ma critique du Coran accompagne une critique du Talmud et de la Bible déjà effectuée dans le *Traité d'athéologie*. Je crois seulement que l'avenir de l'Europe, puis de l'humanité, est au Coran – et nullement à la Bible ou au Talmud. Or j'aurais aimé qu'il soit plutôt au *Projet de paix perpétuelle* du grand Abbé de Saint-Pierre – repris par Kant, comme chacun sait.

L'Europe est à bout de souffle. Elle n'a plus le courage de ses valeurs ni l'audace de ses vertus. Elle est l'ombre d'elle-même, peureuse et couarde, lâche et veule, avachie et communiant dans la religion de l'argent, de l'apparence, de la légèreté. Le désir d'une Europe politique a surgi après la mort de l'Europe vivante. La mondialisation, la globalisation a sonné le glas européen. Cette civilisation a été, fut et ne sera plus. Elle est morte, elle se vide de son sang, à bas bruit, mais depuis longtemps maintenant. La laïcité fut une belle aventure.

31
Penser comme un cheval

J'aime Bartabas parce qu'il est un homme debout ; et il est un homme debout parce qu'il fait parler en lui toute une série d'animaux, pas seulement le cheval : la hyène au rire grinçant quand, homme de l'art équestre, comme chacun sait, il vante les mérites de la boucherie chevaline en disant qu'elle a sauvé l'animal ; le gorille quand il se rend dans un bureau du ministère de la Culture et saccage un peu, en passant, la cage du babouin fonctionnaire qui étrangle sa compagnie avec des décisions de bureaucrate ; le renard quand il fixe l'objectif du photographe qui le saisit dans un beau portrait avec un crâne de cheval, composant ainsi une Vanité dans un esprit baroque ; le chat quand il regarde autour de lui qui se trouve à sa table après le spectacle, et comment les lois de l'éthologie sont respectées dans les agencements autour du mâle dominant qu'il est, ce qui lui fait friser l'œil et retrousser les babines ; le loup quand il se meut dans l'espace d'Aubervilliers avec sa meute qui se déplace comme en dansant autour de ses phéromones ; l'ours quand il met la patte dans le plat en plein

Festival d'Avignon pour exploser le politiquement correct qui règne en matière d'intermittence du spectacle ; le lion, roi des animaux, quand il chevauche. Cet homme est un zoo à lui tout seul.

Je suis pourtant le plus mal placé pour parler de son art car je ne suis jamais monté sur un cheval. Dès lors, dans ses spectacles, j'entends des « oh ! » et des « ah ! » qui ponctuent ses coups de génie équestres, mais sans savoir pourquoi il y a eu, là plutôt qu'ailleurs, matière à extase ! Ainsi du galop arrière : enfant, j'avais l'habitude de voir des percherons dans les champs de ma campagne normande, et il me semblait qu'il suffisait de demander à un cheval de reculer pour qu'il s'exécute !

Holà ! Sacrilège ! Le sommet de l'art se trouve dans cette reculade. Bien, bon, d'accord, entendu. Mais, de la même façon qu'on n'a pas besoin d'être musicologue pour aimer Bach, ni gynécologue pour aimer les femmes, on peut aimer Bartabas en ignorant tout de la technique équestre – même si j'imagine la qualité affûtée du plaisir qu'il y a à décoder la subtilité du dressage quand on est soi-même cavalier.

Ce qui me plaît dans ses spectacles, c'est la pensée qu'il y met. Depuis le début de Zingaro, ses créations ont été multiples et diverses. Du dépouillement maximal et de l'esthétique zen de la danse d'un homme avec son cheval et de ce centaure avec un acteur de butô dans *Le Centaure et l'Animal*, à la farce baroque d'une danse macabre dans *Calacas*, en passant par les contrepoints entre les chevaux et les musiques du monde dans *Darshan* ou *Battuta*, il n'existe qu'une seule substance diversement modifiée – comme dirait un spinoziste sachant monter.

De la pensée dans les spectacles de Bartabas ? Oui. De la pensée. Car penser avec des mots est une histoire récente avant laquelle il y eut des millénaires de pensées sans les mots. Il y eut de la pensée à Lascaux avec des peaux de bête tannées, tendues sur des cadres, frappées avec un bâton ou un os, il y eut de la pensée sous les lueurs des torches à la graisse animale qui éclairaient un peu des danseurs probablement enivrés de lichens fermentés ou de liquides hallucinogènes, il y eut de la pensée dans le cerveau d'un être qui recouvrit de pierres sèches le corps de son père mort, il y eut de la pensée dans la main du premier graveur de tête de cheval dans une grotte préhistorique – etc. Barbatas est l'homme de cette pensée-là.

Précisons. Pendant des millénaires, l'homme et la nature ne se pensaient pas séparément. Le nuage, l'arbre, le vent, l'animal, l'homme, l'insecte, le soleil, la pluie étaient un seul et même monde. La décadence vint avec le monothéisme qui mit à bas le paganisme et le panthéisme pour lesquels les dieux n'étaient pas séparés du monde puisqu'ils étaient le monde. Dans ces temps où la raison ne se nourrissait pas de mots et de concepts, mais d'intuitions et d'esprits, de souffles et de murmures, l'animal et l'homme, la pierre et la plante étaient, pour l'homme, parcourues d'une même énergie. Bartabas montre cette énergie fossile dans un monde qui en a perdu le sens et l'usage. Voilà la pensée de Bartabas. Il convoque pour ce faire des oies et des chiens, des dindons et des ânes, des chevaux aussi, bien sûr, ou des cygnes avec lesquels il obtient des résultats chorégraphiques stupéfiants.

Ce qui a lieu sur la piste du cirque suppose une longue conversation entre l'homme et la bête, preuve que la communication est possible entre le règne animal et le règne humain qui ne sont qu'artificiellement séparés. Même remarque avec le règne végétal ou le minéral. La force qui détermine l'indéfectible agencement des cristaux de quartz et celle qui anime le cheval dans le rond de lumière, autant que la posture du cavalier qui le monte, sont une seule et même vitalité.

Il y a peu d'êtres qui font de cette force un matériau à sculpter – Bartabas est de ceux-là. Ses démonstrations offrent une quintessence du génie équestre français en même temps qu'un cristal de communication non verbale entre le cavalier et sa monture. En sortant du manège, les genres se mêlent : le cheval a montré tant d'humanité que l'homme sent en lui cette bestialité – autrement dit : sa participation au monde animal.

Et l'on en vient même à se demander si cette intelligence animale que nous avons perdue n'est pas plus grande que l'intelligence livresque qui l'a recouverte depuis des millénaires. Nous croulons sous le poids des mots, des livres, des bibliothèques, des paroles. Le silence des bêtes nous ramène à l'essentiel : Bartabas nous y mène avec un doigté de chamane.

La pensée de Bartabas est une éthique : elle montre ce qui peut être obtenu moins quand on brime la part animale pour l'humaniser que quand on l'humanise en l'animalisant, autrement dit : quand on rappelle à l'*Homo sapiens sapiens* qu'il est aussi, et peut-être surtout, une énergie à sculpter, une force à conduire, un chaos à ordonner. Bartabas montre la voie – il est le seul aujourd'hui, avec le médium insolite de l'art équestre, à nourrir l'âme de corps, alors qu'un millénaire de formatage spirituel a produit l'inverse.

Calacas constitue une étape nouvelle dans cette leçon de sagesse équestre. Baroque, foutraque, dionysiaque, bachique, endiablé, sarcastique, comique, cette pompe funèbre fait du cercueil un tapis volant. Les chevaux se partagent la sciure avec les squelettes qui dansent, sautent, frétillent, rigolent à mâchoire déployée pour nous offrir une leçon épicurienne : la mort n'est pas à craindre puisque nous sommes là ; quand elle sera là, nous n'y serons plus.

Dès lors, les corbillards roulent à tombeau ouvert, conduits par des chevaux fous, les os sont la chair des morts qui chevauchent des animaux musclés comme des Apollon, les anges secs montrent leur sacrum et leur coccyx en volant comme des spectres au-dessus des spectateurs, Éros embrasse Thanatos sur la bouche, le tout sur la croupe d'un cheval qui redouble celle de l'écuyère, la peau d'une cavalière est de tissu, la pointe de ses seins se fripe d'étoffe, la chair est donc plus fausse que l'os, dur et vrai comme une pierre tombale.

La musique est une fanfare céleste. La cavalcade est celle des morts qui jouent à la vie dans un ciel non pas des idées, mais de chair et de sang où l'on lutine, boit, rit, danse et chante. Bartabas, qui nous livre sa pensée depuis des années, nous a fourni une éthique, une sagesse, une éthologie, le voilà qui nous donne à présent une théologie. Dieu, que la pensée est une douce chose quand elle économise la parole ! Dans ce cas, et seulement là, elle est la plus noble conquête de l'homme.

32
Le temps venu de Proudhon

Chacun sait que l'imprégnation chrétienne a laissé des traces et que plus de mille ans de christianisme au pouvoir formatent les consciences, de sorte que, non croyants, agnostiques, athées, mais aussi antichrétiens, libres-penseurs, militants rationalistes restent tributaires de schémas de pensée hérités de cette religion. Il en va de même avec deux siècles de marxisme qui ont enfumé la pensée et imprègnent souvent les analyses politiques contemporaines.

Le marxisme a dominé depuis que la Première Internationale a permis à Marx d'évincer par tous les moyens, y compris les moins honnêtes, les représentants d'un socialisme libertaire, autrement dit le socialisme de Bakounine et de Proudhon. La Commune ne fut pas marxiste et Marx n'a pas compris la Commune. Mais les Versaillais ont tué vingt mille communards. De sorte que Thiers et les siens ont décapité le socialisme libertaire en France : ruse de la raison, Thiers ne savait pas qu'ainsi il ouvrait un boulevard à Marx et aux marxistes...

La Révolution russe de 1917 a marqué le triomphe de Marx sur le terrain européen. Les modalités de son communisme ont bel et bien été réalisées, quoi qu'en disent les marxistes idéalistes qui pérorent encore aujourd'hui. Il n'y a que dans le cerveau d'un vieux normalien qu'on peut parler, en platonicien, du sublime d'un « communisme transcendantal » qui n'aurait absolument rien à voir avec ce que furent la réalité soviétique et celle des blocs de l'Est de 1917 à 1989.

Des manigances et des perfidies de Marx lors de la Première Internationale (1864) à la publication d'un collectif intitulé *L'Idée de communisme* (2009) qui rassemble les interventions de Badiou, Negri, Rancière, Zizek et autres idéalistes communistes, en passant par Lénine, Staline, Mao, Castro et quelques autres beautés communistes transcendantales, Marx a eu le temps de montrer combien sa dictature du prolétariat fut plus soucieuse de dictature que de prolétariat. On peut toujours croire que ce qui se fit au nom de Marx n'a rien à voir avec lui pour justifier qu'on continue ce qu'il justifia en son temps, mais à ce jeu dangereux on risque de rouvrir des camps plutôt que d'élargir des libertés.

Ne pas vouloir de Marx et du marxisme ne saurait renvoyer dans les bras de ceux qui font du libéralisme l'horizon indépassable de notre époque. L'alternative à la droite n'est pas le goulag ou la gauche de droite. Du moins, elle ne devrait pas. Car il existe une gauche libertaire qui n'a rien à voir avec la gauche autoritaire des marxistes nourrie de nostalgie bolchevique ou la gauche tocquevillienne qui peint la façade de son libéralisme en rose bonbon. L'anarchisme est autre chose que ce que la vulgate affirme habituellement. Certes, le dénigrement de ce beau mot est facile : il suffit de renvoyer à ceux qui s'en sont réclamés pour justifier les attentats aveugles de la Belle Époque, les meurtres de la Bande à Bonnot, afin d'associer ce terme à la violence, à la brutalité, au sang versé.

Or il existe un courant méconnu de la pensée anarchiste française qui a proposé ce que Proudhon lui-même nomme une « anarchie positive » : construire ici et maintenant une révolution qui n'a pas besoin de tuer, massacrer, piller pour se réaliser. Cette anarchie-là n'a rien à voir avec la gauche de ressentiment qui est pour tout ce qui est contre et contre tout ce qui est pour. Les tenants de cette gauche si bien analysée par Nietzsche en son temps veulent avant tout détruire. Et après ? Après triomphe un schéma religieux : bonté, bonheur, prospérité, etc. Disparition de l'exploitation, des guerres, de la phallocratie, de la misère... Ce schéma reste hégélien, idéaliste, religieux – et, pour tout dire : chrétien.

Les défenseurs de l'anarchie positive, dont Proudhon, changent les choses ici et maintenant. Au contraire de ceux qui ne changent rien tout de suite parce qu'ils vont tout changer demain, demain n'arrivant jamais, ils défendent une micropolitique concrète et efficace. Les instruments de cette révolution sans fanfare ? La Ruche, l'école alternative de Sébastien Faure, l'Université populaire de Georges Deherme, les Milieux Libres de Georges Butaud et Sophia Zaïkowska, les Bourses du travail de Fernand Pelloutier, la camaraderie amoureuse d'Émile Armand et tant d'autres expériences libertaires concrètes, dont celles de Jean-Marc Raynaud, le créateur des Éditions libertaires, auquel on doit une crèche libertaire, L'Île aux enfants, sur l'île d'Oléron, une colonie libertaire Bakounine, une école libertaire Bonaventure, ainsi qu'un projet de maison de retraite.

Proudhon a philosophé en dehors des cadres. Fils de pauvre, pauvre lui-même, autodidacte, il n'a aucun des tics des anarchistes qui puisent leur science du monde dans les bibliothèques, avec le risque de nourrir l'idéalisme et de ne jamais obtenir un seul progrès concret. S'il pense, ça n'est pas dans la perspective de l'art pour l'art : il veut changer le monde réellement, concrètement, positivement, tout de suite, de façon pragmatique.

Dès lors, ses productions livresques sont toujours des textes de combat. L'universitaire y trouvera des contradictions qui se volatilisent quand on procède à des contextualisations. Une fois il est pour l'abolition de l'État, une autre, il défend l'État ? Certes, mais dans le premier cas, celui de *Qu'est-ce que la propriété ?* il fustige l'État capitaliste complice de l'« aubaine », autrement dit de l'exploitation des ouvriers par les capitalistes qui ne rétribuent pas la force de travail collective ; dans le second cas, celui de *Théorie de la propriété*, il montre combien la fédération, la coopération, la mutualisation supprimeront le gouvernement venu d'en haut par ce gouvernement contractuel, certes, mais qu'il faut une instance qui régule cette fédération – l'État. Un État libertaire, autrement dit : un État qui garantisse l'« anarchie », que définit l'absence de gouvernement venu d'en haut.

Même remarque : en 1841, Proudhon aurait été contre la propriété, puis, à la fin de sa courte vie, il aurait été pour. En vertu des mêmes principes, Proudhon veut l'abolition de la propriété capitaliste au profit d'une propriété anarchiste, celle qu'il nomme la « possession » et qui exclut sa constitution par l'exploitation salariée. La propriété est donc à abolir quand elle est capitaliste ; à promouvoir quand elle est anarchiste – elle se nomme alors possession.

Proudhon ne pense pas le réel à partir de catégories philosophiques idéales, mais à partir du réel le plus concret. Marqué par l'hégélianisme, l'anarchisme russe de Bakounine et Kropotkine demeure prisonnier des schémas chrétiens : la rédemption du péché (la propriété) par la conversion à la religion (la révolution) qui réalise la parousie (le communisme).

Le proudhonisme est un pragmatisme, autrement dit le contraire d'un idéalisme. D'où ses propositions concrètes et détaillées : la fédération, la mutualisation, la coopération comme autant de leviers pour réaliser la révolution ici et maintenant sans qu'une seule goutte de sang soit versée ; la banque du peuple et le crédit organisé pour les classes nécessiteuses par ces mêmes classes dans une logique qu'on dirait aujourd'hui de microcrédit ; une théorie de l'impôt capable de réaliser la justice sociale ici et maintenant ; une défense de la propriété anarchiste comme assurance de la liberté individuelle menacée par le régime communiste ; la construction d'un État libertaire qui garantisse la mécanique anarchiste ; une théorie critique de la presse qui est une machine à promouvoir l'idéal des banquiers qui la financent ; une pensée du droit d'auteur ; une analyse de la fonction sociale et politique de l'art qui s'oppose à l'art pour l'art et aux jeux d'esthètes ; un investissement dans ce qu'il nomme la « démopédie » et qui suppose qu'on augmente plus sûrement le progrès de la révolution par l'instruction libre que par l'insurrection paramilitaire – et mille autres instruments d'une boîte à outils dans laquelle le socialisme n'a pas encore puisé...

Certes, il existe une face noire à Proudhon : sa misogynie, que Daniel Guérin, dans un ancien *Proudhon oui et non*, mettait en relation avec une homosexualité brutalement refoulée ; la phallocratie qui l'accompagne et qui inscrit le philosophe bisontin dans l'ancestrale tradition pitoyable des penseurs qui passent à côté de la moitié de l'humanité – de Platon à Freud, en passant par Rousseau, Kant, Schopenhauer et Nietzsche ; d'indéfendables propos antisémites consignés dans ses *Carnets* – l'excellent Robert Misrahi analyse cette question dans son *Marx et la question juive* et rappelle les modalités de l'antisémitisme de Marx ; sa défense de la guerre comme hygiène de la force – une constellation de fautes qui conduisit quelques vichystes à embrigader Proudhon parmi leurs références intellectuelles...

Ce droit d'inventaire effectué – et il est terrible, mais nécessaire –, reste un philosophe ayant pensé un socialisme libertaire que Marx et les siens ont critiqué, moqué, ridiculisé (songeons à *Misère de la philosophie* d'un Marx qui répond à la *Philosophie de la misère* de Proudhon et met les rieurs de son côté, mais au détriment des idées du philosophe français recouvertes par le sarcasme marxiste).

À l'heure de l'effondrement du système macropolitique mondial, cette philosophie micropolitique anarchiste concrète ouvre de grandes perspectives. Dans *De la justice dans la révolution et dans l'Église*, Proudhon écrivait : « Le peuple n'a jamais fait autre chose que prier et payer : nous croyons que le moment est venu de le faire philosopher. »

33
Une partie mémorielle de nous-mêmes

J'ai eu l'enfance d'un petit garçon de campagne : un animal de compagnie, un petit chien bâtard nommé Frisette, plus tard un chat qui était l'animal de ma mère, un genre d'objet transitionnel dont j'enviais les caresses prodiguées par sa propriétaire et qui ailleurs faisaient défaut... Voilà pour l'animalerie domestique. Il y avait également l'animalerie sauvage, celle des vairons et des anguilles de la rivière de mon village natal, des grenouilles pêchées dans les mares alentour, puis mangées à la crème... À quoi il faut ajouter l'animalerie alimentaire, les lapins dans leurs clapiers, les poules et les coqs dans leur basse-cour. Parfois, mes parents allaient chez des amis fermiers, le dimanche. Dans l'étable, je côtoyais les vaches et buvais sans l'aimer le fade lait mousseux tiède au sortir du pis. Tout cela s'accompagne de bruits et d'odeurs, de parfums et de moiteurs. Bouse de vache, urine de lapin, odeur acide de la crotte de poule, crottin des chevaux. Rien de gênant : la nature.

La mise à mort des animaux faisait partie des choses de la vie : nous étions malebranchistes sans le savoir, par tradition cartésienne, autrement dit par filiation chrétienne, sous prétexte que les animaux n'ont pas d'âme, au contraire des hommes. Dès lors, comme le père oratorien bottait le derrière d'un chien en philosophant qu'il n'y avait là qu'assemblage de ressorts et rouages sans sentiments, les campagnards de mon enfance enfonçaient le couteau dans l'œil d'un lapin avant de le lui arracher pour le saigner ; ils coupaient le cou d'un canard qui pouvait, nonobstant la décapitation, continuer sa course affolée dans le pré ; ils sectionnaient la tête de l'anguille et tiraient avec une pince la peau préhistorique en la tenant avec un papier journal pour la dépouiller plus facilement pendant que, sans tête et sans peau, sans viscères et sans cerveau, elle continuait à onduler ; ils plongeaient la tête d'un pigeon dans un verre d'eau pour l'étouffer avant de l'ébouillanter pour le plumer ; ils jetaient contre les murs la portée de petits chats qui n'avaient pu être placés, sinon ils les enfermaient dans un sac, puis les jetaient à la rivière ; ils assommaient le cochon à la masse, le saignaient, mais, parfois, le coup n'avait pas fait son effet, alors l'animal s'échappait en hurlant dans la nature, puis se déchirait aux barbelés du champ ; etc.

Pourquoi n'aurait-on jamais réservé à Frisette le sort dévolu au lapin ? Faire au chien de compagnie ce qu'on imposait à l'animal destiné au civet était impensable... Même le paysan rompu aux brutalités de la ferme n'aurait pas consenti à tuer son chien pourtant traité... comme un chien ! Décharné, dépoilu, croûteux, galeux, le cou abîmé par une courte chaîne, la terre piétinée et morte à cause des sempiternelles allées et venues du désespoir, il n'aurait tout de même pas accepté le couteau sur la gorge ou la lame rentrée dans l'œil de son chien...

Car notre rapport aux animaux est réglé par une loi non écrite héritée du christianisme. Dieu a créé le monde dans l'ordre que nous savons : du ciel et de la terre jusqu'à l'homme, puis la femme, en passant par l'herbe, les arbres, les fruits, les étoiles. Le cinquième jour, Dieu crée les oiseaux, les monstres marins, les bestiaux, les reptiles, les bêtes sauvages. Pour donner un ordre à ce monde, il fut dit aux hommes : « Dominez sur les poissons de la mer, sur les oiseaux du ciel et sur tout être vivant qui rampe sur la terre. » Depuis, les hommes dominent.

C'est-à-dire qu'ils élèvent les animaux pour les manger, se vêtir, se protéger du froid et de la pluie, des ronces et des pierres ; ils les attellent pour ouvrir plus profond le ventre de la terre avec le soc, puis semer ou planter ; ils les gardent auprès du feu comme protecteurs capables d'éloigner d'autres bêtes dangereuses ou d'alerter la tribu assoupie en cas de danger ; ils les chevauchent pour guerroyer ; ils les égorgent pour être agréables aux dieux. Des millénaires plus tard, nous ne sommes guère plus loin.

Les animaux n'ayant pas d'âme, on conclut qu'ils n'ont pas de langage, d'intelligence, de sentiment, d'affects. Mais quelle est la mesure de l'âme ? Quels sont les critères du langage, de l'intelligence, etc. ? L'homme se fait la mesure de toutes choses. Dès lors, il extrapole ses fantasmes aussi loin qu'il le peut : sa peur de la mort lui fait inventer un arrière-monde dans lequel les trépassés restent éternellement vivants. Pour ce faire, l'astuce consiste à doter le mortel d'une part immortelle. Elle sera donc invisible, immatérielle, un genre de parcelle de la divinité en nous avec laquelle nous pourrions entamer un dialogue avec l'au-delà. Sur le principe que le même va vers le même, l'âme est faite du bois dont on fait Dieu et l'arrière-monde. Les animaux se trouvent exclus de cette fiction : les hommes qui ont une âme ont décidé qu'ils n'ont pas d'âme.

À quoi, en effet, conduirait l'hypothèse d'une âme pour les animaux ? Un paradis pour les hérissons, un enfer pour les ténias, un purgatoire pour les rats ? La fiction chrétienne a postulé l'existence du libre arbitre en l'homme : pour pouvoir être puni, il faut être coupable, pour pouvoir être coupable, il faut être déclaré responsable, pour pouvoir être responsable, il faut bien que nous soyons dotés d'une capacité à choisir, autrement dit : à faire volontairement le bien ou le mal. *Donc*, nous avons une âme.

Les animaux, c'est bien connu, n'ont ni liberté, ni libre arbitre, ils incarnent la quintessence du déterminisme : ils sont condamnés à répéter leur être – comme si Darwin ne donnait pas tort à cette bêtise ! Les bêtes, qui pourtant ne sont pas bêtes, sont donc assimilables aux arbres ou aux pierres, au restant de la nature. L'homme est bien le sommet de la création, il dispose donc du droit de faire ce qu'il veut de tout ce qui n'est pas lui.

La tradition philosophique est dualiste, spiritualiste, chrétienne, kantienne, autrement dit, elle avalise la pensée chrétienne sur la question de l'animal. De Platon à Heidegger via Augustin, Descartes et Kant, la philosophie dominante, institutionnelle, universitaire, celle qu'on lit en classe de philo, traduit, édite en livre de poche, travaille à l'université, cette pensée-là, donc, s'affirme en général spéciste.

En revanche, en avançant sur le terrain de la philosophie oubliée, négligée, méprisée, persécutée par l'idéologie dominante, et ce pour mon projet de contre-histoire de la philosophie, j'ai découvert depuis plus de dix années une tradition singulière : celle des philosophes monistes, matérialistes, atomistes, abdéritains, épicuriens, pour lesquels il n'y a pas, comme pour les chrétiens, une différence de nature entre l'homme et l'animal, mais une différence de degré. Ce qui change tout.

Les atomes qui constituent les planètes, ceux qui structurent le grain de sable, les particules de l'infiniment grand et celles de l'infiniment petit, les molécules qui composent un philosophe et celles qui donnent son âme (matérielle) à une baleine, *ce sont les mêmes*… Les matérialistes l'enseignent : il n'existe qu'une seule substance diversement modifiée. L'astrophysicien le prouve : nous effectuons tous des variations multiples sur le thème d'une seule et même étoile effondrée il y a plusieurs milliards d'années. Dès lors, il n'y a pas les hommes et le reste du monde, dont les animaux ; mais les hommes, le reste du monde, les animaux comme autant de variations sur un même thème : celui de la matière.

Ce qui change tout. Car on ne regarde plus de la même manière les animaux si l'on s'installe dans une position surplombante ou si l'on adopte un autre point de vue, égalitaire. Si l'animal est notre prochain, *une partie mémorielle de nous-mêmes*, ce que je crois, alors il y a en eux ce qui se trouve aussi en nous, mais que des millénaires d'acculturation ont recouvert, contraint, écrasé, affecté, amoindri, méprisé, négligé, détruit, massacré, maltraité. Autrement dit : une nature brute et directe, une horloge impeccable, un sismographe hypersensible, une sensitivité exacerbée, une vérité simple à être, une matérialité cosmique, une pure présence immanente, une force tranquille, une affectivité immédiate, une vitalité préhistorique.

La culture a longtemps été un art de comprendre la nature afin d'y trouver sa place : l'animisme, le totémisme, le polythéisme, le paganisme témoignent en ce sens, et ce pendant des millénaires. Puis, avec l'avènement des cités et le rouleau compresseur monothéiste qui veut des textes et des bibliothèques, des scribes et des prêtres, la culture est devenue ratiocination de cabinet. Le paysan a cessé d'être le modèle, Virgile a laissé place au clergé d'une secte qui a cessé de lire la vérité du monde dans les étoiles, comme les animaux et les paysans, pour se pencher funestement sur les grimoires et les parchemins.

Donc, Darwin nous enseigne une vérité considérable : il n'y a pas de différence de nature mais une différence de degré entre l'homme et l'animal. Dès lors, oublieux de ce dont nous provenons, ingrats quant à notre parentèle immémoriale, arrogants quand il s'agit de rappeler que notre boîte crânienne contient toujours (aussi et encore) un cerveau reptilien, nous sommes devenus bien souvent des monstres – ce que ne sont jamais les animaux.

Monstre celui qui jouit de tuer, jubile à faire souffrir, monstre l'être dépravé qui met à mort pour le simple plaisir de supprimer une vie, monstre celui qui fait de la mort un spectacle, monstre l'être qui exulte à effacer de la planète l'être d'un être : y a-t-il l'équivalent d'Auschwitz, de Gilles de Rais, de saint Hubert, de Savonarole ou d'El Cordobès chez les animaux ? Non. Un animal tue pour manger. Repu, il ne met jamais à mort son prochain – *lui*. Il existe donc une humanité chez les animaux qui pourrait donner des leçons à ceux de nos semblables qui manifestent une animalité (mais, on vient de le voir, le mot ne convient pas) dans leur hypothétique humanité.

Dès lors, on pourrait imaginer que l'éthologie puisse remplacer la théologie pour fonder une éthique postmoderne. Loin de croire qu'il nous faut nous dénaturer pour être véritablement des hommes, je pense que nous devons bien plutôt nous ensauvager afin de prendre les leçons données par les animaux : ne pas tourner le dos au cosmos, ne pas ignorer la nature, ne pas feindre de n'avoir rien à voir avec ce qui n'est pas nous, écouter ce que nous enseigne l'arbre, ce que nous apprend l'herbe, ce que nous disent les animaux, et ce afin de parfaire notre humanité.

Alors peut-être pourra-t-on envisager que, moins séparés de la nature, plus soucieux de ses leçons de sagesse, nous soyons moins pervers, moins débiles, moins tordus, moins faux, moins menteurs, moins fourbes et hypocrites, moins névrosés, moins psychopathes, moins agressifs. La culture n'est pas une anti-nature, ni une contre-nature, mais un art de sculpter la nature. Mais ceci est une autre histoire.

34
La parapsychologie freudienne

Freud publie en 1915 un ouvrage intitulé *Métapsychologie*. À l'origine, ce livre devait regrouper douze essais, mais Freud y a renoncé pour réunir sous ce titre cinq articles seulement. Le mot métapsychologie est un néologisme de son fait. On le trouve publié sous sa plume pour la première fois dans le douzième chapitre de sa *Psychopathologie de la vie quotidienne*. Mais la correspondance avec Fliess donne une date véritable à l'apparition de ce terme : 13.II.1896. Il écrit : « La psychologie – à vrai dire *méta*psychologie (sic) – m'occupe sans relâche. » Au même, il parle ainsi de métapsychologie : « Mon enfant idéal, l'enfant de mes peines » (17.XII.1896). Puis, sur l'épithète *métapsychique* : « Je vais te demander sérieusement si je peux utiliser le nom de métapsychologie pour ma psychologie qui mène derrière la conscience » (10.III.1898). Dans *Psychopathologie de la vie quotidienne*, métapsychologie signifie tout simplement « psychologie de l'inconscient » et dans la section intitulée « L'inconscient » de *Métapsychologie* : « Le mode de conception qui est l'accomplissement de la recherche psychanalytique. »

Dans *L'Analyse avec fin et l'analyse sans fin*, Freud s'interroge sur la possibilité de liquider une revendication pulsionnelle – et conclut négativement. Dompter en revanche, oui ; abolir, non. Le patient doit donc vivre avec. De quelle façon s'agencent alors les pulsions et le moi ? Réponse de Freud : « Il faut donc bien que la sorcière s'en mêle. Entendez : la sorcière métapsychologique. Sans spéculer ni théoriser – pour un peu, j'aurais dit fantasmer – métapsychologiquement, on n'avance pas ici d'un pas. Malheureusement, les informations de la sorcière ne sont cette fois encore ni très claires ni très explicites. »

Dans le *Vocabulaire de la psychanalyse* de Laplanche et Pontalis qui fait autorité, à l'entrée *métapsychologie*, on peut lire : « Terme créé par Freud pour désigner la psychologie qu'il a fondée, considérée dans sa dimension la plus théorique. La métapsychologie élabore un ensemble de modèles conceptuels plus ou moins distants de l'expérience tels que la fiction d'un appareil psychique divisé en instances, la théorie des pulsions, le processus du refoulement, etc. » Gros poisson conceptuel, donc.

Ces informations permettent de conclure qu'en forgeant ce mot et en ayant recours au préfixe grec *méta* Freud renvoie bien à ce qui se trouverait *derrière* la psyché – ou *au-delà*. Mais comment utiliser une métaphore spatiale pour parler d'un immatériel ? Disons-le autrement : qu'est-ce qui se situe derrière ce qui n'est pas situé, puisque non situable ? Du moins selon Freud, puisque son psychisme récuse toute matérialité.

Chacun connaît l'anecdote : vers 60 avant l'ère commune, Andronicos de Rhodes, onzième successeur d'Aristote, classe thématiquement l'œuvre complète de son maître qui a abordé tous les sujets : l'histoire des animaux et la théorie du ciel, la politique et l'éthique, la logique et la poétique, la physique et la rhétorique, etc. Une fois l'ensemble de la production rangée, reste un texte inclassable et inclassé qu'il installe *après* la physique – *méta physis*. La *métaphysique* était née. Du moins le mot, puisque la chose lui préexiste toujours – un mot connu sous cette forme au VIe siècle seulement avec le catalogue d'Hésychius.

Simplicius ou Asclépius théorisent la chose en expliquant que, logiquement, et non par un effet de classement problématique, Aristote ayant traité des choses physiques, il était normal qu'il envisage la question des essences, du pensable non mû, autrement dit de la philosophie première, du registre de la cause incausée, ce qui conduit évidemment aux principes, puis au principe – donc à Dieu... Après la physique, donc la nature, la métaphysique, la cause de la nature.

Au-delà de la petite histoire, retenons que la métaphysique nomme la discipline qui suit immédiatement la physique, la science de la nature. Derrière la nature, il y aurait donc autre chose, un au-delà, un arrière-monde, dirait Nietzsche. Et l'on sait que ces arrière-mondes sont de la même matière – osons plutôt : de la même *immatière*... – que les fictions religieuses nommées dieu ou les dieux, les anges, les esprits, les éons, les archontes et ce que l'on voudra. Pseudo-Denys l'Aréopagite ayant montré en la matière jusqu'où pouvait aller la déraison... En créant le néologisme de *métapsychologie*, Freud n'aura pas pu ne pas penser à la *métaphysique* comme discipline de l'au-delà de la physique. La lettre à Fliess témoigne : l'au-delà de la conscience de la métapsychologie de Freud équivaut à l'au-delà de la physique de la métaphysique d'Aristote.

Je ne peux m'empêcher de mettre en relation *métapsychologie* et *parapsychologie*, car la parenté sémantique me paraît avérée. Comment le *Dictionnaire culturel en langue française* d'Alain Rey définit-il ces deux termes ? Pour *métapsychologie* : « Didact. 1. Psychologie profonde (au-delà des expériences conscientes). » Puis, en second sens : « Psychologie dont l'objet est au-delà du donné de l'expérience. » Pour *parapsychologie* : « Didact. Étude des phénomènes parapsychiques, métapsychiques. » On voit mal comment le *métapsychique des parapsychologues* pourrait n'entretenir aucun rapport avec le *métapsychologique des freudiens*... Car *métapsychique* renvoie à ce sens : « Didact. Qui concerne les phénomènes psychiques inexpliqués (télépathie, etc.). »

Freud lui-même, dans l'intimité des correspondances, ne récuse pas la parapsychologie ou l'occultisme. Lui qui manifestait des comportements superstitieux pratiquait les rites de conjuration, souscrivait à la numérologie, avouait pratiquer la télépathie avec sa fille Anna, tout en avouant dans une lettre à Ferenczi qu'elle était douée pour ça, écrivait ceci à Eduardo Weiss le 24 avril 1932 : « Je suis, il est vrai, prêt à croire que, derrière tout phénomène soi-disant occulte se cache quelque chose de nouveau et de très important : le fait de la transmission de pensées, c'est-à-dire de la transmission des processus psychiques à d'autres personnes à travers l'espace. J'en possède la preuve basée sur des observations faites en plein jour et j'envisage de m'exprimer publiquement sur ce point. Il serait naturellement néfaste pour votre rôle de pionnier de la psychanalyse en Italie de vous déclarer en même temps partisan de l'occultisme. » Puis, au même, le 8 mai 1932 : « Je tiens à dissiper un malentendu. Qu'un psychanalyste évite de prendre parti publiquement sur la question de l'occultisme est une mesure d'ordre purement pratique et temporaire uniquement (sic), qui ne constitue nullement l'expression d'un principe »... On aura bien lu.

Après ce temps théorique, examinons parmi d'autres une conséquence pratique considérable susceptible d'inscrire Freud dans le camp de la parapsychologie : voyons ce qui relève chez lui de la phylogenèse – car elle entretient d'intimes relations avec la fameuse « transmission des processus psychiques à d'autres personnes à travers l'espace » de la lettre à Weiss – et j'ajouterai : *à travers le temps*. Le métapsychologue comme le parapsychologue se moquent de l'histoire et de la géographie, puisqu'ils évoluent dans un pur monde d'esprits, de concepts, d'idées.

La vulgate freudienne qui triomphe partout (du quidam à un certain nombre de professionnels du divan, en passant par la meute journalistique, la horde du show-biz ou la tribu culturelle) parle de Freud, du freudisme et de la psychanalyse par ouï-dire. En effet, peu parmi ces dévots ont lu les textes sacrés. Tous communient dans un catéchisme appris de façon aléatoire sans avoir véritablement lu, médité le texte. Et si par hasard un texte a été lu, c'est souvent l'un de ceux qui constituent le catéchisme diffusé par le livre de poche, or ces publications n'ont pas été choisies par hasard.

Pourquoi, par exemple, n'existe-t-il aucune édition courante de *Pourquoi la guerre ?* un texte de 1932 dédicacé par Freud à Mussolini en 1933 qui montre dans toute sa superbe le pessimisme ontologique du personnage et son goût théorique pour le chef seul capable de canaliser la vie instinctive de la foule ? Faut-il rappeler que 1933 est très exactement la date d'arrivée au pouvoir d'un certain Adolf Hitler ? Ou que le docteur Viennois fut un soutien de la politique austrofasciste du chancelier Dollfuss ?

L'œuvre complète n'est ni connue ni lue. Qui aura eu la modestie et la patience de consacrer des mois de sa vie à lire vingt volumes d'une œuvre complète, hors correspondances, plume à la main, afin de disposer d'un avis informé ? Quel chrétien a lu la Bible ? Combien de musulmans ont lu le Coran ? Et combien de nazis avaient lu *Mon Combat* ? Ou, pour éviter de tomber sous le coup du principe de Godwin : combien ont lu *Le Crépuscule d'une idole* parmi ceux qui m'ont traité de tous les noms ? Allons donc au texte – aux textes.

Freud recourt à la phylogenèse, un concept issu de la biologie. L'ontogenèse définit le développement de l'individu de l'œuf jusqu'à la majorité légale ; la phylogenèse, quant à elle, nomme le développement de l'espèce. Dès *L'Interprétation des rêves* (1900), qu'il estime être son chef-d'œuvre, Freud défend l'idée d'un « héritage archaïque » de tout un chacun transmis mystérieusement, en dehors de toute génétique, de toute anatomie, de toute biologie, de toute physiologie, de toute matière, du premier homme à tout un chacun, y compris au lecteur de ces lignes.

Le biologiste Ernst Haeckel a formulé une sentence célèbre : « L'ontogenèse récapitule la phylogenèse » pour expliquer que le développement d'un individu reproduit toujours en accéléré celui de l'espèce. Freud décalque complètement cette expression dans *Un souvenir d'enfance de Léonard de Vinci* (1910) : « Le développement psychique de l'individu répète en raccourci le cours du développement de l'humanité » (X.123). La chose se retrouve dite avec une incroyable constance et sans discontinuer pendant plus d'un quart de siècle par Freud.

Ainsi dans *Remarques psychanalytiques sur l'autobiographie d'un cas de paranoïa* (1911), autrement dit : Le président Schreber (X.304), dans *Totem et tabou* (1912-1913) (XI.378), ad nauseam, on y apprend que chacun se souvient, *bien sûr*, qu'il a eu un père, un jour, qui fut le chef de la horde primitive, qu'il a contribué à sa mise à mort et l'a ensuite mangé dans un banquet cannibale fondateur de la civilisation. Même délire dans *Extrait de l'histoire d'une névrose infantile* (1918) (XIII.84), soit : L'homme aux loups. Semblable fiction dans *Vue d'ensemble sur les névroses de transfert* (1915) (XIII.290-294), un texte retiré de la circulation par Freud lui-même de son premier projet de… *Métapsychologie*.

Dans les *Conférences d'introduction à la psychanalyse* (1916-1917) (XIV.205), Freud affirme que la séduction infantile, la scène originaire, la castration, le complexe d'Œdipe relèvent d'une incontestable vérité ici et maintenant qui provient directement, sans justification raisonnable et rationnelle, d'une vérité préhistorique transmise de façon inexplicable – métapsychologique, dirons-nous, pour éviter parapsychologique... Cette même croyance extravagante se trouve dans *Au-delà du principe de plaisir* (1920) (XV.308), puis dans *Psychanalyse et Théorie de la libido* (1923) (XVI.203), mais également dans *Le moi et le ça* (1923) (XVI.266), dans lequel Freud défend l'idée que certaines psychonévroses contemporaines trouvent leur origine dans des régressions remontant à... l'époque glaciaire, le temps des luttes de l'époque patriarcale de la civilisation !

Mêmes fantaisies dans *Inhibition, symptôme et angoisse* (1926) (XVII.269-270), puis dans l'*Abrégé de psychanalyse* (1938), qui synthétise la pensée de Freud par ses soins, un texte dans lequel son auteur parle de « l'héritage archaïque, résultat de l'expérience des aïeux, que l'enfant apporte en naissant, avant toute expérience personnelle » (PUF, 30-31). Peu importe que l'enfant ait été nourri au sein ou au biberon, la phylogenèse faisant la loi, même ontogénétiquement alimenté à la tétine en caoutchouc, par la grâce phylogénétique il conserve la mémoire préhistorique du sein d'une femme de la période glaciaire – quoi qu'en pense sa mère ici et maintenant.

De même pour la crainte de castration : nul besoin de se soucier d'une éducation singulière avec des parents particuliers, dans une histoire subjective, puisqu'elle procède d'une « trace mnésique phylogénétique, souvenir de l'époque préhistorique où le père jaloux enlevait réellement à son fils ses organes génitaux quand il le considérait comme un rival auprès d'une femme » (id. 51).

Chez Freud, la préhistoire est plus présente et plus vraie que le présent qui n'existe pas. Phylogenèse oblige...

Le sommet est atteint avec *Moïse ou le monothéisme* (1934-1938), dans lequel Freud se surpasse. L'individu y apparaît moins comme le produit d'une ontogenèse que comme le résultat d'un passé très archaïque qui le détermine complètement. Freud récuse les acquis de la biologie contemporaine, il écarte d'un revers de la main ce que nous apprend la génétique de son temps, il tourne le dos à la science du moment. On ne fait pas mieux, pour un homme qui partout se prétend « scientifique », comme refus de la science, déni de la science, mépris de la science, qu'en défendant la thèse, de 1900 à sa mort, que nous sommes des contemporains de la période glaciaire, mais surtout pas de notre milieu, de notre époque, de notre temps, de notre éducation...

Qu'est-ce qui permet au « scientifique » Freud d'écrire dans *Moïse* que « la science biologique ne veut rien savoir de la transmission des caractères acquis aux descendants. Mais nous avouons en toute modestie (sic) que nous ne pouvons malgré tout pas nous passer de ce facteur dans l'évolution biologique » (193-194). Autrement dit : la science en général refuse cette thèse, mais la science freudienne l'exige, donc la science en général a tort. Et plus loin : « Il s'agit d'une audace que nous ne pouvons éviter » (196) – et pour quelles raisons ?

Parce que Freud est dans l'audace du Conquistador, une posture qu'il revendique *contre celle du scientifique*. La preuve dans cette lettre à Fliess : « Je ne suis absolument pas un homme de science, un observateur, un expérimentateur, un penseur. Je ne suis rien d'autre qu'un conquistador par tempérament, un aventurier, si tu veux bien le traduire ainsi, avec la curiosité, l'audace et la témérité de cette sorte d'homme » (1.II.1900). Métapsychologue, parapsychologue, Freud soucieux de voir ce qui se trouve après la psychologie, au-delà d'elle, sait bien que personne ne viendra lui contester sa trouvaille, puisque personne ne va là où il prétend être allé avec force auto-analyse et prétendu dépeçage de cas cliniques en quantité – qui s'avèrent manquer cruellement quand on effectue un réel travail d'historien de la psychanalyse.

Qui peut rivaliser avec un homme qui s'affirme scientifique mais revendique l'audace du péremptoire, donc le contraire de la patience du chercheur ? Quel individu soucieux de raison, de logique, de raisonnements, de preuves et d'arguments, peut ébranler un tant soit peu le discours fantasque d'un homme qui prétend que, si le réel ontogénétique dit une chose et que la fiction phylogénétique en dit une autre, alors cette dernière sera plus vraie que l'autre, parce qu'elle est la voie royale de l'audacieux ? Quel physicien peut dissiper le rêve du métaphysicien ? De même : quelle démonstration psychologique peut ravager la folie métapsychologique ? Quel philosophe peut débattre avec un défenseur de l'occultisme ? Quel penseur pourrait combattre le délirant qui croit plus à ses légendes (le complexe d'Œdipe, la horde primitive patriarcale, le meurtre du père, le banquet cannibale, la crainte de la castration, etc.) qu'à la réalité historique qui invalide toutes ces histoires à dormir debout ? Quel penseur de l'immanence saurait ramener à la raison un extatique de la transcendance ?

Le combat est perdu d'avance. On ne convertit pas l'âme onaniste décidée à jouir en solitaire de ses fictions dans le confort d'un arrière-monde. On ne fera rien non plus des borgnes qui jubilent de suivre un aveugle sur les falaises du délire. La psychanalyse est bien une folie à plusieurs, ce qui se nomme aussi une hallucination collective. Malheur au philosophe qui enseigne la nudité du roi freudien : un bûcher l'attend après le pal et le rouet, la poix et l'éviscération... Mais les bûchers de Marguerite Porete à Paris, de Michel Servet à Genève, de Vanini à Toulouse ou de Giordano Bruno à Rome ont été allumés par des furieux auxquels l'histoire a donné tort. Qui se souvient du nom de l'accusateur de Socrate condamné à mort pour avoir philosophé, cette activité honnie des métapsychologues – et des parapsychologues ?

35
Le rituel d'une ritournelle formelle

J'aime les dictionnaires car ils ramassent toutes les généalogies sémantiques souvent devenues opaques avec le temps. L'étymologie raconte toujours pourquoi, avant le signifiant, il a existé un signifié sous la pression duquel un jour surgit le mot. Au commencement n'est donc pas le Verbe, mais la Chose... Le Logos arrive ensuite, bien après le Monde dont il est l'écho, l'ombre, la trace, la formule épuisée. Le rapport aux mots advient quand le rapport aux choses n'est plus – du moins : quand il se trouve affecté, amoindri. On ne dit le réel qu'après avoir été saisi par lui. Mais, comme dans les contes, notre civilisation, toute de mots, de verbes et de livres, entassée sous les matelas de culture, ne ressent plus la rotondité vraie du petit pois de la princesse...

Ainsi le style. Si l'on nous demande d'y réfléchir, le premier mouvement consiste à convoquer quelques formules apprises jadis sur les bancs de l'école. Surgit alors le pavlovien : « Le style, c'est l'homme » inspiré de Buffon qui écrit plus exactement, dans son *Discours de réception à l'Académie française* le 25 août 1753 : « Le style est l'homme même »... Une réflexion, même sommaire, reconnaît là l'archétype de la phrase ronflante qui, dans un premier temps, produit son effet, certes, mais tombe à plat dès qu'on s'y arrête un peu. Car que signifierait un style qui ne soit pas l'homme ? « Quoi », donc, en dehors de l'homme ? Dieu ? Mais dire du monde qu'*il serait le style de Dieu* désigne à coup sûr le déiste et le dévot réconciliés ; en revanche, affirmer le contraire, à savoir que *le style serait l'homme même* ne suffit pas pour réussir une transvaluation productrice d'un sens inédit.

Quand on a épuisé ses maigres souvenirs scolaires, on peut alors consulter le dictionnaire. Mais on y découvre souvent l'habituel défaut de ce genre de livre : on y définit le mot avec des mots dont il faut définir le sens avec d'autres mots qui eux-mêmes renvoient à des mots dont le sens, etc. Cercle vicieux : ceux qui connaissent la signification s'y retrouvent, ceux qui l'ignorent ne l'apprennent pas... Dans les deux cas, le lecteur n'apprend rien.

Alors allons à l'os : *l'étymologie*. On y apprend, du moins chez Littré qui est ma bible, que le signifiant provient du latin stylus, « proprement *poinçon*, puis *style*, qui vient du grec, *colonne, pointe, poinçon*, rattaché à *ériger, qui tient à être debout* ». Une eau pure coule à cette source sémantique. On y trouve, dissimulée dans les sens premiers, une vérité s'altérant avec les siècles jusqu'à signifier tout autre chose, voire parfois le contraire – songeons à la double définition de l'épithète *épicurien* : 1. Disciple d'Épicure, 2. Adepte de tous plaisirs. La première signifie l'ascèse et la seconde la débauche, l'une aux antipodes de l'autre !

Voici donc le *premier sens*, celui de l'origine du monde qu'est toujours un mot : « 1.Terme d'Antiquité. Poinçon en métal, en ivoire, en os pointu par un bout et aplati par l'autre, avant (sic – mais il faut lire *avec*...) lequel les Anciens, dès l'origine de l'écriture, ont tracé leurs pensées sur la surface de la cire ou de tout autre enduit mou. (...) Le bout aplati servait à effacer ; et retourner le style signifiait effacer, corriger. » Le style nomme alors l'objet par lequel le scripteur écrit, consigne sur une surface ductile, prend date avec le temps pour assurer la durée et la pérennité de ce qui, sinon, survit autant que la mémoire précaire d'un homme. Le style dit l'instrument qui arrête le verbe dans sa course au profit d'une trace – un mot, une phrase, un texte, un dessin, un schéma, un chiffre, un nombre, un calcul... *Le style dit l'objet de la mémoire arrêtée.*

Poursuivons notre lecture et parvenons au *deuxième sens* : « 2. Terme de gnomonique. Tige qui produit l'ombre dans les gnomons et les cadrans solaires. » Cette tige est inclinée parallèlement à l'axe de rotation de la terre, son ombre portée sur le cadran indique l'heure en fonction de la longueur de l'ombre et de sa direction. Le style écrit, là encore, une histoire : celle des mouvements du cosmos, donc du temps. Il devient l'auxiliaire de visibilité de l'invisible qu'est toujours le temps imperceptible dans son essence, mais déductible par ses manifestations. Le style manifeste la course du temps et signifie le caractère inéluctable du cosmos, autrement dit, toujours selon l'étymologie, *de l'ordre* – en l'occurrence : *de l'univers*. Cette fois-ci, *le style dit l'objet du temps en mouvement*.

Passons au *troisième sens* : « 3. Terme de botanique. Partie du pistil, ordinairement placée au sommet de l'ovaire et portant le stigmate. » Puis, sans que Littré pense nécessaire d'ouvrir un quatrième sens pour cette autre acception : « Terme de zoologie. Filet de balancier des diptères. » Le lexicographe associe dans une même définition la plante et l'insecte, autrement dit, deux variations différentes sur un même thème, celui de la nature. Pour les fleurs, le style agit en voie de passage du tube pollinique vers la cavité de l'ovaire. Il termine le pistil, ou gynécée – l'organe femelle des plantes à fleurs. Dans ce monde particulier, *le style dit l'objet qui rend possible la fécondation*. Pour les mouches, et autres insectes volants, le balancier agit comme une deuxième paire d'ailes, en contrepoids ou en stabilisateurs de vol. Ici, le style dit l'objet qui rend possible le mouvement. Dans les deux cas, fleurs et insectes, le *style dit comme précédemment l'objet du temps en mouvement* – la reproduction et le vol.

Avec le *quatrième sens*, nous quittons la généalogie apparemment éclatée du concept pour parvenir au sens plus généralement connu. Laissons en effet derrière nous les archéologues de l'écriture de la Haute Antiquité, les mesureurs du temps astronomique, les botanistes sexologues, les spécialistes de la cinétique des insectes pour aborder les rives modernes : « 4. Par métonymie de l'instrument employé pour écrire à l'écriture elle-même, le langage considéré relativement à ce qu'il a de caractéristique ou de particulier pour la syntaxe et même pour le vocabulaire, dans ce qu'une personne dit, et surtout dans ce qu'elle écrit. »

Mais, avant d'envisager les métamorphoses dues à la métonymie, isolons le plus petit dénominateur commun des trois premières définitions. Le *stylet* de l'écriture, la fine *tige* du cadran solaire, le *tube* sexuel de la fleur, le *filet* de l'insecte définissent chaque fois, en vertu de l'étymologie commune, *ce qui est debout*... Une érection, au sens non sexuel du terme, voilà une première définition paradoxale, et oxymorique, du style ! Une verticalité, une droiture.

Le travail métonymique débouche, nous dit Littré, dans un premier temps sur « le langage », plus particulièrement sur « la syntaxe » et « le vocabulaire ». Le sens commun apparaît dans une relative clarté. *Le style, c'est le ton propre d'une langue,* ce qui fait qu'à l'aveugle on la reconnaît : la cadence, le rythme, la musicalité, les scansions, le tempo, les ritournelles d'une expression sans double. Suit une kyrielle de citations qui n'éclairent pas forcément cette quatrième acception, car elles permettent d'effectuer des variations sur les usages possibles de ce même mot : un style doux, un style figuré, un style parfait, un style reconnu, un style de gazettes, des styles différents, le « style ami de la lumière » de Bossuet, un style oriental, le mélange des styles, le stylé élégant, la force d'un style, sa beauté, le haut style, le style étincelant, le style sublime ou le style barbare – on aura compris...

Pour éclairer notre propos, je retiens dans cette longue liste une belle citation de D'Alembert, philosophe trop méconnu, un penseur intempestif souvent caché derrière son austère réputation de mathématicien, un acteur associé sans plus de précision au travail des Encyclopédistes. Parlant de Fontenelle, il écrit dans ses *Mélanges littéraires* : « Il a eu, comme tous les bons écrivains, le style de sa pensée. » Que peut bien signifier avoir *le style de sa pensée* ?

On peut aujourd'hui répondre à cette question parce que Nietzsche a rédigé la préface au *Gai Savoir* et composé, dans *Ainsi parlait Zarathoustra*, quelques chants sublimes très utiles pour préciser la justesse de cette formule de D'Alembert. Le style, en effet, c'est moins l'homme que *la façon qu'aura son corps de musiquer son énergie propre*. Précisons : les productions intellectuelles ne descendent pas du ciel, elles ne tombent pas toutes faites d'un empyrée où elles se trouveraient en vertu du bon vouloir des dieux qui, sous forme d'inspiration, gratifieraient tel ou tel d'un génie propre.

Finissons-en avec cette lecture platonicienne qui dispose toujours d'adeptes dans l'univers philosophique contemporain ! Il n'existe pas de ciel intelligible ou de lieu atopique duquel irradieraient des Concepts, des Idées, des Formes sur le principe d'une dialectique descendante, et qui informeraient (au sens étymologique : donneraient forme) le penseur, le peintre, l'écrivain, le philosophe devenant pour ce faire *style*, au sens premier du terme (*poinçon*...), d'une force venue d'un arrière-monde.

L'inspiration ne tombe pas du ciel, car elle monte d'un corps. Vingt-cinq siècles de platonisme (auquel le christianisme donne une formidable et dommageable présence ontologique depuis plus d'un millénaire) débouchent sur une esthétique idéaliste et conceptuelle des formes en vertu de laquelle le style nommerait *la modalité spécifique de la relation d'un être avec la forme pure*. Voici l'acception classique du style toujours en odeur de sainteté chez les idéalistes et les spiritualistes que sont chrétiens, phénoménologues, kantiens, hégéliens...

Pour ma part, je tiens pour une lecture radicalement matérialiste du monde – donc pour une esthétique avenante. Il n'existe pas, au contraire de la fiction du *Banquet* de Platon, une idée de Beauté qui constituerait l'étalon avec lequel mesurer la distance qui sépare l'œuvre concrète de sa source intelligible. La beauté nomme la règle qu'un temps (se) pose historiquement dans un rapport utilitariste et pragmatique avec les mythes et les légendes constitutives de son être et de sa durée. Elle passe, inscrite dans un temps qu'elle sculpte d'une façon reconnaissable.

Le style n'est pas choisi par l'homme puisqu'il en subit la loi. Un être ne naît pas ce qu'il est, il le devient. Son style définit ce qu'il est devenu. Non pas après l'avoir choisi volontairement, délibérément, mais après avoir consenti à ce qui, en lui, prenait cette façon spécifique de se manifester. La *volonté de puissance*, pour utiliser l'expression de Nietzsche (mais l'on pourrait tout aussi bien parler du *conatus* spinoziste ou du *nisus* de D'Holbach ou Guyau, sinon l'*élan vital* de Bergson) nomme des forces en quête d'une issue hors le corps qui les abrite. Une fois trouvée cette sortie dans le monde, ces forces se manifestent selon un ordre pictural, plastique, musical, architectural, poétique, littéraire, philosophique, gastronomique, œnologique, etc. Puis, en vertu d'une grammaire et d'une syntaxe, elles se manifestent selon un déroulé mécanique qui nomme le style.

« Avoir le style de sa pensée » constitue presque une tautologie, puisque, si pensée authentique il y a, elle ne peut manquer de révéler un style subjectif, personnel, singulier, propre. J'appelle pensée authentique non pas une pensée produite à dessein pour une époque, un temps, un marché, un milieu, une corporation, un bénéfice matériel ou symbolique, mais une pensée cristallisée subjectivement par un être ne pouvant faire autrement qu'assister en lui à la concrétion de cette force en forme(s). On ne choisit pas son style dans une multiplicité de styles déjà existants. En matière d'art, le faussaire ou l'imposteur s'expriment dans la langue d'un autre, avec un corps d'emprunt.

Le style véritable ne ressemble à rien d'autre qu'à l'être qui le manifeste. Quelques brèves mesures entendues d'un musicien, l'aperception visuelle d'une peinture à quelques mètres sur un mur, la lecture entendue de deux ou trois lignes d'un écrivain, celle d'un paragraphe de philosophe, la vision fugitive d'une sculpture, le tout dans l'ignorance de la signature, et l'on reconnaît immédiatement (autrement dit : sans l'aide d'une médiation) de qui il s'agit : voilà le style... Copier le style d'un autre, c'est vivre une vie d'emprunt, pasticher une ontologie – autrement dit : passer à côté de la sienne.

Voici le style (au sens stylet, gnomon, pistil, filet de balancier...) d'un style : l'allégresse teintée de tragique chez Mozart, la même joie, mais sans la touche sombre pour Haydn, la mélancolie puissante et glissante de Brahms ; l'étirement des formes en flamme du Gréco, les flux colorés de Léger, la déconstruction préhistorique de Picasso ; l'inventivité furieuse et dionysiaque de Rabelais, l'interminable période truffée d'incises de Proust, la colère haletante de Céline, la poétique surréelle de Delteil, la cartographie précise et lyrique des territoires de Gracq ; la prose brûlante et mystique de Pascal, les blocs mathématiques de l'architecture philosophique de Spinoza, le verbe transcendantal glacé de Kant, la poétique lyrique et fâchée de Nietzsche ; l'épure conceptuelle de Brancusi, la plastique des rondeurs de Bourdelle, le dépliage origamique de Veilhan (pour parler d'un grand vivant) – voilà quelques exemples du *rituel personnel d'une ritournelle formelle*.

Dès lors, et pour revenir à Littré, découvrons les autres acceptions de sa définition : *Cinquième sens* : « Terme de beaux-arts. Caractère de la composition et de l'exécution. » Puis, *sixième sens* : « La manière de procéder en justice (sens qui a vieilli). » *Septième sens* : « Manière d'envisager ou de présenter les choses, façon d'agir. » *Huitième sens* : « Vieux style, ancien style, manière de compter dans le calendrier (il retardait de dix jours) avant sa réformation par Grégoire XIII. » Arrêtons-nous un peu au sens sept, qui associe « style » et « façon d'agir ».

Je vois ici l'occasion d'effectuer moi aussi une translation, par métonymie, dirons-nous, qui permettrait d'envisager une rubrique du genre « style existentiel ». Elle pourrait se définir de la manière suivante : « Façon d'être et d'agir d'une personne qui signe ainsi son mode d'être au monde. » Comme nous pouvons parler du *style musical* de Bach (une « divine machine à coudre », disait

Colette, non sans malice, mais avec une indéniable justesse) ou du *style pictural* de Delacroix, du *style architectural* de Gaudi, nous pourrions alors parler du *style existentiel* d'un individu.

Ainsi de l'ironie questionnante de Socrate, de l'ascèse cynique de Diogène, de la radicalité hédoniste d'Épicure, de l'austérité stoïcienne de Sénèque, du christianisme paulinien d'Augustin, ou, beaucoup plus tard, de la joie de Spinoza, de l'existence sublime de Nietzsche, de la vie naturelle de Thoreau, de l'invention de la femme chez Simone de Beauvoir, de la liberté méditerranéenne de Camus, autant de thèmes qui génèrent les variations constituées de ritournelles en présence desquelles nous pouvons parler du style non pas de la prose d'un philosophe, mais de son existence – de sa vie.

Chacun dispose d'un style susceptible de manifester son être intime. La tâche de la philosophie, aujourd'hui, consiste à donner à chacun les moyens de chercher, puis de trouver, *le rituel personnel d'une ritournelle formelle*, pas obligatoirement dans le domaine de la production d'une œuvre tangible, matérielle, concrète (un livre, un tableau, un film, un poème, etc.), mais dans la logique bien connue de *la vie vécue comme une œuvre d'art* – autrement dit : de l'existence singulière et subjective déroulée sans duplication, sans double. Si l'on finit avec un genre de sourire philosophique, lisons cette citation donnée par Littré dans sa définition du « style », elle provient du *Monologue de la botte de foin*, un ouvrage de Coquillart. Pour ma part, je trouve qu'elle propose un programme existentiel à même d'occuper une vie entière :

Je m'en allay emmy la ville
Pour montrer que j'estoye fricquet,
Ferme, duyt et rusé du stille,
Esveillé comme ung saupiquet.

Être « rusé du style » et « éveillé comme un saupiquet » : qui refuserait pareil programme existentiel ?

36
L'un des actes de la joie

J'ai découvert l'existence de Robert Misrahi en 1983 grâce à ma directrice de thèse, Mme Goyard-Fabre, qui m'avait invité à lire le second tome de son *Traité du bonheur*, sous-titré *Éthique, politique et bonheur*. Parmi la multitude de livres qu'elle avait écrits, tous d'excellentes propédeutiques aux philosophes du droit, on trouvait un *Essai de critique phénoménologique du droit*, c'est dire que, à ses yeux, « politique & bonheur », c'était un sujet pour moi – pas pour elle.

Robert Misrahi m'a tout de suite séduit : voici un professeur qui récusait l'obscurantisme, le verbiage philosophant, la facilité des glossolalies contemporaines, et qui rendait Spinoza simple, clair, lumineux, accessible. Mieux : il ne disséquait pas le philosophe de *L'Éthique* en médecin légiste, mais comme un individu qui enseigne moins un texte qu'une sagesse pratique disponible pour tout un chacun.

Avec Robert Misrahi, la philosophie n'est pas l'art de commenter un texte, mais celui de se construire une vie selon les principes d'un philosophe qui, de ce fait, devient contemporain.

L'excellent éditeur de province Encre Marine a réuni ses quarante années de méditations sur Spinoza dans un gros livre à découper intitulé *L'Être et la joie*. Leçon de ce livre ? Spinoza invite à mener une vie philosophique dont le souverain bien est la Joie que l'on obtient par le savoir de ce qui est et le consentement de ce qui advient... *L'Éthique* en donne le mode d'emploi.

Son œuvre majeur est dispersé en trois volumes chez deux éditeurs, il s'agit du déjà cité *Traité du bonheur* avec, en tome un, *Construction d'un château*, en deux, *Éthique, bonheur et politique*, en trois *Les Actes de la joie*. Soit : 1981, 1983 et 1987, des dates où flambent à l'époque les Foucault, Deleuze, Derrida, Lyotard ou Bourdieu. Nonobstant cette scène très éclairée, Robert Misrahi parle en solitaire de bonheur, de relation au cosmos, de splendeur érotique, de douceur, de jouissance du monde, de joie musicale, du plaisir d'agir, de jubilation du voyage, de conversion philosophique, de méditation des poètes et autres sujets hédonistes.

Robert Misrahi a traversé le siècle indemne des modes, intact des compromissions consubstantielles à cette période. Né en 1926, il pouvait endosser toutes les errances philosophiques du XXe. Or, bien que de gauche, ami de Sartre, auteur des *Temps modernes*, il n'a été ni marxiste, ni communiste, ni bolchevique après guerre ; il n'a pas souscrit aux constructions cérébrales du structuralisme qui évacuaient le sujet, l'individu, pour lui préférer les agencements de signes ; il n'a pas fait ses dévotions aux héros de 68 qui avaient nom Marx, Mao, Lénine ou Trotski ; il n'a jamais défendu l'URSS, les pays de l'Est, la Chine de

Mao, Pol Pot – ou Georges Marchais ; il n'a rien lâché à la religion de l'Esprit absolu et de la dialectique hégélienne qui justifiait le négatif en politique comme un moment du positif à venir ; il n'a pas non plus communié dans la religion des déçus du grand soir avorté de Mai, à savoir le lacanisme ; pas plus qu'il n'avait en amont pris au sérieux la pensée magique de Freud et des freudiens ; même chose avec Heidegger, dont la fumée ne l'a pas impressionné. Comme il n'eut rien à se reprocher et à se faire pardonner, il n'a pas non plus vibré au lyrisme antimarxiste des Nouveaux Philosophes.

De sorte que, finissant le XXe, ce jeune garçon juif qui a refusé de porter l'étoile jaune sous l'Occupation alors qu'il avait quatorze ans, cet impétueux jeune homme âgé de vingt et un ans qui fut incarcéré à la Santé pour appartenance à une organisation juive clandestine, ce penseur qui a assisté au procès Eichmann, ce philosophe méditatif athée qui défend une judéité laïque aux antipodes du communautarisme – ce sage, donc, sur ce sujet comme sur tous les autres, pense en individu assujetti à la seule cause qui mérite l'assujettissement : la liberté.

C'est cet homme que j'ai rencontré un peu par hasard, alors qu'on m'invitait à célébrer son œuvre dans un colloque à venir à Cerisy-la-Salle. J'ai accepté avec enthousiasme, bien sûr, trouvant ici l'occasion de dire mon admiration – et, depuis que nous nous sommes rencontrés : mon affection. Je suis donc allé le rencontrer dans sa maison du bord de Seine. Nous avions décidé d'aller voir ensemble l'exposition « Normandie impressionniste » à Rouen.

Lors du déjeuner, en véritable monument vivant de l'histoire de la philosophie du XXe siècle, Robert Misrahi a raconté comment Sartre avait financé ses études ; quel choc avait été pour lui la lecture de *L'Être et le néant*, mais comment, aux antipodes de la métaphysique sartrienne de l'angoisse et de la nausée, il avait voulu construire une ontologie de la liberté, une éthique du sujet, une morale de la joie ; quel homme généreux avait été Camus en lui trouvant des traductions à faire pour gagner un peu d'argent ; combien les tresses et les nattes de Simone de Beauvoir l'avaient marqué – nous tombons d'accord aussi sur le fait que, dans le couple qu'elle formait avec Sartre, la philosophe la plus libre, c'était elle ; quels professeurs avaient été Bachelard, Merleau-Ponty, Jankélévitch, puisqu'il en fut l'élève ; comment, sur la question juive, les positions d'abord propalestiniennes de Sartre et de Claude Lanzmann s'étaient modifiées après leurs échanges avec lui, etc.

Je lui ai demandé s'il avait rédigé tout ça. Il m'a répondu que non. Stupéfait, je lui ai demandé d'y songer. Modeste, il a ajouté : « Vous croyez ? » Depuis, je sais qu'il s'y est mis et que nous aurons bientôt le beau livre d'un trajet philosophique rectiligne, donc d'un homme droit. La visite au grand écrivain fut naguère célébrée par Pierre Nora comme l'un des lieux de mémoire français. Comme il a raison ! L'admiration est bien l'un des « actes de la joie », pour le dire dans les mots mêmes de Robert Misrahi.

37
Les nuits sublimes de la voie lactée

La nature, la vraie, pas son idée, a disparu de la ligne de mire philosophique. La fin du monde rural, l'urbanisation tentaculaire, la centralisation citadine, le modèle jacobin qui duplique comme autant de prototypes une multitude de petits Paris dans les régions et les départements, les sous-préfectures qui veulent se faire aussi grosses que le bœuf, tout montre que nous avons tourné le dos à la nature et que presque plus personne n'est capable aujourd'hui de se mouvoir avec aisance dans les Géorgiques de Virgile.

Ajoutons à cela le réflexe bien français de criminaliser toute référence à la nature comme un tropisme qui sent bon son pétainisme – d'aucuns diraient même : son *pétainisme transcendantal*... Parler de la terre induit souvent de façon pavlovienne le réflexe du : « Ah oui ! La terre, qui, elle, ne ment pas. »

Dès lors, comment oser dire que Paris n'est pas la France ? Que les villes ne sont pas l'unique vérité d'un pays ? Que les campagnes existent, les provinces également, mais qu'elles ne sont pas pour autant un ramassis de demeurés, un conservatoire de spécimens du néolithique ? Que les paysages et les géographies ne se limitent pas au béton, au bitume, au ciment, à l'asphalte ? Que les sons de la nature n'ont pas été complètement couverts par le bruit des moteurs ? Que les nuits sublimes de la voie lactée et les ciels d'un noir profond n'ont pas tous été contaminés par la lueur jaunasse des éclairages urbains ? Que les vignes et les champs d'oliviers contemporains des Grecs et des Romains n'ont pas tous été arrachés pour construire des supermarchés avec parking ? Que la mer n'est pas seulement une occasion de plage pour cultiver les mélanomes urbains, sans se faire regarder de travers et suspecter de réactiver les thèses de l'extrême droite.

Moi qui ai eu la chance de vivre mon enfance et mon adolescence dans la campagne, de vivre cinquante-quatre ans plus tard dans ces mêmes lieux, d'avoir eu un père ouvrier agricole, d'avoir travaillé dans les champs en sa compagnie, de savoir, grâce à lui, ce que sont les saisons, les ciels et leurs géographies, les signes de la nature et ses leçons philosophiques (la formule cyclique des temps, le sens de la durée, le nécessaire exercice de la patience, la puissance du déterminisme, la construction de la sérénité par la soumission au nécessaire, la construction de soi en harmonie avec elle et, plus sûrement, avec le cosmos) – je mesure ma chance. Mais pour ceux à qui cette fortune a manqué ?

N'avoir connu dès son plus jeune âge que le béton urbain, les quadrillages citadins, les pollutions sensorielles (saturations en décibels, puanteurs toxiques, lèpres visuelles publicitaires, gazons dépoilés sur terres mortes, squares étriqués parfumés aux crottes de chiens, immeubles clonant la cage à lapins, périphéries urbaines constellées de centres commerciaux hideux, vomissures des poubelles sur le sol, etc.) ; n'avoir jamais rien vu de la voie lactée dissimulée par la lueur des lampadaires ; ne savoir des saisons que la neige marronnasse fondue des caniveaux ou les arbres secs de l'hiver dessinés sur fond d'architectures décrépites, c'est immanquablement se retrouver coupé du monde, sectionné de soi, ignorant les rythmes, les pulsions et les forces qui nous déterminent.

La lecture de la nature, aujourd'hui, est la plupart du temps affaire d'urbains, d'intellectuels qui l'appréhendent par le filtre de leur bibliothèque. Elle se trouve saisie sur le mode conceptuel, idéal, théorique, comme une *cosa mentale*. Jusqu'au Dieu unique, la religion exprime les modalités de la liaison des hommes avec la nature et le cosmos. L'animisme, le totémisme, le polythéisme, le panthéisme, le paganisme, le chamanisme signifient la divinité de la nature dont l'homme constitue un fragment attaché. La culture est alors compréhension de la nature.

En revanche, le Dieu monothéiste confisque le cosmos réel au profit d'un cosmos fantasmé transfiguré en arrière- monde qui donne son sens à ce monde-ci. La nature devient ce à quoi il faut tourner le dos au profit de la culture, du texte, de la Loi, du catéchisme. On ne lit plus la nature, mais le livre saint – avec un maître à férule, d'où la puissance du clergé. La culture devient une antinature, sinon une haine de la nature.

Des relents de la pensée magique chrétienne subsistent chez ceux qui humanisent la nature comme jadis il y eut anthropomorphisation de Dieu. D'où deux types de discours délirants. Le plus sommaire : la nature se venge de ce que l'homme lui fait subir ; elle lui fait payer sa négligence, sa méchanceté par des punitions du genre éruptions volcaniques destructrices, tornades meurtrières, tsunamis ravageurs, tremblements de terre mortels, coulées de boue et glissements de terrain assassins, autant de réponses justicières au comportement des humains pécheurs ! Le plus élaboré : la terre transformée en être vivant, Gaïa pour les intimes, fœtus flottant dans le Cosmos, matrice primaire avec laquelle on pourrait passer un contrat dit naturel.

L'oubli de la nature génère une incapacité à l'ontologie immanente, à la métaphysique matérialiste et à la spiritualité athée – cette impéritie nourrit le nihilisme de notre époque, à moins qu'elle ne le définisse. Pas question pour autant de réactiver un néopaganisme nul et non avenu, ni même de se réjouir des plaisanteries du New Age. Nul besoin de la pensée magique chrétienne reformulée dans la gnose écologiste devenant ces temps-ci religion des temps sans religion. Contentons-nous bien plutôt de la sage méditation épicurienne de Lucrèce qui nous apprend ce qu'est vraiment la nature – et ce que l'on peut construire ensuite sachant cela, à savoir *tout un art de vivre*.

38
Le diable est dans le jardin ouvrier

Les histoires générales du jardin consacrent toutes un chapitre, ou un long passage, aux *Jardins Ouvriers*. Du *jardin d'Éden* de la Genèse au *jardin planétaire* de Gilles Clément, en passant par le *jardin d'Épicure* ou le *jardin musulman*, le *jardin zen* japonais ou le *jardin baroque* de Versailles, l'opposition entre l'apollinien *jardin à la française* et le dionysiaque *jardin anglais*, on trouve toujours un prêche très favorable en faveur de cette institution rattachée à l'abbé Lemire. Ce curé (dit) de gauche a l'avantage de plaire aux conservateurs à cause de sa soutane et aux progressistes pour son œuvre sociale. Mais l'habit du prêtre ne cache pas le drapeau rouge ou noir des ouvriers qui aspirent plus à la justice sociale qu'à la charité chrétienne offerte par les dames patronnesses flanquées d'ensoutanés. Le jardin ouvrier est l'instrument contre- révolutionnaire par excellence, une thèse rarement défendue dans le monde feutré des historiens du jardin...

Le fameux « bon abbé Lemire », selon l'expression de Clemenceau, fut un fils de famille nombreuse qui perdit sa mère à l'âge de huit ans et fut, de ce fait, élevé par deux tantes. Bon élève repéré par le curé du village, il passe son bac, entre au séminaire, devient prêtre, puis enseigne la philosophie, le latin et la rhétorique au petit séminaire. Dans les corons, le jeune curé découvre la condition ouvrière : insalubrité des logements, journées de travail au-delà de dix heures, alcoolisme des mineurs, violences familiales, illettrisme des enfants, familles décomposées, tuberculose, prostitution, etc. À quarante ans, en 1893, il entre à l'Assemblée nationale sous l'étiquette de démocrate chrétien – ce qui ne suffit pas à classer le député dans le camp de la gauche. L'élu restera trente-cinq ans dans l'hémicycle.

Lors de son premier mandat, le congrès démocrate chrétien de Lyon (1896) adopte ses statuts qui précisent la mission des jardins ouvriers : « Étudier, propager et établir la famille sur la base naturelle et divine qui est la possession de la terre et du foyer » – Dieu, le Travail, la Famille, le Foyer, la Propriété, le jardin ouvrier évolue plus dans la contre-révolution catholique que dans le socialisme révolutionnaire ! Devenu ministre du Travail de Clemenceau, l'abbé Lemire obtient tout de même d'importantes réformes : le repos hebdomadaire, les allocations familiales pour les foyers d'au moins trois enfants, la retraite vieillesse, les caisses d'invalidité payées par le patronat, l'État... et les ouvriers. L'homme de Dieu milite pour la femme au foyer avec une allocation pour la dédommager de s'occuper de la vie domestique. Devenu maire d'Hazebrouck, il crée une fondation pour les jeunes filles, fait construire un hôpital-hospice, une maternité, une consultation pour les enfants.

Son grand œuvre ? La création en 1896 de la Ligue française du coin de terre et du foyer. Mme Félicie Hervieu, dame patronnesse de Sedan, est à l'origine du concept : mettre au service des pauvres un lopin de terre à cultiver afin de remplacer l'aumône de l'argent par le bénéfice du travail. L'abbé Lemire incarne le terrianisme, un néologisme inventé par le Dr Lancry auquel on doit également l'expression *jardins ouvriers*. Si la chose est inventée par Félicie Hervieu et le mot par le docteur Lancry vers 1892, l'abbé Lemire lui donne ses lettres de noblesse et sa fortune sociologique, puis politique.

Justement, qu'en est-il de la politique du jardin ouvrier ? Ma science procède d'un livre de Louis Rivière, vice-président de la Société d'économie sociale et de la Ligue du coin de terre et du foyer, intitulé *La Terre et l'Atelier. Jardins ouvriers*, paru à la Librairie Victor Lecoffre en 1904. On doit au même auteur des ouvrages sur *Les Jardins ouvriers en France et à l'étranger* (1899), sur *L'Hospitalité de nuit en France* (1899), sur les *Mendiants et vagabonds* (1902), et sur les *Écoles d'infirmières et de gardes-malades* (1903)... L'ouvrage répond à la demande des adhérents de l'association de l'abbé qui souhaitaient un livre court et pratique exposant l'historique et le développement de l'institution des Jardins ouvriers. Mission accomplie...

Louis Rivière inscrit son propos dans la longue durée de l'histoire de France et commence par faire du Jardin ouvrier le legs d'une tradition séculaire, enracinée dans la nuit des temps de la terre française, et non une invention récente de la philanthropie – on aura compris que l'auteur vise sans les nommer les socialistes, les républicains et autres héritiers de 1789 brocardés comme une cause de désordre social et de chaos moral. Le lignage de gauche de cette œuvre dite sociale reste à prouver.

La critique des idées de la Révolution française se double d'une critique de la révolution industrielle et de ce qui l'accompagne : désertification des campagnes, disparition de la paysannerie, exode rural, recul du paysan et avancée de l'ouvrier des usines, des manufactures, démographie galopante des grandes villes et disparition des hameaux. La campagne est parée de toutes les vertus ; la ville de tous les vices. L'entreprise des Jardins ouvriers se présente clairement comme une « institution de relèvement social ». Le vocabulaire de la décadence signale toujours moins le discours progressiste que le propos réactionnaire, au sens étymologique : avant la Constituante et le Moteur, la France vivait au rythme doux et vrai de la Terre ancestrale. Le Jardin ouvrier se propose de restaurer ce paradis perdu.

Le Travail est présenté comme une valeur cardinale. L'homme n'est pas fait pour mendier, mais pour travailler. Sa dignité n'est pas dans l'aumône, l'argent obtenu en tendant sa sébile, mais dans le labeur associé à un salaire. Le propos clairement revendiqué par le vice-président de l'association charitable de l'abbé Lemire ? Diminuer la « mendicité professionnelle »... Comment ? En invitant le mineur à employer « les heures laissées libres par le travail du fond » à celui du jardin ! Autrement dit : quand il aura sué sang et eau pendant une dizaine d'heures, une fois remonté à la surface, le prolétaire reprendra l'outil pour ajouter à sa journée de travail une autre journée de labeur, mais présentée comme l'occasion bénéfique pour lui d'une édification sociale, morale, personnelle, spirituelle, religieuse – *antipolitique*...

L'auteur du manifeste des jardins ouvriers ajoute qu'ainsi le mineur peut « renouveler ses forces par un véritable bain d'air et de soleil ». L'idée ne lui vient pas que le fond des mines est insalubre, que la pénibilité pourrait justifier des journées de travail moins lourdes, que l'exposition aux particules de charbon est intrinsèquement dangereuse et qu'il faudrait la limiter, non : l'ouvrier descend dans les mines, travaille sans relâche, remonte à la surface et va respirer le bon air du jardin après avoir changé d'outils. Une dizaine d'heures au fond de la mine, deux, trois ou quatre dans le jardin, ajoutons les repas et le sommeil, il reste peu de place pour autre chose – dont la politique.

Louis Rivière, bras droit du curé de gauche, prend soin de préciser que l'augmentation de salaire de l'ouvrier est néfaste car elle modifie son genre de vie et il passe de ce fait son temps libre au café, puis laisse sa femme et ses enfants travailler le jardin. Pour enfoncer le clou politique, il stigmatise les « idées socialistes », notamment le mauvais « principe des huit heures de travail ». De la punition chrétienne au travail qui rend libre des camps nazis en passant par l'un des trépieds qui, avec la Famille et la Patrie, remplace chez Pétain la devise républicaine Liberté, Égalité, Fraternité, la célébration du travail désigne toujours de manière infaillible le camp conservateur, sinon réactionnaire.

Le jardin ouvrier se présente donc comme une machine antisocialiste qui fait du travail libre ajouté au travail salarié la solution à ce que l'on appelle alors la question sociale. Aux antipodes des idées progressistes qui proposent une diminution du temps de travail ouvrier, la démocratie chrétienne en général, et les tenants du jardin ouvrier en particulier, invitent à son augmentation sous prétexte d'émancipation, de dignité recouvrée, de moralité restaurée.

Le jardin ouvrier est pensé comme une microsociété dans laquelle se formule l'idéal d'une société catholique : face à la misère, les défenseurs du jardin ouvrier exonèrent systématiquement le patronat. Les conditions de travail sont pitoyables ? Que le mineur se détende dans son jardin. Les inhalations de particules de charbon attaquent sa santé ? Qu'il respire le bon air de son jardin. Les salaires sont minables ? Qu'il reprenne l'outil après sa journée de travail pour créer lui-même le complément d'une paie dégradante. La santé de la famille ouvrière est déplorable ? Que le chef de famille n'aille pas boire sa paie au café, qu'il économise, y compris avec la production du jardin, afin d'accéder à la propriété d'une maison saine. Et la responsabilité de son employeur dans cette configuration ? Invisible.

Le jardin ouvrier permet la vie au grand air. En tant que tel, il permet de lutter contre l'alcoolisme, la tuberculose et la mortalité infantile. Car, quand l'ouvrier rentre chez lui, après une journée de labeur pénible, il retrouve une petite pièce surchauffée, à l'air malsain. Les enfants crient, la mère se fâche. Il repart au café où il dépense l'argent du foyer, s'alcoolise, rentre violent, frappe femme et enfants. Parfois même il abandonne sa famille. Au jardin, il respire un air pur et se refait une santé. Ainsi, il peut dormir correctement sans faire de cauchemars, mais aussi, détail qui a son importance, « sans pensées de haine » – entendons ici : *haine sociale* contre tel ou tel, certes, mais aussi *haine socialiste* contre les patrons...

Par ailleurs, les enfants naissent avec des « germes morbides » – pas question d'incriminer les conditions de vie, la misère sociale, puisqu'ils naissent avec ces tares... C'est l'« humidité des taudis » qui développe ces germes : pourrait-on imaginer de lutter contre ces taudis ? Non. Le jardin suffit avec son air pur... Que les travailleurs respirent un air pestilentiel et maladif dans leurs galetas et qu'ils prennent un peu de bon air de temps en temps dans leurs jardins. De même, le sable et la terre des allées permettent aux bambins qui apprennent à marcher à ne pas se faire de mal quand ils tombent. Puis, plus tard, à l'heure des jeux d'enfants, ils ne risqueront pas de se noyer dans la rivière ou la mauvaise influence des « camaraderies louches ».

Quant à la tuberculose, appuyé sur des rapports de médecin qu'il cite avec le plus grand sérieux, Louis Rivière estime que le jardin ouvrier est le meilleur antidote à cette pandémie. Insoucieux des conditions sociales de son apparition, ils vantent les mérites des jardins dans lesquels les tuberculeux peuvent se reposer, allonger un peu leur existence, toussoter au soleil et à l'air pur en attendant la mort, une situation qui, de plus, présente l'immense avantage de dégager des économies dans les hôpitaux et les sanatoriums ainsi désengorgés.

L'utopie du jardin ouvrier permet de remobiliser les volontés défaillantes de l'ouvrier. Au lieu de s'effondrer, de s'engourdir, de se contenter de tendre la main pour obtenir de quoi remplir l'assiette de sa famille, le travailleur se ressaisit, il *fait un effort*, il se redresse. Dans les allées de son jardin, il regarde le travail de son voisin. *L'émulation le saisit* : il aspire aux plus beaux fruits, aux légumes les plus gros, aux fleurs les plus magnifiques. À l'aide de ses enfants et de sa femme, il redouble d'ardeur afin d'être le meilleur dans son potager. En compagnie de son père, *l'enfant acquiert le respect* : il voit en effet son géniteur travailler, vouloir être le meilleur.

Le vieil homme veuf que sa famille héberge et nourrit peut lui aussi retrouver une dignité perdue : en jardinant pendant que ses enfants gagnent leur vie à l'atelier, il *redevient utile à la société* – une chance, puisque, les mauvaises idées socialistes aidant, le droit du travail oblige le malheureux patronat à plus de précautions encore pour réduire les accidents du travail, dès lors, on emploie les jeunes, certes, mais on se sépare très vite des plus âgés qui, à cause des syndicats, deviennent inutiles. Le démocrate chrétien parvient avec brio à démontrer que la protection des travailleurs et le droit du travail constituent des entraves à l'emploi. Une idée encore en cours aujourd'hui.

Le jardin ouvrier *forme la volonté, développe la personnalité*. De même, il *crée des habitudes de prévoyance et d'épargne*, car, si l'ouvrier peut se permettre l'insouciance du nanti dont la paie tombe systématiquement, le paysan, lui, est soumis aux caprices du temps, aux aléas de la météorologie. Son salaire n'étant pas assuré, il se doit de développer une précaution dans ses dépenses. Le rat des villes et le rat des champs s'opposent comme le mal et le bien, le socialisme et le catholicisme, l'usine et la terre, le présent et le passé, le vice et la vertu...

De même, le jardin ouvrier *éduque le prolétariat au capitalisme*. La constitution de coopératives, les achats en gros de semis ou de matériel de jardinage, la gestion ouvrière de ces mutuelles obligent l'ouvrier à composer avec la réalité : la comptabilité, l'investissement, la rentabilité, la prospérité. Ainsi initié dans cette petite expérience aux mécanismes du capitalisme, le prolétaire saisit la difficulté pour le patron de mener à bien la barque de son entreprise. D'où un bénéfice politique : le socialiste comprend que le capitaliste n'a pas une tâche aussi aisée qu'on pourrait le croire au premier abord.

Voilà donc une kyrielle de valeurs chrétiennes énoncées par Louis Rivière comme susceptibles de contribuer au « relèvement social » présenté comme l'objectif des Jardins ouvriers. Comme de bien entendu, elles travaillent de conserve à l'édification et à la permanence du capitalisme : le goût de l'effort, la passion de l'émulation, le respect du père, l'utilité sociale, la formation de la volonté, le développement de la personnalité, l'éducation du prolétaire au capitalisme, la promotion de l'épargne et de la prévoyance, autant de vertus catholiques qui passent pour antinomiques des nouvelles valeurs socialistes défendues par les travailleurs : goût du travail bien fait, passion de la solidarité, respect de l'organisation ouvrière, bien commun, cohésion de classe – des valeurs qu'à droite on transforme en : goût de la fainéantise, passion de l'égalité, irrespect de l'autorité, inutilité sociale, haine de classe. Catholique de gauche, ce Louis Rivière ? Vraiment ?

Le jardin ouvrier doit *éduquer à la propriété privée* – autrement dit laver le cerveau de l'ouvrier qui aspire à son abolition et qui milite dans les villes pour la propriété collective. Louis Rivière rapporte une anecdote édifiante : un ouvrier socialiste de Saint-Étienne sollicite un jardin ouvrier auprès du père Volpette, qui avait convaincu une châtelaine de lui céder un lopin de terre pour en faire des parcelles destinées aux ouvriers. Le curé lui présente le règlement et lui demande s'il y souscrit. L'ouvrier veut bien, mais il n'a surtout pas envie, pour ce faire, de devoir aller à la messe tous les dimanches. Le curé calme le socialiste : il n'aura pas besoin de se rendre à l'église pour disposer du jardin. Une fois dans sa parcelle, le socialiste travaille : il est dans son potager aux premières heures, mais aussi le soir ; il prend soin de ses légumes ; il nettoie la terre avec attention. Tant et si bien qu'au printemps il a les plus beaux légumes de toutes les parcelles ouvrières...

Le curé passe un jour dans le jardin. Un dialogue s'ensuit : « Eh bien ! Vous avez de belles pommes de terre. C'est cela qui va arranger la moyenne ! — Quoi ! quelle moyenne ? reprend l'ouvrier, en se redressant, interloqué. — Mais vous savez bien : quand la Saint-Jean va venir, on arrachera toutes les pommes de terre, on en fera un gros lot dans ce carré vide, et chacun viendra recevoir sa provision, un baquet par tête composant chaque famille... — Ah ! ça, mon père, vous moquez-vous de moi ? Vous croyez que j'ai trimé depuis six mois pour donner mes pommes de terre à ceux qui ont cinq ou six enfants et n'ont rien fait ? Elles sont à moi, mes pommes de terre ; je veux les manger ou les vendre ; gare à qui y touchera. » Content de sa fable, Louis Rivière en donne l'apologue : « Il avait suffi à ce collectiviste de mettre la main à la terre pour sentir la vanité de ses théories »... Chrétien de gauche ? Chrétien, oui...

En plus d'éduquer à la propriété privée, le jardin ouvrier est une machine à *briser la lutte des classes*. L'auteur évite l'expression marxiste pour lui préférer la « cloison de chêne » qui sépare les bourgeois des travailleurs. La métaphore menuisière ne trompe personne : il s'agit bien d'abolir la séparation entre les propriétaires et les employés, les patrons et les ouvriers, les possesseurs des concessions géologiques et les mineurs, les riches et les pauvres, les châtelains et les travailleurs... Mais comment ?

Le jardin ouvrier offre une excellente occasion pour les premiers de côtoyer les seconds. Comme on visite un zoo, la dame patronnesse ou son mari, la « dame du monde » aussi, précise Rivière, qui affirme que les femmes sont naturellement douées pour la moralité, va au jardin pour converser avec les gueux... Dès lors, cette fameuse cloison disparaît... Il suffit d'entretenir le jardinier de ses belles plantations, l'épouse des jolies fleurs, de s'ébahir de la santé, de la beauté et de la vitalité des enfants, de parler semis et plants, travaux à venir dans les planches. Tout à son entreprise d'édification mutuelle, l'auteur précise : « Les visiteurs eux-mêmes acquièrent dans ces entretiens des connaissances pratiques qui peuvent leur devenir très utiles » – pour faire leur propre jardin ?

Éduquer à la propriété privée, s'activer contre la lutte des classes, le jardin ouvrier présente également un troisième gros avantage : il constitue *un excellent moyen pour l'apostolat*. Louis Rivière part du principe que le prêtre est mal aimé car mal connu parce que mal présenté. Les travailleurs se feraient une idée erronée de sa personne et de sa mission – on ne sait pas pourquoi, mais on imagine : à cause de l'endoctrinement anticlérical républicain ou socialiste.

Quand le mineur remonté de son trou, travaillant à bêcher son jardin, aura rencontré un bon curé, généreux, charitable, gentil, sympathique, affable causeur, attentif, qu'il aura mesuré toute l'étendue de l'« abnégation de soi-même » (sic) dont il aura fait preuve, nul doute que les préventions disparaîtront et qu'alors il en sera fini du règne des caricatures qui empêchent le clergé d'entretenir avec le monde du travail une relation pacifiée. Dès lors, « de la personne du prêtre, cette sympathie remonte vers Celui dont il est l'instrument et la parfaite image ». Une fois de plus, on mesure combien ce catholicisme de gauche est bien catholique, certes, mais combien il lui manque aussi quelques autres valeurs et vertus pour être vraiment de gauche.

De même que, miraculeusement, la sympathie pour le prêtre se transforme en amour de Dieu, la sympathie du jardinier pour son jardin conduit naturellement à « ce sentiment divin, l'amour du Créateur pour sa créature ». Fréquenter les curés, c'est rencontrer Dieu ; cultiver son jardin, c'est, par un étrange effet, s'égaler à Dieu en expérimentant ce que Lui-même aura vécu, donc se disposer à pouvoir entretenir avec Lui une relation finalement très chrétienne. Le jardin ouvrier agit comme un jardin des délices spirituel, il fournit l'occasion d'un évitement de la politique qui proposerait la justice au lieu de cette charité qui caractérise la Démocratie chrétienne, même, et peut-être surtout, quand elle se présente sous les oripeaux des chrétiens de gauche.

Dans l'histoire, à l'origine le jardin ouvrier est une machine de guerre antisocialiste qui, sous couvert d'œuvre sociale et de bienfaisance ouvrière, freine considérablement les revendications et l'émancipation du prolétariat : de la dignité dans le travail, le salaire, les conditions de travail... De l'équité dans la retraite et la santé... De la justice sociale... De la solidarité ouvrière et de la fraternité prolétarienne... Le travail, la famille, le prêtre, Dieu, la propriété, la charité, la bienfaisance, même organisés dans un jardin ouvrier, constituent autant d'entraves à l'émergence d'une véritable dignité du travailleur. Le jardin ouvrier est l'antithèse du jardin d'Éden : on n'y trouve ni arbre de vie ni arbre de la connaissance. Il est bien un effet du péché originel et de la damnation qui en découla dont le pire fut sûrement de faire du travail la vérité d'un être, alors qu'il en est la malédiction.

Table

1. L'antéchrist s'appelle Prosper 9
2. Mme Poppée, bourgeoise de chez Tacite ... 22
3. Onaniste, pétomane et cannibale 28
4. Fixer des oxymores argentiques 32
5. Des tableaux pour des aveugles 55
6. Les mauvaises odeurs du scatophile
   (Lettre à Jean Clair après la parution
   de son petit livre *De immundo*) 59
7. Contente-toi du monde donné 64
8. La chair des langues d'esclaves 70
9. De part et d'autre de la barricade 73
10. Le sourire oriental du libertin 84
11. Le roman de la petite santé 91
12. Le grand-père de Frankenstein 97
13. Un gai savoir ibérique 109
14. Vitraux in vitro et in vivo 116
15. Les mirages conceptuels du désert 124
16. L'introuvable raison du sacrifice 132
17. Apprendre à dénuder les rois 138
18. Enfumer les vendeurs d'opium 143
19. L'animal que donc il fut 146
20. Appel à de nouveaux Diogène 150
21. Une figue dans un cercueil 157

22. Principes de contre-renardie 162
23. La passion de la lumière 175
24. Le matériau de la sidération 197
25. Brûler d'une chaleur retirée 214
26. Mener une vie philosophique 240
27. Le chant guerrier d'un curé athée 254
28. L'art, pour ne pas mourir du monde 266
29. Le totem n'est pas tabou 285
30. Dialectique de la laïcité 292
31. Penser comme un cheval 349
32. Le temps venu de Proudhon 354
33. Une partie mémorielle de nous-mêmes 360
34. La parapsychologie freudienne 367
35. Le rituel d'une ritournelle formelle 378
36. L'un des actes de la joie 389
37. Les nuits sublimes de la voie lactée 393
38. Le diable est dans le jardin ouvrier 397

10965

Composition
NORD COMPO

*Achevé d'imprimer en Espagne
par CPI (Barcelone)
le 14 décembre 2014*

Dépôt légal décembre 2014
EAN 9782290093603
OTP L21EPLN001651N001

ÉDITIONS J'AI LU
87, quai Panhard-et-Levassor, 75013 Paris

Diffusion France et étranger : Flammarion